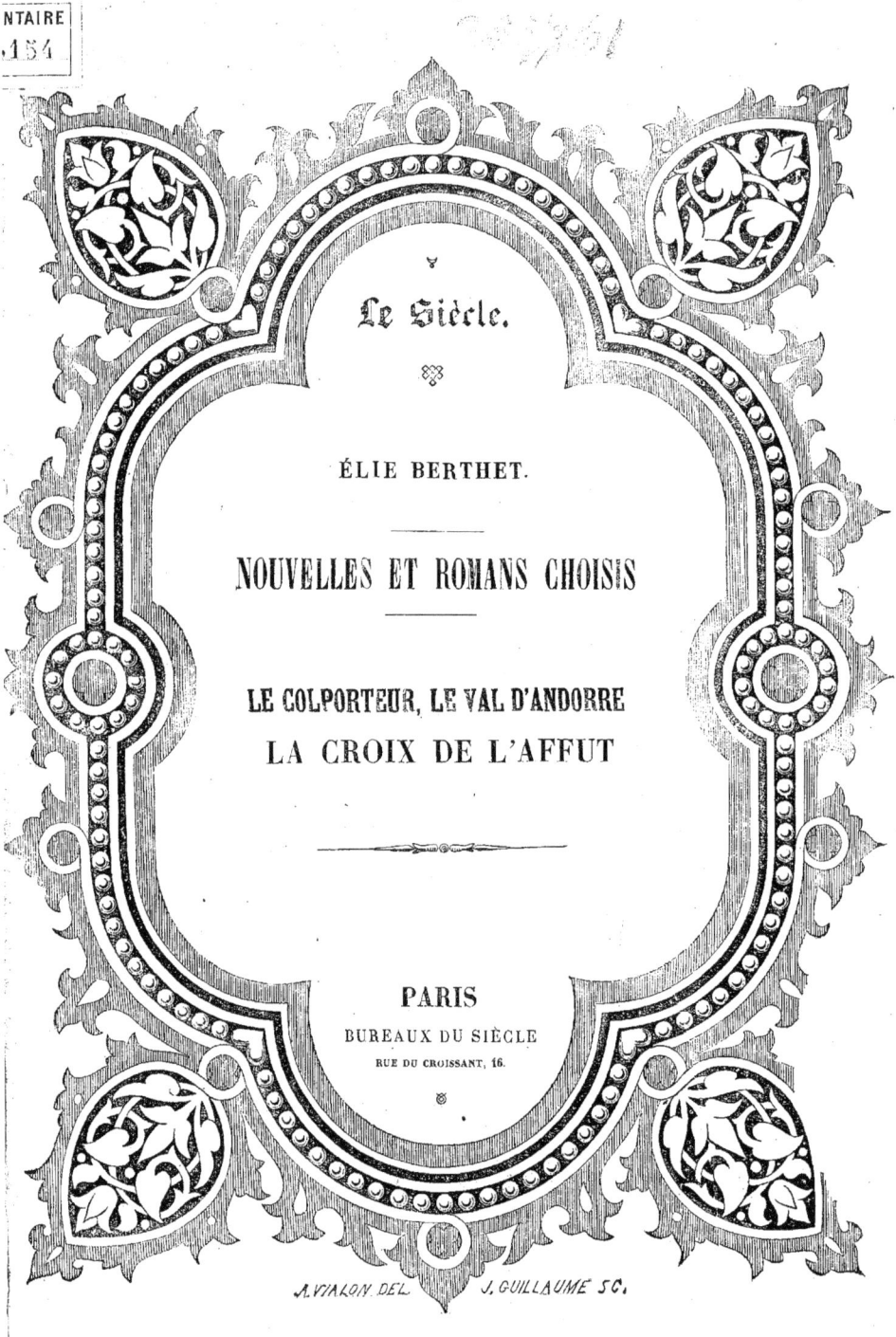

Le Siècle.

ÉLIE BERTHET.

NOUVELLES ET ROMANS CHOISIS

LE COLPORTEUR, LE VAL D'ANDORRE
LA CROIX DE L'AFFUT

PARIS
BUREAUX DU SIÈCLE
RUE DU CROISSANT, 16.

A. VIALON DEL. J. GUILLAUME SC.

On trouve encore dans les bureaux du Siècle:
HISTOIRE DES DEUX RESTAURATIONS (DE 1815 A 1830), par M. ACHILLE DE VAULABELLE.
Huit volumes in-8°.—Prix : 40 fr., et 20 fr. seulement pour les abonnés du journal *le Siècle*.
Ajouter 50 c. par volume pour recevoir l'ouvrage *franco* par la poste.
N. B. — Afin de faciliter aux abonnés l'acquisition de cet ouvrage important, il leur sera loisible de se le procurer par parties de deux volumes chaque, au prix de 5 fr. pris au bureau, et de 6 fr. par la poste

Publication du journal **LE SIÈCLE.**

NOUVELLES CHOISIES

DE M. ÉLIE BERTHET.

LE COLPORTEUR

Au plus fort de l'insurrection qui désola la partie ouest de la France vers la fin du siècle dernier, on voyait, à quelque distance des Herbiers, au centre de cette province si célèbre du Bocage, un petit château que sa situation inabordable dans des gorges profondes, des forêts, des bruyères, avait préservé jusque là des malheurs de la guerre civile. Cet humble manoir, assez semblable du reste aux autres gentilhommières qui couvraient toute la contrée, se composait d'un corps de logis à deux étages, et de deux tours dont les girouettes rouillées avaient peine à s'élever au-dessus des massifs d'arbres qui l'enveloppaient et le cachaient presque en entier. Il appartenait alors à un hobereau appelé le marquis de La Fougeraie, qui avait trouvé moyen de conserver intacte l'habitation de ses pères, lorsque tant d'autres édifices de ce genre avaient été détruits et renversés dans le voisinage. A la vérité, le marquis, suivant l'exemple de quelques autres nobles du Bocage, n'avait pas émigré, confiant dans la position inaccessible de son donjon et dans le dévouement à toute épreuve des habitans du village qui en était la dépendance. On savait qu'ils se seraient fait tuer sans regret pour le défendre, et cet énergique attachement des anciens vassaux de La Fougeraie, le peu d'importance de cette habitation, avaient fait autant que la difficulté de ses abords et que la prudence du marquis pour en éloigner les dévastateurs.

Monsieur de La Fougeraie, en effet, prenait bien une part active à la guerre de partisans qui, à cette époque, agitait le Bocage, car il eût cru manquer à ses préjugés, à ses devoirs de caste, en abandonnant cette cause de la légitimité qui était aussi la sienne et celle de ses amis ; mais il n'avait eu garde de se mêler, bannière au vent, à cette troupe bizarre de gardes-chasse et de paysans, qui, sous les ordres de Charette, avait pris le titre d'*armée royale* et livrait des batailles rangées. Plus timide, il s'était mis, il est vrai, à la tête des habitans du village de La Fougeraie, mais il se contentait de se tenir sur la défensive contre les *Bleus ;* ou si les besoins du parti exigeaient quelques coups de main, il avait soin que ces rares expéditions se fissent assez loin de son manoir, et alors il portait, comme les autres chefs vendéens, un de ces noms d'emprunt destinés à dépister la police républicaine.

Cependant, malgré toutes ces précautions, le ci-devant marquis n'eût pu échapper longtemps aux soupçons, s'il n'eût eu, même dans le parti contraire, des protecteurs puissans qui fermaient les yeux sur ses fautes et s'efforçaient de les laisser impunies. L'un de ces protecteurs n'était rien de moins qu'un neveu du marquis, le jeune baron de La Fougeraie, ancien officier aux gardes, qui, peut-être dans le but de sauver sa vie, avait accepté du service dans l'armée de la Convention. Les officiers expérimentés manquaient à cette époque, et ils étaient d'une absolue nécessité pour l'instruction des recrues qui arrivaient sans cesse ; aussi, malgré son titre de ci-devant, le commandant Fougeraie avait-il acquis une grande importance parmi les Bleus. Bien qu'il désavouât hautement l'opinion aristocratique de son parent, bien que son parent manifestât pour lui dans toutes les occasions une haine véritable, on n'en disait pas moins que ce jeune homme, par son crédit, avait préservé plus d'une fois son oncle d'une ruine complète. On ajoutait tout bas que, s'il se compromettait si souvent au sujet de l'incorrigible marquis, c'était surtout dans le but de plaire à mademoiselle Amélie de La Fougeraie. fille unique du chef vendéen et qu'il aimait depuis son enfance ; mais on ajoutait aussitôt que le ciel tomberait sur la terre avant que le vieil aristocrate consentît à donner sa fille à un sans-culotte, quels que fussent les services qu'il aurait reçus de lui.

NOUV. CHOISIES.

Le marquis était un homme fier, hautain ; n'ayant jamais quitté son petit manoir, il n'avait pas été à même de juger par comparaison de l'humilité réelle de son nom et de sa fortune. Il n'avait accepté la suprématie d'aucun des officiers supérieurs de l'armée catholique et royale : il faisait la guerre pour son compte, quand et comme il l'entendait. Cependant il prenait garde de rompre avec les chefs d'une insurrection qui défendait la même cause que lui ; ne voulant pas être leur subordonné, il s'était fait leur allié et leur ami. Pendant les courts loisirs que cette guerre acharnée laissait à l'armée vendéenne, on donnait des fêtes à La Fougeraie. Plusieurs fois le marquis réunit secrètement chez lui les restes de cette noblesse mutilée, errante et sans asile, qui, en désespoir de cause, s'était jetée dans la guerre civile. Barons et comtesses venaient furtivement au manoir, en costumes de paysans et de paysannes. Là, on parlait avec douleur du passé et avec espérance de l'avenir ; on se parait de cocardes blanches, on distribuait des scapulaires aux gars qui faisaient sentinelle autour du château ; on criait *Vive le roi quand même !* et ces conspirations au petit pied se terminaient d'ordinaire par d'excellens dîners pour chacun desquels le marquis dépensait un vingtième de ses revenus de l'année.

La reine de ces fêtes était la belle et gracieuse Amélie de La Fougeraie. Privée de bonne heure d'une mère dont elle avait été l'idole, mademoiselle Amélie avait passé son enfance dans ce vieux château, sans autre compagnie que celle du marquis, qui avait dirigé lui-même son éducation. Son cousin, du temps de la royauté, était venu parfois passer ses congés de semestre au château ; mais il n'avait osé en franchir le seuil depuis qu'il s'était jeté dans le parti révolutionnaire. La jeune fille, quoique douée d'un caractère gai, expansif et éminemment social, était donc arrivée à l'âge de vingt-deux ans sans savoir ce que c'était que le monde dans lequel elle était faite pour briller. Aussi fut-ce pour elle une époque de bonheur et de triomphe que celle où une partie de cette foule bruyante, échappée aux salons du faubourg Saint-Germain et de Versailles, vint animer la solitude où elle était née. Oubliant les malheurs de la patrie, les circonstances funestes qui avaient amené dans ce vieil édifice, au fond de la Vendée, tous ces malheureux restes d'une caste proscrite et persécutée, l'insouciante jeune fille n'osait en vouloir à cette révolution qui avait fait un séjour de plaisirs, d'enthousiasme et de bruit, d'une habitation silencieuse où la vie s'écoulait si monotone et si triste.

Cependant, avant le moment où commence cette histoire, cette phase brillante du château et de la famille de La Fougeraie semblait avoir cessé tout à fait. Sans qu'on en connût la véritable cause, le vieux manoir était redevenu tout à coup plus solitaire que jamais ; plus de nobles et nombreux visiteurs chantant des airs royalistes le soir sur la terrasse du château ; plus de distributions de cocardes blanches, de scapulaires et de bouteilles de vin aux paysans du village. Le marquis et sa fille ne sortaient plus ; ils ne se montraient pas même le dimanche à la messe que disait furtivement au coin d'un bois un prêtre proscrit. Amélie n'allait plus comme autrefois visiter les malades dans les chaumières voisines, porter des secours aux malheureux ruinés par la guerre. Quand les paysans parvenaient à l'entrevoir à sa fenêtre, elle leur semblait de plus en plus pâle, comme si elle eût été en proie à quelque douloureuse maladie ; ses yeux étaient cernés, rouges de larmes, une maigreur effrayante avait remplacé sa fraîcheur d'autrefois.

La conduite du ci-devant marquis n'était pas moins étrange. L'arrivée de Léchelle à l'armée de la république dans la Vendée venait de donner à la guerre une activité nouvelle, et le parti royaliste n'avait pas trop de tous ses défenseurs pour faire face au danger, qui devenait chaque jour plus pressant. C'était donc une occasion favorable, pour monsieur de La Fougeraie, de commencer ces diversions hardies qui lui avaient donné une certaine importance dans le pays ; mais il semblait frappé d'impuissance et d'indifférence depuis l'époque dont nous parlons. Il était devenu presque invisible ; quelquefois seulement on le voyait rôder le soir autour du château, son fusil double sous le bras, regardant avec défiance tous ceux qu'il rencontrait, ne répondant à aucun des saluts qu'il recevait. Ses traits, comme ceux de sa fille, paraissaient avoir été bouleversés par la maladie ou par quelque grand chagrin dont le secret avait été étouffé tout entier entre les murs du vieux manoir. Les domestiques eux-mêmes ne savaient rien, ou feignaient de ne rien savoir ; d'ailleurs, tel était le respect qui s'attachait dans le pays au nom de La Fougeraie, que les habitans du village, devinant qu'il y avait là un mystère que voulait cacher leur seigneur, n'osaient même désirer de le pénétrer.

Cet état de choses durait donc déjà depuis six mois environ, lorsqu'un soir d'été, vers les quatre heures, une agitation extraordinaire se manifesta subitement à La Fougeraie, comme si une nouvelle importante se fût répandue parmi les paysans. Ce village, bâti sur une hauteur que dominait pourtant le manoir seigneurial, avait cet aspect tout particulier que conservent encore les villages de la Vendée. Chaque habitation, isolée des autres, avec son toit bas et plat recouvert de tuiles bombées, était en partie cachée par les vignes et les lierres qui serpentaient le long des murailles, autour des fenêtres étroites et grillées. Une haie vive de groseilliers sauvages et d'aubépine entourait les jardins derrière chaque maison ; un grand chêne étendait ses rameaux épais au-dessus de chacune d'elles, comme pour les cacher à la vue. Aussi, de quelque côté que se portât le regard, il ne rencontrait qu'une verdure sombre sous laquelle il fallait de l'attention pour découvrir des habitations humaines. La végétation débordait autour des chaumières, et du point élevé où elles se trouvaient placées on la voyait se répandre comme une mer de verdure jusqu'à l'extrémité de l'horizon, se déchirant à peine pour laisser passer çà et là un rocher aigu ou la flèche d'un clocher paroissial.

Cependant, en ce moment, l'aspect solitaire que cette luxuriante végétation donnait au hameau avait disparu. Les habitans couvraient la petite place communale autour de laquelle étaient disposées les habitations ; ils se parlaient à voix basse et avec chaleur, en désignant le château qui s'élevait au bout de l'esplanade, comme si de là fût venu quelque ordre important qu'il fallait exécuter au plus tôt. Les hommes, avec leurs culottes rayées, leurs vestes rondes, leurs larges chapeaux de paille desquels s'échappaient de longs cheveux noirs, étaient debout sur leurs portes surmontées d'une croix grossièrement tracée à l'eau de chaux, et nettoyaient de vieux fusils depuis longtemps suspendus à la cheminée de leurs cabanes. Par ces portes entr'ouvertes on pouvait apercevoir ces intérieurs vendéens si caractérisés, avec leurs grands lits de six pieds de haut, leurs bahuts et leurs armoires de cerisier poli, leurs bénitiers de faïence peinte et leurs images de saints. Quelques femmes aux coiffes de mousseline tombant sur les épaules, au fichu rouge coquettement drapé sur la poitrine, au jupon rayé, aux petits sabots noirs, se mêlaient à la foule et parlaient à voix basse, avec exaltation, comme pour exciter les maris à bien faire leur devoir. Tous semblaient se préparer énergiquement à une entreprise périlleuse où le fanatisme religieux avait sans doute une bonne part, car les conversations étaient souvent interrompues par des signes de croix.

Le personnage principal de cette troupe était un paysan d'une cinquantaine d'années, à l'œil vif et alerte, à la tournure dégagée, pour lequel tous les autres semblaient avoir une grande déférence. Il n'avait pourtant rien qui le distinguât du commun de ses camarades, sauf un petit chapelet de bois suspendu à son cou ; mais son air de supériorité, son ton péremptoire, le faisaient promptement reconnaître pour un agent du marquis de La Fougeraie, le dieu du pays.

Ce paysan était l'ancien sacristain de la paroisse ; le bruit courait que seul il partageait avec le marquis le secrêt de la retraite de l'ancien curé, dont il semblait avoir conservé l'influence sur les simples paysans. C'était à lui que monsieur de La Fougeraie avait confié la lieutenance de sa petite armée, et il est juste de dire que l'intelligence et l'aveugle dévouement de l'ex-sacristain justifiaient pleinement ce choix. L'humble dignité ecclésiastique dont il avait été décoré avant l'insurrection inspirait un respect que sa bravoure personnelle n'avait pas diminué ; d'ailleurs il possédait cette éloquence rustique, ferme, qui impose à des gens faibles et impressionnables, et on savait qu'il eût été dangereux de désobéir à *monsieur le sacristain*.

Cet homme, après avoir parcouru une à une toutes les maisons du village, adressant à chaque habitant une allocution particulière dont l'effet avait été les démonstrations hostiles dont nous avons parlé plus haut, se plaça au pied d'un des grands chênes qui se groupaient autour du communal, et fit un signe pour appeler autour de lui les habitans du village. En un instant, presque tous furent près de lui, les uns avec leurs fusils, d'autres avec de vieux sabres évidemment enlevés aux Bleus dans une escarmouche, d'autres enfin armés seulement de faucilles et d'instrumens de labourage. Les femmes et les enfans n'avaient pas osé approcher par respect, et se tenaient à distance ; mais leurs mines attentives prouvaient suffisamment que ce n'était pas la curiosité qui manquait.

Lorsque le sacristain se vit entouré de tous les hommes valides du hameau, il leva la main comme pour réclamer le silence ; puis, examinant les visages, afin de s'assurer qu'il n'y avait dans l'assemblée ni indiscrets, ni traîtres, il ôta son large chapeau et dit d'une voix rude et accentuée :

— Gars de La Fougeraie, monsieur le marquis me fait savoir que vous soyez prêts à partir une heure après l'angélus. Tenez-vous en état de grâce et dites votre chapelet, parce que le bon Dieu et Notre-Dame d'Auray sont en colère contre vous. S'il y en a qui soient tués par les Bleus, monsieur le curé m'a dit qu'il leur donnait l'absolution et qu'ils iraient dans le saint paradis ; s'il y en a qui trahissent, ils iront en enfer et ils brûleront avec les démons ; s'il y en à qui *s'égaillent* avant qu'on le leur ait ordonné, ils auront affaire à moi... vous me connaissez... C'est entendu : une heure après l'angélus.

Et il rompit l'assemblée. Quelques-uns s'éloignèrent ; mais d'autres, plus curieux ou plus zélés, voulurent questionner l'orateur.

— Sacristain, demanda l'un d'eux à qui la possession d'un véritable fusil de munition donnait sans doute plus de hardiesse, savez-vous où nous devons ce soir faire la chasse aux Bleus ?

— Qu'est-ce que ça te fait à toi ? répondit le chef en lui jetant un regard de travers ; est-ce que monsieur le marquis a des comptes à te rendre ?

Le malencontreux questionneur disparut dans la foule. Cependant, un autre, qui semblait être un gros bonnet de l'endroit, ne se découragea pas.

— Dites donc, cousin sacristain, dit-il d'un ton flatteur, est-ce que monsieur le marquis ne viendra pas avec nous au moins ?...

Comme un degré de parenté ou des considérations particulières faisaient un devoir au Vendéen de répondre à celui-ci avec plus de politesse, il répliqua en grimaçant un sourire :

— Si.

Le questionneur, tout fier de cette déférence, qui était pour lui un véritable triomphe en présence de ses timides camarades, continua ses questions :

— Il n'est donc plus malade, monsieur le marquis ?
— Non.
— Et notre demoiselle sa fille ?

Le sacristain impatienté lui tourna le dos, et dit en élevant son chapeau au-dessus de sa tête, comme pour prendre congé :

— Gars de La Fougeraie, vive le roi *quand même* et monsieur le marquis !

— Vive le roi quand même ! répétèrent quelques voix.
— Amen, ainsi soit-il, alléluia ! dit une voix railleuse derrière eux ; criez bien haut, personne ne peut vous entendre... La plaine est libre et les Bleus sont bien loin.

Le sacristain se retourna vivement, et il se trouva face à face avec un étranger qui sortait d'un chemin creux, encaissé de haies touffues au moyen desquelles il avait pu s'avancer sans être vu jusqu'au centre du village.

Ce nouveau personnage ne différait guère par le costume des paysans du voisinage, mais au premier coup d'œil on reconnaissait en lui un de ces colporteurs entre les mains desquels était tout le commerce des provinces en insurrection. A cette époque où les communications avec les villes n'étaient ni faciles ni sûres, nobles et paysans s'empressaient d'acheter à ces marchands ambulans, qui, au péril de leur vie, couraient d'une bourgade à l'autre, à travers les armées ennemies. Celui qui venait d'apparaître si inopinément sur la place de La Fougeraie était un homme de petite taille, mais trapu et robuste ; l'habitude de porter continuellement un énorme sac de peau de vache, attaché sur ses épaules par de solides courroies, avait fait légèrement dévier sa taille ; sa figure rouge et hâlée par le soleil avait un caractère de force qui n'excluait pourtant ni l'intelligence ni la gaieté ; ses yeux gris pétillaient de cette finesse particulière aux petits marchands dont les pratiques se composent exclusivement de campagnards madrés et durs à la desserre. Du reste, il semblait porter assez joyeusement son lourd fardeau, sans autre appui que le bâton de néflier, renflé par le bout, qu'il tenait à la main.

Sans doute ce colporteur était bien connu à La Fougeraie, car, au moment où il parut, les gens du village accoururent autour de lui avec des démonstrations de joie. Plusieurs même vinrent lui serrer la main ; les femmes surtout ne pouvaient modérer leurs transports.

— C'est monsieur Courtin de Nantes, disait-on ; bonjour, monsieur Courtin. Vous boirez bien un coup, monsieur Courtin. De quel côté venez-vous ? On dit que les gars de Loroux-Bottereau ont joliment frotté les Bleus hier au soir. Apportez-vous des nouvelles, monsieur Courtin ?

Mais le colporteur, sans s'émouvoir de ces questions, appuya sa balle sur un tonneau vide qui se trouvait devant une maison, essuya tranquillement son front couvert de sueur, et répondit de ce ton hâbleur et criard qui appartient aux gens de sa profession :

— J'apporte des mouchoirs de Chollet, des bas de laine, des bas de coton, des rubans, des aiguilles, des épingles, articles parfaitement établis dès premières fabriques de France, tout ce qui se fait de mieux, au plus juste prix... Puis il ajouta de sa voix naturelle : — Mais je ne puis m'arrêter ici que cinq minutes... le temps de boire un coup.

Une ménagère s'empressa de lui apporter un verre de vin qu'il avala avec dextérité.

— Eh bien ! eh bien ! est-ce que vous allez nous quitter ainsi, monsieur Courtin ? demandèrent plusieurs voix.
— Moi, j'ai besoin de fil.
— Moi, de chapelet.
— Moi, d'un couteau.

— J'ai tout cela, et à bon compte, répondit le colporteur en rechargeant lestement sa balle sur ses robustes épaules, mais à tout seigneur tout honneur ; il faut que j'aille au château... je reviendrai.

Ce mot de château produisit un effet magique sur les habitans de La Fougeraie. La foule, si compacte un moment auparavant, s'ouvrit devant lui, et les Vendéens répétèrent avec respect sans le retenir davantage :

— Oui, oui, c'est juste... Il faut d'abord qu'il aille au château !

Le colporteur sourit amicalement à tout le monde, donna encore des poignées de main à ceux qui se trouvaient sur son passage, et prit le chemin du château en répétant qu'il reviendrait. A peine eut-il fait quelques pas que le sacristain, qui s'était tenu à l'écart pendant cette petite scène, dit aux paysans à voix basse :

— Souvenez-vous bien... une heure après l'angélus... nous partirons.

Les auditeurs s'inclinèrent en signe d'assentiment, et alors le chef rejoignit le colporteur, qui était déjà sorti du village et s'avançait rapidement vers le manoir. En apercevant ce personnage, les traits de Courtin prirent une expression d'humeur. Cependant il se contraignit, et dit avec un ton de franchise cordiale :

— Bonjour, sacristain. Dieu vous garde !... Allez-vous au château aussi ?

Le Vendéen lui jeta un regard de défiance qui l'enveloppa tout entier. Cependant il répondit du même ton :

— Bonjour, monsieur Courtin ; vous voilà dans nos pays... c'est bien. D'où venez-vous donc ainsi ?

— Je viens de la *Plaine*. Sacristain, si vous avez besoin de quelque chose, je me recommande à vous ; vous ne trouverez personne de plus accommodant que moi. Des ciseaux, des aiguilles, des bas, des bonnets, demandez, à l'avantage de vous servir... Je vous ferai une forte remise, sacristain, parce que, voyez-vous, je vous estime, je vous aime, sacristain, et je ne voudrais pas *écorcher* un ami.

Mais le Vendéen était trop fin aussi pour ne pas s'apercevoir que le marchand désirait éluder la question.

— C'est bien, monsieur Courtin ; mais vous avez dû passer aujourd'hui par le château de Trézières, et je désirerais savoir...

— Et ne croyez pas, sacristain, reprit le colporteur en doublant le pas sans paraître avoir entendu la question de son compagnon de route, ne croyez pas que je m'en tienne à de protestations d'amitié envers vous !... Comme vous m'avez plus d'une fois rendu service dans mon petit commerce avec les gars de La Fougeraie, j'ai voulu vous montrer que je n'étais pas un ingrat, et j'ai là pour vous dans mon sac un petit cadeau dont vous serez content.

— Merci, monsieur Courtin ; mais sans doute vous avez vu à Trézières ce damné jacobin de chevalier de Torcy ; est-il vrai qu'il ait reçu secrètement chez lui un officier Bleu qui est chargé de dresser un carte de notre pays ?...

— Savez-vous ce que je vous apporte, sacristain ? Une croix d'argent bénite par le pape, qui a la propriété de préserver des balles et des boulets... rien que ça.

— Vrai ! s'écria le sacristain que, malgré sa préoccupation, l'annonce d'un si beau présent avait comblé de joie ; est-il possible, monsieur Courtin, que vous m'ayez apporté une croix qui préserve des balles et des boulets ?

— Des balles, et même des balles enchantées par les sorciers, dit le marchand tout joyeux de voir le Vendéen prendre si bien le change. La croix est là, sacristain, et après ma visite au château je promets de vous la donner ; mais...

— Mais qu'allez-vous faire au château ? interrompit le sacristain, qui, le premier moment passé, revenait aux ordres secrets qu'il avait reçus ; monsieur le marquis ne veut pas qu'on en approche.

— Aussi n'est-ce pas à lui que j'ai à parler, mais à la vieille Jeannette, la gouvernante, qui m'a demandé des marchandises pressées pour mademoiselle.

— A la bonne heure ; cependant, si vous avez passé à Trézières, vous pourriez nous dire... cet ingénieur républicain...

— Entrez-vous, sacristain ? demanda le marchand d'un air goguenard en s'arrêtant tout à coup.

Ils étaient en face même du petit manoir seigneurial, dont la grille, solidement fermée, n'offrait qu'une espèce de guichet sur le côté pour pénétrer dans la cour. Une vieille femme se tenait déjà debout derrière ce guichet, prête à l'ouvrir, lorsque les deux compagnons parurent. Comme ils hésitaient tous deux au moment de se quitter, elle cria au colporteur d'un ton animé :

— Allons, allons, Courtin, dépêchez-vous ! mademoiselle vous a vu de sa fenêtre, et elle vous attend avec impatience. Apportez-vous ce qu'elle vous a demandé ?

— Dans les premières qualités, vous allez voir ; mademoiselle sera contente. Puis, se retournant vers le Vendéen désappointé, qui n'osait entrer sans en avoir reçu l'ordre, il dit avec un accent légèrement railleur : — Au revoir, sacristain, je suis à vous tout à l'heure, et je vous ferai mon cadeau.

Le sacristain, sans répondre, s'adossa contre la grille pour l'attendre ; Courtin, qui remarqua cette circonstance, fit une grimace de dépit ; mais, sans s'occuper davantage de cet incident, il suivit Jeannette, qui devait le conduire à l'appartement d'Amélie de La Fougeraie.

Après avoir traversé une petite cour où des plantes parasites saillaient de toutes parts entre les pavés mal joints, la conductrice ouvrit avec une clef de forme antique l'épaisse porte en chêne qui donnait accès dans le château. Tout avait, autour de cet édifice, un air de vétusté et de solitude qui attristait l'âme : aucun bruit ne se faisait entendre, excepté les chants de quelques hirondelles dont les nids étaient suspendus aux murailles, et, quand la porte se referma derrière Courtin, il ne put s'empêcher d'éprouver une espèce de serrement de cœur. Il voulut adresser des questions à la gouvernante, mais elle posa un doigt sur sa bouche en murmurant :

— Silence ! monsieur le marquis pourrait vous entendre.

Ne comprenant rien au mystère de cette introduction, le marchand suivit son guide, qui marchait avec précaution afin d'éveiller le moins possible l'écho de cette vieille demeure. Au silence qui régnait partout, on eût cru la maison abandonnée. Ils parcouraient un corridor sombre, triste, encombré de blé et de fruits. A droite et à gauche de cette espèce de galerie, étaient des portes conduisant aux divers appartemens. A mesure que Jeannette passait devant une d'elles, elle faisait signe au marchand de redoubler d'attention pour ne pas être entendu.

Toutes ces précautions, toutes ces recommandations muettes furent pourtant inutiles ; car, au moment où Courtin et son guide allaient quitter la galerie pour gagner un petit escalier tournant pratiqué dans l'une des tours, une porte surmontée d'un écusson armorié s'ouvrit tout à coup, une voix sévère demanda à la gouvernante :

— Qui a osé introduire ici un étranger sans mon ordre ? Où allez-vous ?

Celui qui parlait ainsi était un homme d'une cinquantaine d'années, robuste, à la figure sèche et hautaine, au regard dur. Il semblait équipé pour un voyage ou pour une expédition militaire, avec l'épée au côté et des pistolets retenus à la ceinture par une écharpe blanche frangée d'or. Courtin, au premier coup d'œil, reconnut le ci-devant marquis de La Fougeraie.

La gouvernante devint toute tremblante ; elle était prise en flagrant délit de désobéissance.

— Monsieur, murmura-t-elle avec effort, j'allais...

La terreur lui coupa la parole. Le colporteur avait beaucoup moins de raisons de se laisser effrayer par les paroles sévères du marquis ; il eut pitié de sa conductrice et répondit pour elle avec assurance :

— Ma foi ! monsieur, il n'y a pas grand mystère à ceci. Comme vous le voyez, je suis colporteur, je parcours le pays, et je vends à tout le monde. Mademoiselle votre fille est une de mes meilleures pratiques, et elle a toujours le premier choix dans mes articles... Je puis dire que je la sers en conscience. Aujourd'hui je lui apporte des marchandises qu'elle m'a fait demander lors de ma dernière tournée... Si monsieur veut aussi m'honorer de sa confiance, il pourra s'assurer par lui-même...

Le marquis examina un moment avec une sorte d'étonnement cet insouciant personnage, uniquement occupé d'une pensée, celle de débiter sa marchandise ; pour qui les guerres civiles, les troubles, la terreur, n'étaient que des occasions de vendre plus souvent et plus cher. Il sourit dédaigneusement.

— Je t'ai vu souvent sur mes terres, dit-il en le regardant fixement, et je ne sais pourquoi je me défie de toi. D'où viens-tu ?

— De Nantes, monsieur, ou plutôt de tous les villages de la contrée, car je m'arrête partout.

— Alors, reprit le marquis en se rapprochant, tu as dû trouver les *Bleus* dans le voisinage de Montaigu, et tu peux dire...

— Les *Bleus !* je leur ai vendu du fil et des aiguilles pour repriser leurs uniformes, qui, je vous le jure, monsieur, en ont grand besoin !

— Mais quels étaient leurs positions, leurs projets ?

— Ma foi ! monsieur, je me suis occupé de savoir si leurs assignats étaient de bon aloi ; mais pour ce qui est de leurs opérations militaires...

— Pas même assez d'intelligence pour être espion ! dit le marquis en haussant les épaules. Un sourire presque imperceptible parut sur les lèvres du colporteur, comme pour donner un démenti au noble seigneur sur le chapitre de l'intelligence. Monsieur de La Fougeraie reprit d'un ton sec : — Eh bien ! monsieur le marchand de Nantes, vous allez sortir sur-le-champ de chez moi et porter vos marchandises quelque autre part où l'on sera plus disposé à vous les acheter... et que je ne vous voie plus rôder sur mes terres, je vous en avertis, car il n'y ferait pas bon pour vous. — Puis, se tournant vers la gouvernante, qui était restée confuse et terrifiée : — Et vous, reprit-il, allez dire à votre maîtresse qu'elle se repentira de m'avoir désobéi.

La pauvre femme, épouvantée, s'enfuit par le petit escalier qui conduisait à l'étage supérieur ; le colporteur au contraire ne bougea pas, et regarda avec son imperturbable sang-froid le marquis qui était sur le point de rentrer dans son appartement.

— Eh bien ! que fais-tu là ? reprit monsieur de La Fougeraie d'une voix tonnante. Ne t'ai-je pas déjà dit de sortir d'ici au plus vite ?

— C'est possible, monsieur, et pourtant je reste.

— Insolent !

— Il n'y a pas là d'insolence ; on m'a donné commission d'acheter, pour le compte de mademoiselle de La Fougeraie, des marchandises que j'ai là dans mon sac... J'apporte les articles demandés : si la qualité est mauvaise, qu'on me renvoie, sinon qu'on prenne et qu'on me paye ; je ne connais que ça.

— Misérable !

— Monsieur, entendons-nous, que diable ! Vous ne voudriez pas sans doute, vous qui êtes riche et noble, me faire tort des sommes déboursées pour l'achat de la plus belle layette qui ait jamais paré un marmot dans tout le bocage de la Vendée... Mademoiselle votre fille sera contente, je vous jure ; et si vous voulez vous assurer par vous-même de la qualité...

Comme il achevait ces paroles, le marquis se précipita sur lui avec violence, et, le saisissant à la gorge, l'entraîna dans son appartement avec une force surhumaine.

— Malheureux ! s'écria-t-il, qui t'a dit ce secret ? qui t'a dit qu'il y avait un enfant nouveau-né dans cette maison ? sais-tu qu'il y va de ma vie, de l'honneur de mon nom ? Parle... mais parle donc... ou tu es mort !

Et, arrachant un des pistolets de sa ceinture, il l'appuya sur la poitrine du pauvre colporteur, qu'il avait renversé dans le premier moment de surprise.

— Monsieur, par pitié !... Je ne sais rien... ne me tuez pas, murmura Courtin en se débattant.

— Parle donc ! qui t'a dit qu'on avait besoin de langes d'enfant dans ce château ? qui t'a donné l'ordre ?...

— Jeannette, la gouvernante.

— Quoi ! elle t'a dit...

— Que mademoiselle de La Fougeraie devait être marraine d'un enfant dans une ferme voisine, et qu'elle voulait faire cadeau aux parens de la layette et de la robe de baptême... Mais, par grâce ! lâchez-moi un peu... vous m'étranglez.

Le marquis se redressa, laissa tomber son arme, et, après avoir réfléchi quelques instans, il se dit à lui-même avec regret :

— Oh ! je suis fou ! il ne sait rien.

Courtin se releva lestement, saisit le pistolet qui était par terre, et s'élança vers le marquis d'un air menaçant :

— A mon tour ! s'écria-t-il avec énergie ; monsieur, vous m'avez insulté, vous m'avez frappé...

Le marquis le regarda sans terreur et sans colère.

— J'ai eu tort, monsieur, répondit-il, et je vous en demande pardon, mais j'avais cru... Oubliez mon emportement, et, au nom de ce qu'il y a de plus sacré, ne parlez à personne de ce qui vient d'arriver ici !

Ces paroles, ce ton suppliant, et, plus que tout, la profonde douleur qui se peignait sur les traits du marquis, désarmèrent le colporteur ; il devina qu'une erreur, promptement reconnue, avait été la cause de cette soudaine et brutale agression. Le marquis semblait déjà avoir oublié sa présence, et restait morne et pensif.

— Soit, n'en parlons plus, reprit Courtin d'un ton radouci : puisque vous faites des excuses, il faut bien que je les accepte, quoique, par tous les diables ! vous ayez le poignet solide.

Il se préparait, en grommelant, à recharger sa balle, qui dans la lutte était tombée sur le seuil de la porte, quand le marquis l'arrêta d'un geste :

— Eh bien ! dit-il d'un ton singulier, montrez-moi les... marchandises que vous destiniez à ma fille...

— Quoi ! vous voulez...

— Dépêchez-vous. — Courtin ne se fit pas prier : l'instinct de la défense une fois apaisé par le choc des marquis, l'instinct du marchand reprit le dessus. Il ouvrit donc sa balle et en exhiba prestement les richesses. Bientôt il en tira un trousseau complet d'enfant, de la plus fine toile, garni de dentelles précieuses, et il l'étala avec complaisance, vantant, avec cette volubilité et cette gasconnade qui lui étaient ordinaires dans l'exercice de ses fonctions, la beauté de chaque étoffe, l'élégance et la richesse de chaque ornement. Le marquis, de son côté, examinait avec l'attention d'un véritable connaisseur chaque pièce du trousseau, passant de l'une à l'autre avec une patience merveilleuse. Tout à coup il interrompit par un cri le colporteur, en entr'ouvrant une riche robe de baptême, la pièce la plus importante de la layette, monsieur de La Fougeraie venait de s'emparer d'un billet sans adresse et sans signature, qu'il lut avidement ; puis il se jeta encore une fois sur Courtin avec violence en s'écriant : — Scélérat ! je savais bien que tu me trahissais !

Malheureusement pour le marquis, cette fois Courtin était sur ses gardes. Il se débarrassa de son étreinte par un effort vigoureux, et se plaça en face de lui, le pistolet à la main, tandis que le marquis s'était saisi de l'autre. Pendant une seconde ils s'ajustèrent mutuellement sans qu'aucun osât lâcher le premier la détente de l'arme meurtrière... Dieu seul sait comment se fût terminée cette terrible scène, si dans ce moment une jeune fille, tout éperdue, ne se fût jetée entre les deux adversaires, en s'écriant d'une voix déchirante :

— Arrêtez !... de grâce ; ne tuez pas mon père !

C'était Amélie de La Fougeraie.

Le colporteur, malgré la gravité des circonstances, jeta un regard sur cette pauvre jeune fille qu'il n'avait pas vue depuis longtemps. Des maux récens avaient produit sur elle de terribles ravages ; il fut un instant à reconnaître, dans cette personne pâle, aux yeux caves, aux joues amaigries, la belle et joyeuse jeune fille qu'il avait vue si souvent autrefois faire les honneurs du château à une société brillante. Telle fut sa pitié pour elle que, surmontant tout à coup sa colère et sa défiance, il dit au marquis :

— Monsieur, nous pouvons traiter de puissance à puissance ; nous sommes égaux en force, expliquons-nous sans voies de fait... Je répondrai à vos questions avec la plus exacte vérité sur tout ce que vous me demanderez ; mais, à votre tour, soyez calme... et ayez pitié de cette pauvre demoiselle qui va mourir.

Le marquis, sans s'inquiéter de sa fille, replaça son arme à sa ceinture, comme pour reconnaître qu'il acceptait la trêve.

— Oh! oui... oui... parle; dis-moi la vérité, dis-moi qui je dois punir, dis-moi qui t'a poussé à me trahir, à soutenir cette malheureuse créature contre son père?

— Monsieur, je ne comprends pas...

— Mais ce billet! ce billet! hurla le marquis en froissant convulsivement le papier qu'il venait de lire, ce billet qui était caché dans cette robe destinée à ma fille, d'où vient-il? qui t'a ordonné de le remettre à son adresse? parle... mais parle donc! Pour savoir le nom de l'audacieux qui a écrit ce billet, je donnerais ma fortune entière.

Le colporteur regardait le marquis avec de grands yeux étonnés, comme s'il ne comprenait pas bien ses questions. Mais, au seul mot de billet, Amélie se releva en disant à son père d'une voix suppliante :

— Un billet pour moi! oh! monsieur, par pitié, daignez me permettre d'y jeter un regard!

Le marquis la repoussa avec violence, et elle alla tomber en sanglotant dans un fauteuil, à l'autre bout de la chambre. Courtin, à peine revenu de son premier étonnement, répondit avec simplicité :

— Monsieur, je vous jure que j'ignore...

— Ne me trompe pas, dit le marquis en s'approchant de lui avec vivacité; tu sais tout...

— Mais...

— Tu sais tout... j'en suis sûr. Je m'étais, au premier moment, laissé prendre à ton apparente simplicité; mais, j'en suis certain maintenant, tu es l'agent du misérable qui a porté chez moi le déshonneur et la honte... Eh bien! oui, ma fille, celle que tu vois là, mon autrefois faisait mon orgueil et ma joie, a trahi ses devoirs... Elle a été séduite, elle a donné le jour à un enfant que je maudis comme je maudis le père. J'ai caché ce secret à toute la terre; mais cet enfant existe, il est ici... tu le sais bien, toi qui apportais des effets pour lui, toi qui avais placé ce billet de manière à ce qu'il pût tomber que dans les mains de ma coupable fille! Mais ce que tu ignores, c'est qu'on m'a caché le nom de l'infâme séducteur, c'est que mes prières et mes menaces depuis six mois ont été inutiles pour arracher à cette femme le nom du traître qui a jeté le trouble dans cette maison... Et ce nom, tu le sais, toi! c'est le nom de celui qui t'a remis ce billet, qui t'a ordonné de l'apporter ici... Parle, parle vite! tu m'as promis la vérité.

— Monsieur le marquis...

— Oh! monsieur, s'écria la jeune fille en tombant aux genoux du colporteur, ne prononcez pas ce nom!... il y va de la vie d'un homme!

— Silence! dit le père d'une voix terrible; ne dois-je pas connaître le séducteur, pour le forcer à vous rendre l'honneur, à reconnaître cet odieux enfant dont la présence souille cette maison et peut faire découvrir ce mystère d'infamie... Vous vous êtes donc bien abaissée?

— Mon père, je vous l'ai dit bien des fois, celui qui m'a rendu coupable était digne de vous et de moi, mais des raisons impérieuses me forcent à cacher son nom encore un peu de temps... Bientôt peut-être...

— Silence, encore une fois! Et toi, continua-t-il en se retournant vers le colporteur, parle donc... ou sinon...

Courtin, étourdi d'abord par cette scène violente au milieu de laquelle il se trouvait d'une manière inattendue, s'était remis pourtant; il répondit au marquis avec l'accent de la vérité :

— Monsieur le marquis, vous ne croirez peut-être pas à la parole d'honneur d'un pauvre diable tel que moi, cependant je suis un honnête homme, et je vous ai promis la vérité... Eh bien! j'en prends Dieu à témoin, j'ignorais que j'étais porteur de ce billet, et je ne puis encore comprendre comment il a été glissé dans mes marchandises... Je ne sais absolument rien de ce que vous me demandez, je vous le jure. — Amélie respira bruyamment, comme si le souffle eût manqué à sa poitrine avant la déclaration formelle du colporteur. Monsieur de La Fougeraie, au contraire, examina avec une fixité presque magnétique les traits calmes et vulgaires de cet homme. Courtin soutint avec fermeté cet examen, qui sembla enfin éveiller un doute véritable dans l'esprit du marquis. — Mais, monsieur, reprit le marchand en désignant la lettre, vous connaissez peut-être l'écriture. Un mot de cet écrit peut vous mettre sur la voie des découvertes.

— Rien, rien, dit le marquis avec rage; des termes ambigus... pas de date, pas de signature... de simples assurances qu'on veillera sur le sort de cette malheureuse, que des temps meilleurs viendront. Oh! c'est à rendre fou! Mais, continua-t-il avec rapidité en s'adressant à Courtin, si quelqu'un peut me mettre sur la voie des renseignemens, c'est toi, toi seul! M'as-tu trompé en me disant que tu venais de Nantes?

— Non.

— T'es-tu arrêté quelque part sur la route, en venant ici?

— À tous les châteaux, à toutes les chaumières.

— Mais tu ne peux avoir montré partout ce que tu devais vendre à ma fille!...

— Il est vrai; dans deux endroits seulement.

— Le premier?

— Chez mon ami Tout-en-Cuir, le chasseur de vipères, un malheureux colibert à moitié idiot, qui demeure à quelques lieues d'ici.

— Après, après...

— Dans un autre endroit on m'a demandé si j'avais été chargé de commissions pour mademoiselle de La Fougeraie.

— Où cela?

— À deux lieues d'ici.

— Le nom! le nom, bourreau!

— Au château de Trézières.

Amélie poussa un cri de terreur.

— Mais, reprit le marquis d'une voix brève et saccadée, ceux qui t'ont interrogé étaient-ils nombreux? les connaissais-tu?

— Il n'y avait qu'une seule personne.

— Et c'était?...

— Monsieur de Torcy, chevalier de Malte.

— Un chevalier de Malte! s'écria le marquis, il ne peut épouser ma fille! je suis déshonoré à tout jamais!

Il demeura comme frappé de la foudre. Amélie profita de ce moment d'accablement, saisit une main du colporteur qui regardait avec étonnement l'effet de ses paroles, et la porta à ses lèvres brûlantes en murmurant tout bas :

— Merci, merci, monsieur! vous m'avez sauvé et lui aussi!

Courtin, de plus en plus étonné de ce qu'il entendait, allait interroger encore, lorsque le marquis, revenu de son accablement, se mit à se promener dans la chambre d'un air désespéré.

— Oui, c'est cela, disait-il comme à lui-même; je l'avais soupçonné! Voilà donc pourquoi cette malheureuse n'osait m'apprendre le nom du suborneur! Un chevalier de Malte! un homme qui a prononcé des vœux solennels, qui ne peut lui rendre l'honneur après l'avoir séduite!... Mais je serai vengé! oh! oui! par tous les démons de l'enfer, je serai vengé!

— Monsieur, dit la jeune fille d'une voix timide, prenez garde à vous tromper. Je ne sais de qui est la lettre qui, dites-vous, m'était adressée, mais certainement monsieur de Torcy...

— Osez-vous bien prononcer ce nom qui fait votre honte! Voilà donc celui que vous aviez choisi au milieu des jeunes gens nobles et pleins d'honneur qui autrefois fréquentaient ma maison? Il était le seul dans la foule peut-être qui n'eût pas le pouvoir de vous donner son nom en place du mien que vous avez souillé! Un renégat qui, malgré la dignité qu'il occupe dans un ordre ecclésiastique, a fait récemment de son château un club pour les jacobins et les anarchistes du pays! un traître qui, m'a-t-on dit, aujourd'hui même a donné asile à un ingénieur républicain chargé de dresser la carte de notre malheureuse province, afin de faciliter les dévastations des Bleus! Mais patience! patience! la vengeance sera prompte et terrible, je le jure! — Tout en parlant, le marquis allait et venait dans la plus grande agitation. Il s'arrêta devant Courtin, qui attendait en silence l'issue de cette scène : — Et toi, dit-il avec amertume et en croisant les bras sur sa poitrine, te voilà donc aussi maître de mon secret! Tu connais donc à quel degré d'abaissement et de honte je suis tombé, et tu es sans doute bien fier, toi colporteur, de pouvoir faire rougir un noble gentilhomme tel que moi? Mais prends-y garde! c'est un de ces secrets qu'on ne porte pas loin, vois-tu! un de ces secrets qui tuent vite! et il eût mieux valu pour toi ne pas le connaître!

Le colporteur ramassa tranquillement ses marchandises éparses sur le plancher ; tout en préparant sa balle, il répondit avec un grand sang-froid :

— Écoutez, monsieur le marquis, des menaces ne m'effrayent pas. Seulement, rapportez-vous en à ma discrétion ; dans ma profession, on voit à tous momens bien des choses qu'il faut garder pour soi ; sans cela on ferait battre des montagnes... Mais fiez-vous en à ma parole ; je n'ai jamais trahi les secrets que j'ai pu surprendre, et surtout ceux qu'on m'a confiés ; les vôtres ne sortiront jamais de ma bouche, quand on devrait me tuer... Et maintenant, monsieur, ajouta-t-il en passant les bras dans les bretelles de son sac comme pour partir, si vous n'avez rien de plus à me demander...

— Attends! attends! dit monsieur de La Fougeraie d'un ton sombre, comme s'il réfléchissait à quelque sinistre projet dont la pensée venait de germer dans son cerveau.

Le colporteur laissa retomber son sac d'un air de résignation. Le marquis se promenait dans la chambre avec une vivacité croissante.

— Écoute, dit-il enfin, tu sais déjà mon secret ; j'aime mieux me fier à toi que de mettre dans ma confidence un autre étranger. Tu m'as l'air robuste ; pourras-tu te charger de porter au château de Torcy un fardeau assez léger ajouté à celui que tu as déjà ?

— Ma balle n'est pas lourde ; j'ai beaucoup vendu aujourd'hui, et pourvu que le fardeau...

— Ce fardeau est un enfant nouveau-né!

— Que dites-vous, monsieur! s'écria la jeune mère, qui retrouva toutes ses forces en ce moment, et osa regarder son père face à face ; vous avez parlé de mon enfant?

Sans l'écouter, monsieur de La Fougeraie continua en s'adressant au marchand :

— Tu porteras cette misérable créature à Trézières, tu la remettras à ce... chevalier, et tu lui diras de ma part...

— Mais je ne veux pas qu'on me sépare de mon enfant, moi interrompit Amélie énergiquement; vous pouvez me tuer, monsieur, mais vous ne m'enlèverez pas mon enfant.

— Aimez-vous mieux que je le tue?

— Lui! mon pauvre fils! dit la jeune femme avec épouvante en reculant d'un pas ; oh! monsieur vous ne serez pas assez cruel pour...

— Silence! dit le marquis, cet enfant doit disparaître, afin de m'épargner un crime. Oh! vous ne devinez pas, vous, quelle haine il y a dans mon cœur pour ce fruit du déshonneur et de la trahison! Je ne l'ai vu qu'une fois, et je ne sais quel pouvoir inconnu est venu me retenir au moment où j'allais l'écraser sans pitié entre mes deux mains... cependant je croyais encore qu'une réparation était possible, je croyais encore que cet enfant pourrait un jour nommer son père. Maintenant que tout est fini, maintenant que la honte doit être éternelle et pour lui et pour nous, je ne réponds plus de contenir l'indignation qui débordera de mon cœur... Il le faut, madame, il le faut! Que cet enfant aille rejoindre son indigne père, et puisse le ciel leur rendre à tous deux les maux qu'ils me font souffrir!

— Grâce! grâce! répéta la jeune fille en se traînant aux pieds de l'impitoyable gentilhomme.

— Jamais!... N'appelez pas sur vous ma colère, ce n'est pas vous qu'elle menace pour le moment.

Amélie se releva en chancelant, et dit d'une voix faible et souffrante :

— Eh bien! monsieur, puisqu'il le faut... puisque votre haine poursuit une faible et innocente créature dont le seul tort a été de naître, je consens à ce qu'on l'emporte loin d'ici... puisqu'elle a tout à craindre de vous, qui m'avez tant aimée... Cet homme que vous accusez d'être mon séducteur n'est pas coupable, je vous le jure! mais il aura pitié d'un pauvre enfant innocent qu'une mère lui confie...

— Allez chercher cet enfant, dit le marquis d'une voix impérieuse; le temps presse...

— Encore quelques momens, mon père!

— Aimez-vous mieux que j'y aille moi-même? reprit le chef vendéen.

La pauvre femme poussa un gémissement en regardant le ciel et sortit; bientôt elle reparut avec un petit enfant qu'elle arrosait de ses larmes. Le marquis voulut le lui arracher; mais elle se retourna avec un de ces mouvemens de lionne que sait trouver une mère quand la vie de son enfant est en péril. Le marquis recula, effrayé lui-même du regard de sa fille.

Pendant cette longue scène, la nuit était presque venue. L'obscurité se répandait dans ce vaste appartement; tous les assistans gardaient un morne silence. Monsieur de La Fougeraie, malgré son irrésistible colère, n'osait employer la violence pour arracher l'enfant des bras d'Amélie; il restait sombre et muet en serrant les poings avec rage. Amélie couvrait son fils de larmes et de baisers, sans pouvoir s'en séparer.

Enfin, pourtant, le colporteur comprit, à un geste convulsif du marquis, qu'il était temps d'intervenir. Il s'approcha de la jeune mère avec respect, et lui dit en adoucissant sa voix naturellement un peu rude :

— Vous me connaissez bien peu, madame, et je n'ai pas de titres à votre confiance. Cependant si la parole d'un honnête homme peut avoir du crédit sur vous, confiez-moi cet enfant sans crainte ; soit que la personne à qui je dois l'apporter l'accepte comme sien, soit qu'elle l'abandonne, je vous jure de veiller sur lui et de le défendre au péril de ma vie... Confiez-le moi, vous dis-je, et, soyez-en sûre, je vous le rendrai un jour.

Un éclair de joie brilla sur les traits d'Amélie.

— Oh! je vous crois! s'écria-t-elle avec transport. Oh! oui, cet air de franchise, ces paroles de bonté ne peuvent tromper... Je vous le confie... un jour... plus tard... son père et moi nous vous remercierons de ce que vous faites en ce moment. En attendant, monsieur, que Dieu vous récompense de votre pitié!

— Allons, il faut partir! dit le marquis avec dureté.

— Encore un baiser! répliqua la malheureuse Amélie en serrant son fils contre son cœur.

Le colporteur l'arracha presque de force de ses bras.

— Tu vas te rendre au château de Trézières, reprit l'impitoyable marquis, et tu remettras cet enfant à la personne que je t'ai désignée. Prends garde d'exécuter mes ordres... On te surveillera... et malheur à toi si tu t'éloignes d'un pas de la route directe qui va d'ici à Trézières.

— Je ne crains rien, monsieur.

Le marquis ouvrit une fausse porte qui, à travers une petite cour, donnait sur la campagne sans qu'on eût à traverser le village; le colporteur, avant de s'éloigner, éleva l'enfant au-dessus de sa tête en disant à Amélie :

— Je vous ai juré que je vous rendrais votre enfant sain et sauf, je tiendrai ma parole ou je mourrai.

La pauvre femme n'entendit pas cette promesse ; elle s'était évanouie au moment où Courtin avait fait un pas vers la porte en emportant son fils.

II

En sortant de La Fougeraie, le colporteur s'était jeté dans un de ces chemins creux et inondés par les eaux pluviales qui sont encore aujourd'hui, dans le bocage de la Vendée, les seules voies de communication. Il sentait trop bien l'importance de sa mission pour s'exposer à être aperçu avec son singulier fardeau par les gens du village, dont cette rencontre n'eût pas manqué d'exciter la curiosité. Il doubla donc le pas, afin de s'éloigner au plus vite du hameau, et il se dirigea vers le château de Trézières, dont il connaissait parfaitement le chemin, malgré l'obscurité toujours croissante.

Cependant, quand il fut à une distance suffisante pour n'avoir plus à craindre les indiscrets, le brave homme songea à s'arrêter quelques instans. Il avait besoin de reprendre haleine et de réfléchir à la bizarre aventure dans laquelle il se trouvait si subitement engagé.

Il était parvenu à un endroit solitaire, au milieu d'une de ces landes couvertes de genêts de dix ou douze pieds de haut qui servaient de refuge à cette époque aux familles vendéennes poursuivies par les soldats de la république. Quelques châtaigniers bordaient le chemin et couvraient de leur feuillage une herbe fine et drue dont un petit ruisseau entretenait la fraîcheur. C'était là une station agréable et commode pour le colporteur; du pied des châtaigniers il pouvait apercevoir à une assez grande distance ce qui se passait sur le chemin, et à la moindre alerte il pouvait se jeter dans les genêts, où il eût trouvé un asile sûr. D'ailleurs, quelle que fût la nécessité d'arriver à Trézières avant la nuit noire, un autre embarras venait se joindre aux embarras déjà si grands du porte-balle. L'enfant, qu'il avait pourtant arrangé le plus commodément possible au-dessus de ses marchandises, soigneusement enveloppé dans ses langes, ne semblait pas se trouver fort à l'aise, et protestait par ses vagissemens contre cette retraite précipitée.

Cette circonstance décida Courtin. Il déposa son fardeau sur l'herbe, à l'ombre des châtaigniers, et se laissa tomber à côté, épuisé de fatigue et de chaleur. Son petit compagnon réclamait impérieusement ses secours; mais quels secours pouvait lui donner dans ce désert un pauvre marchand ambulant, plus initié aux rouéries de son humble profession qu'aux fonctions de nourrice? Il prit dans ses bras l'enfant, qui pleurait toujours : c'était une jolie créature, fraîche et rose, aux yeux bleus, dont la bouche mignonne semblait plutôt faite pour sourire que pour pousser des cris de douleur. Le brave homme le regarda avec attendrissement, lui donna un baiser sur le front; mais cela ne remédiait à rien, et les vagissemens continuaient de plus belle.

— Que faire? que faire, mon Dieu? disait Courtin dans un embarras comique. Au diable soit la commission et le commissionnaire! et cependant cette pauvre mère... je ne pouvais lui refuser ce qu'elle me demandait. Ce brutal de marquis eût tué le cher petit, qui n'en peut mais si sa naissance n'est pas parfaitement en règle. Allons, du courage, Courtin, mon ami; tu es habitué à porter de la marchandise de contrebande! il est vrai que l'autre ne crie pas comme celle-ci.

Malgré son inexpérience, il devina pourtant que la faim causait les cris de l'enfant. Heureusement il trouva dans un coin de sa balle quelques biscuits, dont il était toujours pourvu afin de se rendre favorables les marmots de ses meilleures pratiques. Il trempa l'un de ces biscuits dans l'eau claire du ruisseau, et l'offrit à l'enfant, qui se tut aussitôt et se mit à sucer avec appétit ce qu'on lui présentait. Peut-être n'était-ce pas là pour lui une nourriture convenable et parfaitement de son goût; cependant il se prêta aux circonstances de la meilleure grâce possible, et avala sans trop rechigner la légère panade de l'apprenti nourrice; bientôt même il le remercia par un sourire.

— A la bonne heure donc! dit le colporteur en s'essuyant le front; que diable, mon petit bonhomme, il ne faut pas non plus se montrer trop exigeant! A la guerre comme à la guerre!...

Sans doute l'enfant ne comprit pas les exhortations encourageantes de son protecteur, mais du moins il agit comme s'il les avait comprises. Après ce frugal souper, il s'endormit; c'était ce qu'il avait de mieux à faire.

Le colporteur, libre enfin de songer à lui-même, réfléchit, tout en buvant avec sa tasse de cuir un peu de l'eau du ruisseau, au parti qu'il devait prendre dans les circonstances actuelles. Courtin, quoi qu'on ait pu penser, n'était pas autre chose que ce qu'il paraissait être, c'est-à-dire un humble marchand ambulant de Nantes, jovial, insouciant, dont toute la sagacité consistait, dans ces temps de trouble, à ne se brouiller avec aucun parti, à vendre le plus cher possible à l'un et à l'autre le contenu de sa balle, et à ne laisser supposer à personne qu'il fût plutôt royaliste que républicain. Il avait dit vrai en affirmant qu'il n'avait pas eu connaissance du fatal billet glissé furtivement dans ses marchandises. Au château de Trézières, il avait été dupe de quelque manœuvre dont il comprenait parfaitement le but maintenant sans en comprendre la cause. Comment ce chevalier de Malte avait-il pu glisser le billet? Était-ce lui qui l'avait écrit? Était-il réellement le père de cet enfant, quoique mademoiselle de La Fougeraie eût assuré le contraire? Enfin comment, lui Courtin, serait-il accueilli à Trézières, quand il allait tomber des nues avec un enfant sur les bras, chez un homme qui avait fait vœu de chasteté et qui pourrait trouver la plaisanterie de fort mauvais goût?

— Ma foi! n'importe, dit-il enfin en jetant un regard sur l'enfant, qui déjà sommeillait paisiblement; si personne ne veut de lui, je le garderai, moi... J'ai promis à sa petite mère de veiller sur lui, et je tiendrai ma promesse, foi de Courtin!... En avant, quand même!

Il rechargea sa balle, arrangea l'enfant par-dessus avec précaution, et lui couvrit le visage pour qu'il n'eût rien à craindre des branchages qui à chaque instant embarrassaient le chemin. Enfin il allait quitter son poste sous les châtaigniers, lorsqu'un cri guttural, aigu, ce cri qu'on a comparé au gloussement du dindon, et que les paysans vendéens poussent en renversant la tête en arrière, se fit entendre tout près de lui comme un signal. Des cris pareils répondirent au premier de distance en distance jusqu'aux extrémités de l'horizon; plusieurs semblaient sortir des genêts dans lesquels Courtin avait cru pouvoir se cacher en cas de nécessité.

Il comprit aussitôt qu'il était tombé au milieu d'un parti de royalistes vendéens disposés sur une longue ligne pour quelque embuscade. Mais où allaient-ils? Était-ce à lui qu'ils en voulaient? Le marquis accomplissait-il déjà ses terribles menaces? Courtin se perdait dans ses suppositions; cependant les cris venaient de la partie du chemin qui conduisait à La Fougeraie; l'autre côté, dans la direction de Trézières, était donc libre encore. Après quelques secondes d'hésitation, il résolut de continuer sa route et de chercher à gagner de vitesse ceux qui peut-être le poursuivaient.

Malheureusement pour l'exécution de ce projet, au moment où le colporteur quittait l'ombre protectrice des arbres, il aperçut, à la lueur de la lune qui se levait alors, à trente pas environ derrière lui, au milieu du chemin, un homme vêtu en paysan; un grand chapeau cachait ses traits, mais entre ses mains brillait une carabine. Il était trop tard pour fuir, car l'étranger avait vu Courtin au moment où Courtin avait vu l'étranger. Le colporteur fit donc bonne contenance et continua d'avancer comme s'il n'eût pas appelé mentalement tous les saints du paradis à son secours.

Il suivit résolûment le chemin qui s'enfonçait en serpentant sous les genêts et les châtaigniers. L'ombre était très épaisse autour de lui, et il eût pu se cacher sans peine dans les halliers; mais, outre que sa disparition subite eût excité les soupçons du personnage inconnu qui le suivait de près, le bruit de ses pas sur les feuilles sèches l'eût certainement trahi. D'ailleurs, à droite et à gauche, à quelque distance de la route, il entendait un frémissement inégal mais continu dans les buissons, comme celui produit par le passage difficile de plusieurs personnes. Le colporteur était cerné de toutes parts.

Tout à coup, le personnage qui le suivait, et qui avait fini par l'atteindre, lui posa la main sur l'épaule en lui disant d'une voix basse quoique nullement menaçante:

— Eh bien! monsieur Courtin, est-ce ainsi que vous tenez vos promesses?

Courtin tressaillit en reconnaissant le paysan qu'il avait vu le jour même à La Fougeraie, et qu'on appelait le *sacristain*. Cet homme était un fanatique, dévoué au marquis corps et âme; cependant il ne passait pas pour méchant, et sa rencontre dans un pareil moment ne fut pas trop désagréable au colporteur.

— Ah! c'est vous, sacristain, dit-il en faisant bonne contenance; ma foi! je ne croyais pas vous rencontrer ce soir. Et où allez-vous donc ainsi à pareille heure? A la recherche des *Bleus*, sans doute? Si je ne me trompe, ils ne sont pas de ce côté...

— Eh! qui donc pense aux *Bleus*? dit le Vendéen d'un ton bref; ne voyez-vous pas que je suis seul?

Et, comme pour démentir ces paroles, le frôlement des genêts des deux côtés du chemin devenait de plus en plus distinct.

— Ma foi! balbutia le marchand, qui ne se souciait pas de se vanter de sa découverte, je croyais... je pensais... des cris que j'ai entendu tout à l'heure...

— Ah bah! dit le Vendéen d'un air dégagé, quelques gars en belle humeur qui retournaient au village... Mais vous oubliez ce que vous m'avez promis, monsieur Courtin, et c'est mal à vous.

— Moi!... qu'ai-je promis?

— Et cette croix d'argent donc! cette croix bénite par le pape, cette croix qui préserve des républicains et des sorciers...

Courtin reprit son assurance. Évidemment ce n'était pas à lui qu'on en voulait pour le moment.

— Ah! cette croix, dit-il en souriant; eh bien! sacristain, je ne suis pas un Gascon, et, quoi que vous en disiez, je tiens la parole donnée à un ami; cette croix, je vous l'eusse remise ce soir même, si des raisons... qu'il est inutile de vous dire, ne m'eussent obligé de quitter précipitamment La Fougeraie sans vous avoir vu. La voici; puisse-t-elle vous préserver de tout mal!

En même temps il tira de sa poche une petite croix suspendue à un ruban noir, et la présenta au Vendéen. Celui-ci l'examina à la clarté de la lune, et ne put contenir sa joie en reconnaissant qu'on ne l'avait pas trompé, au moins sur la qualité du métal.

— Allons! ceci vous portera bonheur, monsieur Courtin, dit-il d'un ton amical, et je veux vous rendre service.

— Parlez, parlez! dit le colporteur, d'autant plus rassuré qu'il voyait à quelque distance devant lui le château de Trézières, où sans doute il eût trouvé des secours en cas d'attaque.

Le sacristain avait peut-être ses raisons pour ne pas approcher davantage; il retint son compagnon par le bras.

— Il est bien vrai au moins, reprit-il avec un reste de défiance, que cette croix a toutes les vertus que vous m'avez dites?

— Oui.

— Qu'elle a été bénite par le pape et qu'elle préserve contre les Bleus et les sorciers?

— Oui.

— Eh bien! monsieur Courtin, encore une fois, service pour service: vous allez au château de Trézières, je le sais... ne vous y arrêtez pas.

— Comment? que voulez-vous dire?

— Ne vous arrêtez pas au château de Trézières... Et maintenant nous sommes quittes... Adieu!

— Mais puis-je savoir...?

— Adieu... dit le Vendéen en replaçant son fusil sur son épaule.

Il rentra dans les genêts et disparut bientôt.

Courtin s'arrêta. Toutes ses irrésolutions, toutes ses craintes étaient revenues. Sans nul doute, le sacristain était de bonne foi dans ses dernières paroles. En récompense du léger cadeau qu'il venait de recevoir, il avait voulu faire entendre au colporteur qu'un danger l'attendait au château de Trézières; mais de quelle nature était ce danger? Etait-ce Courtin qui était menacé ou l'enfant qui lui avait été confié, ou seulement le chevalier de Torcy, le propriétaire du château? Le colporteur se retourna plusieurs fois, tantôt vers ces massifs de feuillage desquels sortait comme auparavant un murmure alarmant, tantôt vers ce manoir silencieux dont une fenêtre seulement était éclairée. Cependant il se souvint des ordres positifs du marquis, de ses propres promesses à mademoiselle de La Fougeraie; d'ailleurs peut-être y avait-il autant de danger à revenir en arrière qu'à marcher vers le château. Enfin il était accablé de fatigue, et il ne se sentait pas la force, avec le fardeau énorme qui pesait sur ses épaules, d'aller chercher un autre gîte.

Le brave homme n'hésita plus: il fit un mouvement d'épaules pour raffermir sa balle, jeta une légère exclamation d'encouragement, et s'avança à grands pas vers Trézières.

Cette habitation, décorée si pompeusement du nom de château, méritait pourtant encore moins ce titre que l'humble manoir de La Fougeraie. C'était tout bonnement une vaste maison blanche, aux encoignures de briques; la date de sa fondation ne pouvait guère remonter plus haut que le règne de Louis XIV. Aucune apparence de tours, de créneaux ou de fossés n'avait pu lui valoir l'honneur que lui faisaient les gens du voisinage; mais un tel respect s'attachait, dans ce pays antique, à tout ce qui tenait à la noblesse, qu'on eût cru insulter la caste privilégiée en appelant du simple nom de maison de campagne l'habitation d'une noble famille. Cependant, avec son toit presque plat, sa vigne en espalier grimpant le long des murailles et les vastes haies qui ceignaient le parc voisin, on eût dit plutôt d'une bonne ferme, habitée par un habile agriculteur roturier, que le manoir d'un fief seigneurial. D'ailleurs les membres de la famille de Torcy, depuis leur établissement dans cette contrée, ne semblaient pas très entichés de ces titres nobiliaires dont leurs voisins se montraient si fiers. L'ancien propriétaire de Trézières, le père du chevalier, avait été un fougueux disciple de Voltaire et de Rousseau; le chevalier lui-même, malgré l'espèce de dignité ecclésiastique dont il était revêtu, scandalisait tous les *purs* de son voisinage. Il passait pour un *jacobin* chez ses intolérans compatriotes, et ses relations avec quelques officiers de l'armée républicaine semblaient justifier cette opinion. Aussi, depuis quelque temps, l'irritation était-elle au comble contre le *faux frère*, comme on l'appelait dans tout le Bocage, et cette irritation devait amener tôt ou tard, à cette époque de haines et de discordes civiles, une sanglante catastrophe.

Au moment où un vieux domestique de confiance, dont la livrée avait été remplacée depuis peu par un costume de paysan, vint annoncer l'arrivée de Courtin à Trézières, le chevalier de Torcy, ou plutôt le citoyen Torcy, comme il s'intitulait lui-même en public, était occupé à souper. Il se trouvait dans une salle basse, lambrissée en bois de cerisier, dont les élégantes sculptures honoraient l'artiste campagnard dont elles étaient l'ouvrage. Le chevalier était un jeune homme d'environ vingt-cinq ans, aux manières brusques et pétulantes, au sourire moqueur mais franc. Son costume avait la même simplicité que celui du domestique; cependant quelques bijoux oubliés çà et là dans sa toilette eussent décélé promptement l'aristocrate sous cette

NOUV. CHOISIES.

défroque de paysan. Une petite croix blanche, brodée sur sa veste, mais facile à cacher au besoin sous le parement de l'habit, désignait seule sa dignité.

Il venait d'achever un succulent repas dont les restes étaient étalés sur une table à pieds tors. Enfoncé dans son fauteuil avec béatitude, il regardait tranquillement la flamme vacillante de deux bougies qui brûlaient devant lui dans de lourds chandeliers de cuivre. Ce nom de Courtin l'arracha tout à coup de sa contemplation. Il se redressa vivement et dit au valet :

— Courtin... le colporteur qui a passé ici ce matin? voilà qui est étrange ! Il devait, je crois, coucher à La Fougeraie, et je ne puis deviner... Qu'il entre, qu'il entre !

Courtin parut un moment après, haletant, épuisé ; il déposa sa balle avec précaution sur une chaise, et regarda d'un œil d'envie les mets étalés sur la table. Le chevalier fit signe au domestique, qui sortit aussitôt.

— Eh bien ! mon ami, demanda-t-il d'un air inquiet, qui t'amène ici à pareille heure ?

— Monsieur, répondit Courtin tranquillement en prenant dans l'ombre quelque chose qu'il présenta au chevalier, vous m'avez chargé ce matin à mon insu d'un petit billet dont je vous apporte la réponse.

En même temps il enleva rapidement le mouchoir blanc qui recouvrait l'offrande annoncée, et laissa voir l'enfant, qui, effrayé par la lumière des bougies, se mit à vagir plus fort que jamais.

— Un enfant ! s'écria le chevalier avec un étonnement inexprimable. Que signifie...?

— Cela signifie, monsieur, que si vous êtes bon père, vous ferez donner du lait à ce pauvre petit gars ; il en a autant besoin que moi d'un verre d'autre chose...

— Moi, son père ! Je ne comprends pas...

— Je n'y comprends pas davantage, monsieur ; mais, croyez-moi, abrégeons les explications... Si je ne me trompe, dans quelques instans vous serez attaqué ici, et vous aurez pour vous défendre plus grand besoin d'actions que de paroles... Un mot d'abord : vos gens sont-ils nombreux et bien armés?

— Il n'y a que deux domestiques, une femme de charge et moi dans le château... Mais, au nom de Dieu ou du diable ! pourquoi demandes-tu cela ?

En quelques mots le colporteur apprit à monsieur de Torcy tout ce qui lui était arrivé à La Fougeraie. Quand il en vint au billet qui avait révélé au marquis le nom du séducteur de sa fille, le chevalier l'interrompit avec chaleur :

— Je ne suis pas le père de cet enfant ! s'écria-t-il, je n'ai pas écrit cette lettre ; à la vérité j'ai cachée dans les effets destinés à la demoiselle, mais... un devoir sacré, un service demandé par un ami... Continue, Courtin, continue, car tu as raison, le temps presse.

Le marchand acheva son récit en rapportant les paroles énigmatiques du sacristain dans l'avenue du château. Torcy en l'écoutant était sombre, préoccupé, comme s'il cherchait à débrouiller les fils de quelque horrible trame.

A peine Courtin eut-il terminé sa narration que ce cri aigu, retentissant, qu'il avait entendu deux momens auparavant, s'éleva encore à quelque distance et se prolongea de proche en proche autour du château.

— Nous sommes perdus ! dit le chevalier quand le dernier cri se fut éteint au milieu du silence de la campagne.

— Perdus ! pas encore, je l'espère !

— Tu ne comprends donc pas, toi, cet exécrable piège? dit Torcy avec épouvante ; tu ne comprends pas avec quel art infernal cet orgueilleux marquis de La Fougeraie a conduit sa vengeance contre nous tous ? Les préparatifs d'attaque que tu as vu faire à son village étaient certainement dirigés contre moi... Juge de sa colère et de sa rage quand il a cru que moi, son ennemi politique, j'étais encore le séducteur de sa fille, le père de cet enfant à qui je ne puis donner mon nom ! Il a envoyé ici pour que l'enfant et toi vous périssiez avec moi, pour étouffer tous à la fois ceux qui peuvent divulguer ce fatal secret dont dépend son honneur. Oh ! je connais le marquis de La Fougeraie! Il ne reculera pas devant un crime pour assurer son secret... Ils ont entouré la maison, ils vont venir...

Le colporteur fit un mouvement d'effroi ; il commençait à entrevoir l'épouvantable vérité. L'appétit qu'il avait manifesté lui passa tout à coup.

— Mais, monsieur, objecta-t-il en baissant la voix, si le marquis en voulait réellement à moi et à ce petit innocent, ne pouvait-il tout à l'heure, au milieu de la campagne, quand j'étais peut-être à la portée de son fusil...

— C'eût été un assassinat alors, et malgré sa hardiesse il n'eût osé le commettre en présence de ses gars ; d'ailleurs la mort d'un enfant l'eût rendu odieux et eût éveillé les suppositions... Mais moi qui suis noté parmi ces fanatiques comme un *buveur de sang*, moi que l'on accuse de cacher ici des chefs républicains, et qui depuis quelques jours ai été signalé par les chefs vendéens comme un faux-frère, on peut m'attaquer en toute sûreté ! Nous périrons pour assurer le secret du marquis, et on attribuera notre mort à une vengeance politique que personne ne blâmera.

— Mais que faire alors ? dit le pauvre colporteur, qui se voyait dans un abîme sans fond.

— Oh ! pourquoi est-*il* parti? dit le chevalier en se frappant le front ; *il* nous eût donné un bon coup de mains, lui... Mais comment lui apprendre...

— De qui parlez-vous, monsieur?

— De personne, répliqua Torcy en revenant à lui, mais écoute : tu dois connaître dans le voisinage quelqu'un de sûr chez qui tu pourrais trouver un asile?

— Quelqu'un de sûr par le temps qui court, c'est difficile.

— Mais il y a pourtant...

— Oui, à une lieue environ d'ici, du côté de la forêt, je connais un pauvre diable de colibert ; je lui ai rendu de grands services, et il serait disposé à tout faire pour moi. A la vérité sa condition n'est pas relevée ; mais il habite une chaumière écartée où il est difficile de le surprendre.

— C'est cela... eh bien ! mon ami, souviens-toi que tu as promis à une pauvre jeune mère de veiller sur son enfant et de le défendre au péril de tes jours, envers et contre tous. Cet enfant n'est pas le mien, il est vrai ; mais son père est mon ami le plus cher, et j'ai été le seul confident de cette funeste liaison. Tu vas reprendre cette pauvre petite créature, l'emporter chez cet homme dont tu parles ; vous vous y tiendrez cachés l'un et l'autre jusqu'à ce que le danger soit passé. Peut-être nos ennemis n'ont-ils pas entouré le parc, tu t'échapperas par là avec l'enfant ; moi, pendant ce temps, je chercherai à les occuper ici, afin, qu'ils ne t'aperçoivent pas ; puis j'irai chercher des secours... Mais il faut sauver cet enfant, cet enfant avant tout !

— Ah ! c'est impossible, monsieur ! dit Courtin avec accablement : à supposer que j'échappe aux balles des gars quand je sortirai du château, je n'aurai jamais la force de marcher jusqu'à la forêt où demeure mon ami Tout-en-Cuir. Je suis épuisé de fatigue et de besoin.

— Mange... bois, dit le chevalier en désignant la table encore servie ; fais un effort, mon ami, pour tenir ton serment à mademoiselle de La Fougeraie... D'ailleurs il n'y a pas de chance de salut pour toi si tu restes ici...

Le colporteur se versa un grand verre de vin de Bordeaux, et l'avala d'un trait.

— Morbleu ! monsieur, dit-il avec résolution, je tenterai l'aventure, si périlleuse qu'elle soit.

— Brave homme ! reprit le chevalier en lui serrant la main. Mais le service que tu rends au père et à la mère de cet enfant ne sera pas sans récompense. Tiens, prends ceci d'abord... — Et il lui remit une bourse pleine d'or ; Courtin accepta sans trop se faire prier. — Laisse ta balle ici, continua Torcy, un poids semblable pourrait ralentir ta marche ; je te tiendrai compte de ce sacrifice.

— Mon sac et moi nous ne nous quittons jamais, répondit le colporteur avec le courage du désespoir, et il me rendra peut-être plus de services que vous ne pensez... J'ai mon projet... Pouvez-vous me prêter des armes ?
— Voici mes pistolets.

Le colporteur plaça les pistolets dans la poche de sa veste, arrangea l'enfant au-dessus du sac comme auparavant, et avala un nouveau verre de vin. Au moment de partir, il dit à monsieur de Torcy :

— Si je meurs à la peine, monsieur, n'oubliez pas de raconter à la pauvre demoiselle comment j'ai tenu mon serment... et maintenant, montrez-moi le chemin, et que Dieu nous protége !

Le jeune homme l'embrassa avec effusion, le conduisit à une porte qui donnait dans le parc, lui fournit les indications nécessaires pour gagner la forêt, puis rentra au château et se disposa à recevoir les ennemis qui allaient sans doute venir l'attaquer.

— Allons, se dit le colporteur à lui-même dès que la porte fut refermée sur lui, me voici de nouveau courant l'aventure par monts et par vaux, écrasé de fatigue, mourant de faim, avec une charge pesante et un enfant pleurant sur le dos... Pourvu que je n'attrape pas encore un bon coup de carabine vendéenne pour me consoler !

Mais il s'interrompit tout à coup au milieu de sa boutade : la position où il se trouvait réclamait son attention.

Il s'avançait avec précaution à travers les nombreuses allées du parc de Trézières. Monsieur de Torcy lui avait dit qu'en suivant à gauche la haie touffue qui servait de clôture, il trouverait un de ces petits passages appelés *échaliers* dans le pays, au moyen duquel il pourrait gagner la forêt. Mais la lune se cachait derrière un nuage ; l'ombre projetée par les grands arbres du parc était fort épaisse ; le colporteur se trouvait obligé de se diriger par le toucher plus encore que par la vue. Un profond silence régnait autour de lui, et cependant, soit par suite de l'impression profonde qu'il avait éprouvée dans son trajet de La Fougeraie au château, soit que ses sens en effet ne l'abusassent pas, plus d'une fois il crut entendre bruire près de lui les feuilles sèches comme si elles eussent été froissées par des pas furtifs ; mais ce frôlement pouvait être attribué à la brise qui s'engouffrait par intervalles sous ce dôme de feuillage. Heureusement l'enfant dormait, et Courtin mettait tous ses soins à éviter qu'une branche basse ne vînt l'éveiller dans ce moment-où le sommeil était si précieux.

Cependant le hasard servit à souhait ; après quelques minutes de marche pénible, il crut apercevoir devant lui, à la lueur vague des étoiles, le bienheureux échalier. Il ne lui resta plus de doute quand la lune, se dégageant tout à coup, lui laissa voir distinctement le passage qu'il avait craint de manquer à cause de son ignorance des localités. Seulement, il fallait pour l'atteindre quitter l'obscurité protectrice des massifs de feuillage, et marcher un instant à découvert, Courtin comprit la nécessité de redoubler de précautions, car ce devait être là que l'attendrait le danger, si toutefois il y avait danger.

Il ne s'était pas trompé. Il allait sortir du fourré pour traverser le plus rapidement possible l'espace découvert, lorsqu'il entendit tout à coup un mouvement assez brusque dans le feuillage. Il s'arrêta court au moment de franchir la ligne d'ombre et de se montrer dans l'allée brillamment éclairée par la lune. Aussitôt on se rapproche de lui et on lui demande d'un ton bref :

— Est-ce toi, sacristain ?

Le son de cette voix fit chanceler le pauvre colporteur ; c'était celle du marquis de La Fougeraie. Cependant une réflexion rapide lui rendit un peu d'assurance ; il ne pouvait voir le marquis dans l'obscurité uniforme qui l'enveloppait, et le marquis, par sa méprise, prouvait suffisamment qu'il ne pouvait le voir lui-même. Il fallait payer d'audace ou il était était perdu.

— Oui, monsieur le marquis, répondit-il d'un ton bas qui déguisait sa voix.

— Les gars sont-il rangés autour de cette maison de perdition, de sorte qu'aucun de ceux qui s'y trouvent ne puisse échapper ?

— Oui, monsieur, répondit le brave homme, dont la voix, toute faible qu'elle était, avait peine à sortir du gosier.

— C'est bien. Alors, sacristain, souviens-toi de mes ordres : il faut que de ce repaire de jacobins il ne reste pas une pierre debout demain matin. Le feu partout !... et on tirera sur tous ceux qui tenteront de s'enfuir... sur tous, entends-tu ? sans exception... même sur le colporteur que tu as surveillé si exactement aujourd'hui... S'il s'évade, nous ne retrouverons plus une aussi belle occasion.

— C'est dit ! murmura Courtin dont le sang se glaçait dans les veines.

— Et maintenant fais avancer nos gars à pas lents. Moi, je vais en avant, pour voir si l'alarme n'a pas été donnée par cet imbécile de marchand. Quoi que tu en dises il avait l'air de se douter du piége. Au premier signal, tenez-vous prêts...

Et le marquis se dirigea rapidement vers le château. Courtin attendit quelques secondes, mais bientôt sa présence d'esprit l'abandonna. Il s'élança vers l'ouverture de la haie, franchit d'un bond la petite échelle qui s'élevait à quelques pieds de terre pour faciliter le passage, et s'élança dans la campagne.

Cette précipitation lui fut fatale. Au bruit de cette course rapide, le marquis retourna la tête ; un rayon de lune lui laissa voir Courtin qui franchissait l'échalier. Un cri de l'enfant, éveillé encore une fois par ces mouvemens saccadés, parvint jusqu'à lui au milieu du silence. Il mit en joue le fusil qu'il avait sur l'épaule ; mais, avant qu'il eût lâché le coup, Courtin avait disparu derrière la haie.

Le marquis poussa une exclamation de rage qui attira près de lui le sacristain et deux hommes de sa troupe.

— Sacristain, dit-il rapidement, exécute mes ordres relativement au château. Vous, continua-t-il en s'adressant aux deux autres, suivez-moi.

Et tous les trois se mirent à courir vers l'échalier à la poursuite du fugitif, tandis que le sacristain allait remplir sa mission avec cette obéissance aveugle du paysan vendéen vis-à-vis son seigneur.

Cependant le colporteur, une fois en rase campagne, dans un pays dont il connaissait chaque recoin, croyait n'avoir plus rien à craindre, et s'applaudissait déjà du sang-froid inouï qu'il lui avait fallu déployer pour échapper au terrible La Fougeraie. Il avait gagné le chemin qui devait le conduire à sa destination, du côté de Pouzauges, et il supposait les gens du marquis trop occupés pour songer à lui. Il ralentit donc le pas, sans cependant bannir toute précaution. Aussitôt que l'enfant sentit un mouvement plus tranquille et plus régulier, il se rendormit. Courtin, en cheminant dans l'obscurité, put donc reprendre le cours des réflexions que cette dernière aventure avait interrompu : l'habitude de voyager seul à travers des campagnes désertes lui avait donné la manie des soliloques, et il murmurait à demi-voix :

— Pardieu ! cette fois, je l'ai échappé belle !... Le chevalier avait raison ; ce damné marquis s'est mis particulièrement dans la tête de me démolir... Mais heureusement on ne tue pas tous les lièvres qu'on tire... Ah çà ! Courtin, mon ami, savez-vous que vous faites un singulier métier depuis quelques heures ? Vous voilà devenu colporteur d'enfans. Mais cette marchandise-là ne se débite pas comme l'autre ; personne n'en veut, même pour rien ! Cependant il ne faut pas trop se plaindre ; ce monsieur de Torcy m'a donné un joli dédommagement, et il paraît qu'on ne s'en tiendra pas là. D'ailleurs, j'ai promis à la petite maman, que diable ni un honnête homme n'a que sa parole, dussent tous les marquis de l'univers en prendre les armes ! Ainsi Courtin, mon ami, du courage ! et peut-être tout cela finira bien pour vous.

Le porte-balle en était là de ses réflexions où se peignait son caractère généreux et mercantile à la fois, quand plusieurs coups de feu, suivis de cris nombreux, retentirent dans le lointain, du côté de Trézières.

— Aïe ! aïe ! dit le colporteur en tournant la tête, tout ne va pas bien là bas-pour ce pauvre monsieur de Torcy ! c'est dommage, car il l'air d'un bon riche, celui-là, et il n'aime pas chipoter sur les prix ! Mais aussi pourquoi diable va-t-il séduire la fille de cet autre vieux fléron ? car il a beau dire, c'est lui, j'en suis sûr... Ma foi ! qu'ils s'arrangent, après tout ; que peut un malheureux marchand forain comme moi dans ces querelles de ci-devant nobles qui veulent toujours se manger l'âme ? A chacun son fardeau ; moi j'ai le mien à qui je pardonne d'être lourd pourvu qu'il ne pleure pas...

En achevant ces réflexions il fit un *houp* pour changer un peu de position sa balle, regarda par-dessus son épaule l'enfant auquel il venait de faire allusion, et se remit en marche avec ardeur.

Bientôt il arriva à un endroit où le chemin creux bifurquait brusquement. Un embranchement continuait à suivre les sinuosités ombragées de la petite vallée que Courtin venait de traverser, l'autre grimpait hardiment sur le flanc nu et pelé d'une de ces collines si fréquentes dans le Bocage et d'où l'on domine tout le pays. Or c'était justement celui-ci que devait prendre le colporteur ; mais comme rien autour de lui ne pouvait exciter sa défiance, il commença à gravir la colline à travers des fougères courtes et de maigres ajoncs qui, en cas d'attaque ne lui eussent offert aucun abri.

Plus il s'élevait, plus les détonations et les clameurs devenaient distinctes derrière lui. En même temps un reflet rougeâtre commençait à se répandre sur la campagne. Le colporteur s'arrêta ; alors seulement il aperçut une immense flamme qui semblait s'élever jusqu'au ciel ; le château de Trézières était en feu.

Le brave homme ne put retenir un cri d'indignation. Mais le sentiment de son propre danger vint promptement l'arracher à la préoccupation du danger d'autrui. Pendant qu'il contemplait ce vaste incendie, dont la sinistre lueur le rendait visible à une grande distance, une explosion se fit entendre au pied de la colline ; en même temps une balle siffla à ses oreilles et vint s'enterrer dans la bruyère.

Courtin jeta les yeux au-dessous de lui ; quelques hommes dans lesquels il reconnut tout de suite des paysans vendéens, sortaient du chemin qu'il venait de quitter, et commençaient à monter vers lui avec rapidité.

— Imprudent que je suis ! murmura-t-il, ils m'ont vu.

En ce moment il oublia ses fatigues, ses terreurs, le poids énorme qui pesait sur son épaule. La grandeur du péril lui rendit ses forces, et il était robuste : il enjambait les fougères et les genêts, profitant des plus légers accidens de terrain pour se couvrir contre les balles, qui de temps en temps sifflaient autour de lui. Cependant la lutte était trop inégale pour que l'avantage dût lui demeurer si elle se prolongeait ; Courtin sans ralentir sa course, entr'ouvrait son ballot sur le côté, et usa d'un stratagème auquel il avait songé en insistant à Trézières pour emporter ses marchandises.

Un caractère commun aux paysans, et surtout aux paysans vendéens, est l'avidité. Courtin connaissait ce côté faible de ceux qui le poursuivaient. Il plongea donc une main dans le ballot, et en retira plusieurs objets qu'i jeta au hasard autour de lui. Sans doute c'était là un grand sacrifice pour un petit marchand ; mais les circonstances étaient pressantes, il s'agissait de sauver sa propre vie et celle de l'enfant. Il comptait que, tandis que ses ennemis recueilleraient ou se disputeraient les objets précieux pour eux, il gagnerait du temps et de l'espace.

En se retournant pour juger de l'effet de sa ruse, il s'aperçut avec douleur qu'elle n'avait pas eu le succès désirable. Deux des paysans, il est vrai, s'étaient élancés pour recueillir les étoffes, les bas rayés que le colporteur avait disséminés derrière lui, mais le troisième leur ordonna impérieusement d'avancer, et les balles continuèrent de siffler aux oreilles du fuyard. Cependant il ne se découragea pas, les mouchoirs rouges de Chollet, les coiffes de dentelles, les quarterons d'épingles sortaient du sac comme d'une corne d'abondance, et voltigeaient de toutes parts sur le penchant de la colline ; mais les Vendéens ne s'arrêtaient pas, et semblaient même gagner du terrain sur leur ennemi.

— Diable ! diable ! dit Courtin avec angoisse, il y a là sans doute avec eux quelqu'un de bien puissant pour qu'ils n'osent pas toucher à ma pauvre marchandise quand je la jette ainsi à leur nez... N'importe, je n'en aurai pas le démenti !

Il prit l'enfant dans ses bras comme pour lui faire un rempart de son corps ; puis détachant toutes les courroies qui retenaient sur ses épaules le sac à demi-vide, il le laissa tomber. Le ballot roula avec un bruit sourd jusqu'aux pieds des Vendéens.

— Prenez toute la boutique, dit le marchand avec un soupir... et maintenant, au galop !

Malheureusement le dernier sacrifice avait été aussi inutile que les autres ; ses persécuteurs, dominés par une autorité à laquelle ils ne pouvaient résister, passèrent à côté de la fortune du pauvre marchand sans s'arrêter. Il sembla même, lorsqu'ils le virent courir libre et dispos sur la fougère, qu'ils redoublassent de vitesse ; mais ils ne tirèrent plus, car ils perdaient à recharger leurs fusils un temps dont le colporteur savait habilement profiter.

Un d'eux surtout devançait les autres et gagnait à chaque instant du terrain sur le malheureux Courtin. Celui-là paraissait avoir un intérêt tout particulier à atteindre le fugitif ; sombre, muet, il ne lui donnait pas de repos, et l'instant était proche où il devait immanquablement le joindre.

Courtin ne connaissait sûrement par l'histoire des Horaces et des Curiaces ; cependant la nécessité lui suggéra en ce moment l'expédient qui fit triompher le jeune Horace. Celui qui le serrait de si près était à une assez grande distance de ses compagnons pour qu'ils ne pussent lui porter secours immédiatement. Le colporteur s'arrêta donc, saisit un des pistolets que lui avait remis le chevalier, et serrant d'une main l'enfant contre sa poitrine, de l'autre il déchargea l'arme presque sans regarder sur son ennemi. Le Vendéen tomba roide mort.

Au bruit de l'explosion, les deux autres s'arrêtèrent court. Le colporteur, effrayé de son ouvrage, s'était déjà remis en marche, la main sur la poignée de son second pistolet pour tenir les agresseurs en respect. Mais il ne songeait plus à le poursuivre tant leur consternation était grande, et il entendit l'un d'eux dire avec terreur :

— Qu'allons-nous devenir le malheureux a tué monsieur le marquis de La Fougeraie !

Ce mot retentit aux oreilles de Courtin d'une manière plus sinistre encore que le sifflement des balles ; il courut comme un insensé vers le sommet de la montagne, et bientôt il disparut aux regards des deux Vendéens, avec l'enfant cause innocente de tant de malheurs et de crimes.

III

Trois jours après ces événemens, vers le soir, un violent orage était sur le point d'éclater sur le Bocage. Le sommet du mont des Alouettes, ce phare du voyageur vendéen, avait disparu sous un amas de vapeurs noires ; elles semblaient se répandre de ce point culminant comme d'un centre, sur tout l'horizon, et déjà quelques gouttes larges et rares fouettaient les feuilles jaunies des châtaigniers et de hêtres. Les charretiers tout en fredonnan d'un ton monotone leurs ballades traditionnelles, aiguillonnaient leurs attelages de six à huit bœufs, pour atteindre la ferme avant la tempête. Les piétons, qui en sortant de ces chemins profonds et humides qu'un auteur a surnommé des *souterrains de verdure*, se trouvaient tout à coup sous ce ciel menaçant, cherchaient avidement du regard le toit hospitalier où ils pourraient trouver un abri.

Cependant il ne vint pas dans l'idée aux fuyards d'aller demander un refuge à une petite chaumière isolée qui s'élevait sur le bord d'un chemin ou plutôt d'un sentier, non loin de la forêt de Pouzauges, à deux lieues environ de La Fougeraie. Cette chaumière dont l'apparence était pauvre, n'avait pourtant rien à l'extérieur qui dût effrayer le voyageur attardé. Une niche pratiquée dans la façade, à hauteur d'appui, renfermait une statuette de la Vierge ornée de guirlandes de fleurs desséchées. La croix blanche à la chaux était empreinte au-dessus de la porte comme au-dessus des autres chaumières vendéennes ; un vase d'eau fraîche pour les ablutions des gens de la maison et des passans était placé au côté droit de la porte ; enfin par une fenêtre basse, on pouvait voir briller dans la pièce principale de la modeste demeure, un grand feu allumée tout exprès sans doute pour sécher les habits mouillés par la pluie.

Mais un préjugé superstitieux s'attachait à cette habitation ; ceux qui l'apercevaient s'en éloignaient au plus vite, en faisant un signe de croix et en murmurant :

— Dieu et Notre-Dame d'Auray nous préservent de tout mal ! Voici la maison de Tout-en-Cuir le sorcier celui qui a appelé cet orage... il va bien se divertir ce soir le misérable colliberti

Pour comprendre les paroles des crédules habitans du Bocage, il faut savoir qu'on appelle *colliberts*, dans la Vendée, une race d'hommes idiots, à moitié sauvages, qu'on suppose disgraciés de la nature comme les crétins de la Maurienne. Cette race, assez nombreuse, surtout dans la partie qu'on appelle le Marais, est accusée d'idolâtrie par les paysans fidèles aux vieilles croyances locales ; encore aujourd'hui, ils affirment que les colliberts adorent la pluie.

C'était à un individu de cette espèce qu'appartenait la cabane, où rien pourtant, l'on en conviendra, ne sentait l'idolâtrie païenne. Aussi n'était-ce pas cette tache originelle de caste qu'on reprochait au propriétaire de la chaumière isolée. Tout-en-Cuir, tel était le nom qu'on lui avait donné, et nous saurons plus tard pourquoi ; Tout-en-Cuir, donc, passait pour avoir une intelligence un peu plus relevée que les autres individus de sa race méprisée ; des gens qui l'avaient vu de près soutenaient même qu'il était plus raisonnable que la plupart de ses détracteurs. Mais le préjugé, pour n'avoir pas le démenti, avait fait de lui un sorcier, ne pouvant pas en faire un imbécile ; aussi était-il bien avéré auprès de toutes les ménagères du voisinage que pas une tempête n'éclatait à vingt lieues à la ronde sans avoir été appelée par le collibert Tout-en-Cuir.

Enfin la profession particulière du malheureux paria fortifiait encore l'aversion commune. Tout-en-Cuir était chasseur de vipères, et il avait acquis dans ce genre d'industrie une réputation d'habileté que le vulgaire attribuait à la sorcellerie. On sait que le Poitou, et surtout le bocage de la Vendée, fourmillent de serpens de toutes espèces, parmi lesquelles la vipère est la plus abondante. Le collibert avait toujours chez lui une bonne provision de ces dangereux reptiles, qu'il allait vendre de temps en temps aux apothicaires des villes voisines, pour la fabrication de la thériaque, et cette circonstance expliquera aisément la répugnance des Vendéens à s'approcher d'une habitation où ils pouvaient rencontrer de pareils hôtes.

Au moment où l'orage allait éclater, un homme se promenait à grands pas dans cette pauvre demeure. Par momens, il entr'ouvrait la fenêtre, écoutait les bruits indistincts qui s'élevaient au milieu du silence de la nature ; mais chaque fois son attente était trompée sans doute, car il refermait la fenêtre avec impatience, et reprenait sa promenade.

Cet homme, disons-le tout d'abord, était notre ancienne connaissance Courtin le colporteur. Après la terrible catastrophe dont le marquis avait été victime, le malheureux marchand avait cherché un asile chez Tout-en-Cuir, avec lequel il conservait des relations amicales depuis longtemps. Courtin était chargé de fournir au chasseur de vipères tous les objets dont il avait besoin dans cette solitude où il ne pouvait compter sur personne ; il avait même plusieurs fois servi d'intermédiaire entre lui et des apothicaires de différens pays pour le débit de ses marchandises. En revanche, Tout-en-Cuir avait confié à Courtin les minces profits de son commerce, afin de les faire valoir de la manière la plus avantageuse. Il était résulté de ces rapports, purement commerciaux dans l'origine, un échange de bon offices, et par suite une mutuelle amitié.

Aussi ! dans la pressante nécessité où il s'était trouvé, le colporteur avait-il cherché un refuge chez son ami. La position isolée de la demeure de Tout-en-Cuir, sa vie solitaire, l'espèce de répulsion qu'on éprouvait pour l'endroit qu'il habitait, avaient semblé à Courtin des garanties suffisantes de sécurité ; et en effet, depuis trois jours qu'il partageait l'hospitalité du collibert, personne n'avait soupçonné la présence d'un étranger à la chaumière isolée.

En ce moment, Courtin attendait son hôte ; celui-ci était parti pour Fontenay depuis le matin, autant dans le but de recueillir des nouvelles sur les événemens récens de La Fougeraie, que dans celui de vendre les produits de sa chasse de la semaine. Le colporteur commençait à s'inquiéter du retard prolongé de son compagnon, qui aurait dû, d'après ses calculs, être rentré depuis longtemps, et les dangers auxquels un voyageur était exposé dans ce pays bouleversé par la guerre civile justifiaient suffisamment cette inquiétude.

Pour tromper son impatience, il entra dans un petit réduit attenant à la pièce principale de la chaumière ; c'était là, dans un berceau de jonc improvisé par le chasseur, qu'on avait placé l'enfant, loin des regards indiscrets. Une jeune chèvre blanche, dont le lait était utile au collibert pour sa chasse aux reptiles, servait de nourrice au petit-fils du marquis de La Fougeraie. Aussi l'enfant ne semblait-il pas se trouver trop mal de sa position nouvelle ; ses joues étaient plus roses que jamais, et ses cris n'avaient pas importuné une seule fois ses deux protecteurs depuis son arrivée.

Après s'être assuré qu'il ne manquait de rien et que la chèvre nourricière avait sa provende d'herbes fraîches et de fougère, Courtin rentrait dans la première pièce, quand un violent coup de tonnerre ébranla la campagne. En même temps la porte s'ouvrit et, à la lueur rapide d'un éclair, il aperçut sur le seuil un grand spectre noir et silencieux qui pénétrait dans la chaumière. Au premier moment, il éprouva un vague sentiment d'effroi ; mais une seconde de réflexion lui permit de reconnaître dans le mystérieux personnage son camarade Tout-en-Cuir.

C'était un homme de haute taille, maigre et efflanqué, autant du moins qu'on pouvait en juger sous le bizarre costume dont il était affublé. Ce costume consistait en une espèce de fourreau d'épaisse basane qui l'enveloppait de la tête aux pieds ; deux trous seulement étaient percés à l'endroit des yeux comme au capuce d'un franciscain. Cet équipage était alors en usage parmi les gens qui exerçaient la dangereuse profession de chasseurs de vipères, et le collibert lui devait le sobriquet de Tout-en-Cuir, sous lequel il était connu dans le voisinage. Une espèce de baril en bois léger, fermant au moyen d'une soupape, et duquel sortait un bruissement continuel, chargeait ses épaules. Ses vêtemens de cuir ruisselaient d'eau, et il semblait accablé de fatigue.

— Ah ! vous voilà enfin, Jérôme, dit le colporteur revenu de son saisissement ; ne pouviez-vous donc vous hâter pour éviter cet épouvantable orage ? En vérité, je finirai par croire, comme vos voisins, que vous aimez la pluie et que vous prenez plaisir à vous y exposer ! Vous-même, ce matin, vous m'aviez prédit que la journée ne se passerait pas tranquillement.

— Oui, oui, répondit Jérôme d'une voix douce, qui faisait contraste avec sa haute stature, ce matin j'ai entendu les vipères s'agiter dans la caisse, et je me suis dit : Il y aura une tempête aujourd'hui.

Tout en parlant, il déposa dans un coin le baril dont il était chargé. Puis, rejetant en arrière, comme un capuchon, la partie supérieure de son vêtement de cuir, il laissa voir une figure pâle, maladive, empreinte de mélancolie et de résignation. Quoiqu'il eût près de trente ans, ses traits conservaient un caractère enfantin ; il n'avait que peu de barbe, et elle était blonde et soyeuse comme celle d'un adolescent arrêté dans sa crue par une maladie subite. C'était une nature frêle, énervée ; son œil bleu, un peu vague et hagard, n'avait pourtant rien de cet idiotisme que l'on reproche encore aujourd'hui à la race dégénérée des colliberts.

Le colporteur tendit la main à Jérôme, qui la serra d'un air de timidité, comme un homme peu habitué à recevoir de pareilles marques d'intérêt. Quoique l'isolement dans lequel il vivait eût imprimé depuis longtemps à ses traits une teinte d'abattement et de tristesse, il paraissait encore plus triste et plus abattu que d'ordinaire. Tout en faisant les apprêts d'un frugal repas, il jetait sur son ami des regards consternés qui n'échappèrent pas au bon colporteur.

— Eh bien ! eh bien ! mon pauvre Tout-en-Cuir, qu'avez-vous donc ? demanda-t-il d'une voix qu'il voulait rendre gaie ; on dirait, ma foi ! que vous êtes fatigué d'avoir porté vos marchandises sur vos épaules d'ici à Fontenay. J'en ai pourtant bien porté, moi, de la marchandise, et par des chemins plus longs et plus difficiles, sans avoir le soir la figure aussi allongée que vous en ce moment !... Ma pauvre balle ! continua-t-il avec un soupir, et ce sont ces pillards de La Fougeraie qui ont profité d'un si bel assortiment ! Mais au moins, Jérôme, avez-vous bien vendu vos articles à Fontenay ? Cela console des fatigues du voyage.

— J'ai rapporté mes vipères, dit le collibert en désignant le baril qu'il avait placé à l'autre bout de la chambre.

— Allons, encore ! reprit le colporteur du ton d'un pédagogue qui régente son disciple ; en vérité, Jérôme, vous ne réussirez jamais dans le commerce ! ne vous ai-je pas dit cent fois que, lorsqu'un article est démodé ou avarié, il faut le donner à bas prix, si l'on ne veut pas perdre tout ? Vous ne dissimulez pas, mon bon Jérôme, que les apothicaires d'aujourd'hui ne fabriquent plus autant de thériaque qu'autrefois ; par conséquent vos vipères son en baisse ; si vous avez trouvé des chalands, il fallait vendre.

Le collibert secoua la tête d'un air mystérieux.

— Non, dit-il, j'ai un projet... Si nous étions attaqués, ces serpens serviraient à nous défendre. Un jour des Bleus entrèrent ici et voulurent me forcer à leur servir de guide pour aller brûler La Flocetaine. J'ouvris la soupape de ma caisse ; à la vue de tant de serpens qui se répandaient dans la chambre, les Bleus s'enfuirent sans me faire de mal.

Au récit de cet exploit qui avait marqué dans sa vie, un sourire de satisfaction ridait doucement les lèvres du paria. Mais Courtin, par un geste railleur, vint refouler ce naïf sentiment de triomphe.

— Et si, pour se venger, ils avaient mis le feu à votre pauvre bicoque, Jérôme ! c'eût été un moyen de vous avoir tout cuits vous et vos anguilles de buisson ! Mais laissons cela, et dites-moi d'où vient cette idée que nous pourrions être attaqués ici. Avez-vous entendu parler de quelque chose à Fontenay ? Est-ce qu'il est question de moi ?

— Oui.

— Ah ! diable ! et que dit-on ?

— Que vous avez tué le marquis de La Fougeraie.

— Cette nouvelle s'est répandue bien vite ! Et savez-vous à quelle cause on attribue ce mauvais coup !

— On l'ignore, mais...

— Allons, allons, parlez, Jérôme, dit le colporteur avec impatience, en voyant l'hésitation du collibert, dites-moi la vérité, mon gars ; je m'attends à tout... Parle-t-on de l'enfant ?

— Non ; mais l'aubergiste du *Chêne-Vert*, à Fontenay, m'a dit comme ça : « Tout-en-Cuir, as-tu vu Courtin le colporteur ? » Je lui ai répondu non, comme nous en étions convenus ; puis il m'a dit : « Si tu le vois, tu peux faire ta fortune : l'armée catholique et royale a promis cinq cents louis en or à celui qui le livrerait pour le fusiller, parce qu'il a assassiné le marquis de La Fougeraie. »

— Assassiné ?

— Il a dit *assassiné*, reprit le chasseur de vipères avec une simplicité d'enfant. Puis, comme je m'en allais dans la ville pour vendre ma chasse, j'ai vu à la porte de la municipalité une grande affiche devant laquelle tout le monde s'arrêtait. Je me suis arrêté comme les autres, et j'ai demandé ce qu'il y avait d'écrit, parce que je ne sais pas lire. Alors un monsieur, qui avait sur la tête une grande cocarde tricolore, m'a dit : « C'est un arrêté du citoyen représentant ; on met hors la loi un brigand de la Vendée qui a assassiné un ci-devant noble. La nation promet cent mille livres en assignats à celui qui livrera l'auteur de ce crime. » Alors j'ai demandé à ce monsieur comment s'appelait le coupable ; il m'a répondu : « Courtin le colporteur. » Alors je suis venu bien vite, sans vendre mes bêtes, et me voici.

Le malheureux Courtin était atterré.

— Ainsi donc, dit-il en serrant les poings avec colère, me voici accusé d'assassinat ! Mais on ne sait donc pas que si j'ai tué de La Fougeraie, c'était dans le cas de légitime défense ? On ne sait donc pas que cet enragé de marquis avait fait mettre le feu au château de Trézières, qu'il était là avec sa bande, et que je ne pouvais, moi, pauvre diable...

— On dit qu'il est impossible de comprendre comment un ci-devant noble a pu attaquer un pauvre colporteur ; donc il faut que vous ayez tendu un piége au marquis...

— Un piége ! un piége ! C'est, par Dieu ! bien lui qui m'en a tendu un, avec un enfant pour amorce, et je me suis laissé prendre au traquenard, comme une vieille fouine affamée ! Aussi j'avais bien besoin de me mêler de tout cela, moi ! Me voici dans de beaux draps ! Les républicains veulent me guillotiner et les royalistes me fusiller ; les uns offrent cent mille livres qui ne valent pas un sou, les autres cinq cents louis qu'ils ne payeront jamais ; c'est cher la peau d'un pauvre diable ! Quelle excellente récompense pour avoir porté pendant six heures sur mon dos un enfant de contrebande et avoir risqué ma vie à le défendre ! Condamné par les deux partis, moi qui jusqu'ici avais trouvé moyen de vivre de l'un et de l'autre : des chapelets à celui-ci, des écharpes à celui-là, et d'être ami avec tous ! d'un côté la guillotine, de l'autre un peloton de fusilliers... Mais, par la barbe de tous les capucins de l'univers, je ne me laisserai pas faire si aisément !... Que je sois pris par les Vendéens ou par les Bleus, il faudra bien qu'on me juge, alors je dirai la vérité. Mais, à propos, Jérôme, a-t-on des nouvelles du chevalier de Torcy ? Il peut sauver, lui ! il sait tout, il racontera tout ce qui s'est passé.

— On n'en a pas entendu parler ; on croit qu'il a péri dans l'incendie de Trézières.

— Ah bien ! il ne manquait plus que cela ; mais c'est un épouvantable guêpier que cette position-là ! Les Bleus d'un côté, les Blancs de l'autre ! Je ne puis m'adresser à mademoiselle de La Fougeraie ; j'ai sauvé son enfant, il est vrai, mais j'ai eu la maladresse de tuer son père, et je ne sais comment elle aura pris cette nouvelle. Maintenant voilà que le seul homme qui pouvait me justifier est mort peut-être, car je ne compte pas sur le témoignage des deux gars qui suivaient le marquis. Je ne pourrais les reconnaître, et ils ne se soucieraient pas de se dénoncer eux-mêmes pour se sauver ; ils me détestent trop depuis l'accident... Comment me tirer de là ? Tout contre moi, personne pour moi ; je n'ai pas de protecteurs, pas d'amis, je suis perdu !...

Tout en se lamentant, le colporteur se promenait à grands pas dans la chaumière. Aux dernières paroles qu'il venait de prononcer, le collibert lui dit d'une voix mélancolique, en fixant sur lui son œil vague et timide :

— Et moi, monsieur Courtin, et moi !

— Vous, mon pauvre Tout-en-Cuir, vous vous entendez mieux à chasser aux vipères qu'à tirer d'embarras un homme dans ma position. Vous n'êtes pas robuste, mon digne garçon, mais, le fussiez-vous dix fois davantage, vous ne pourriez me défendre à la fois contre les Vendéens et contre les Bleus.

— Je puis du moins l'essayer, répondit le collibert en désignant un vieux fusil suspendu au manteau de la cheminée ; maître Courtin, je puis au moins mourir avec vous, qui êtes mon seul ami sur la terre, qui seul n'avez pas dédaigné de vous asseoir à la table d'un collibert et de lui serrer la main.

Il y avait quelque chose de si naturel et de si plaintif dans les paroles du pauvre chasseur, que Courtin ne put s'empêcher d'être profondément ému.

— Oui, je le sais, mon brave Jérôme ; quoi qu'en pensent les imbéciles paysans du voisinage, il y a plus de simple raison et de générosité sous votre veste de cuir que sous les scapulaires et les croix bénites qui ornent leurs poitrines à tous... Oui, vous vous feriez tuer pour moi, comme vous le dites... Mais ce n'est pas de cela qu'il s'agit. Il s'agit au contraire de vivre tous deux et de vivre longtemps... Comment ? je n'en sais rien ; mais il faut s'arranger pour ça... Oh ! maudit enfant ! maudit enfant ! continua-t-il en se frappant le front. Puis, par un revirement brusque de sa pensée, il ajouta en désignant au collibert la porte de la pièce voisine ; — Pourvu que le petit gars ne manque de rien ! Regardez, Tout-en-Cuir, puisque vous avez consenti à partager avec moi les fonctions de nourrice, cette petite créature ne doit pas payer pour les autres ; mais si l'on m'y reprend !...

Le collibert entr'ouvrit la porte avec précaution, et revint un moment après se rasseoir au coin du feu, en disant avec une admiration naïve :

— Il dort... Oh ! que c'est joli un enfant ! Il ajouta en souriant : — On ne m'avait jamais permis d'en embrasser un. Les voisines disaient que je leur portais malheur, et elles s'enfuyaient à mon approche, comme si j'avais été capable de faire du mal à de jolis enfans !

— Pauvre diable ! dit le colporteur distraitement.

En ce moment l'orage était dans toute sa force ; le tonnerre grondait sans cesse, la pluie tombait avec un grand fracas ; le vent, qui s'engouffrait dans la forêt voisine, brisait les rameaux des châtaigniers et des chênes. Au milieu de ce vacarme des élémens, les deux amis entendirent frapper tout à coup violemment à la porte de la chaumière. En même temps une voix brusque demanda du dehors ;

— Ouvrez, ouvrez à un voyageur égaré.

Courtin regarda par la petite fenêtre ; un cavalier venait d'attacher son cheval sous une espèce de hangar attenant à la chaumière. Il était enveloppé d'un manteau qui empêchait de reconnaître son costume ; mais son chapeau militaire, décoré de la cocarde tricolore, dénotait suffisamment un soldat de la république.

Le colporteur n'avait de courage que dans les nécessités pressantes, et il ne parut pas très content de sa découverte ; il regarda Tout-en-Cuir d'un air effaré, et il sembla vouloir le consulter sur le parti qu'il y avait à prendre ; le voyageur ne lui en laissa pas le temps :

— Ouvrez ! Mais, ouvrez donc ! répéta-t-il avec impatience.

La porte céda à ses efforts, et il entra sans qu'on l'y invitât. Il commença par se débarrasser de son manteau ruisselant de pluie ; puis il dit en fixant sur les deux habitans de la chaumière un regard sévère :

— Vous n'êtes guère hospitaliers, citoyens ! Que diable ! tout Vendéens que vous êtes, on doit ouvrir sa porte même à un *Bleu* par un temps pareil !

Tout-en-Cuir semblait interdit, mais Courtin, jugeant d'un coup d'œil qu'il n'avait rien à craindre de l'inconnu, répliqua d'un air dégagé, qu'il crût de circonstance :

— Entre, citoyen, soit le bienvenu : royalistes et républicains sont égaux devant l'orage.

— Bien dit ! répondit l'inconnu d'un ton bref en s'approchant du feu.

Alors les deux amis purent observer à loisir l'hôte singulier que le hasard leur avait donné. C'était un homme d'une trentaine d'années, aux traits réguliers, à la démarche noble et imposante. Il portait de longs cheveux pendans ; une vaste cravate ensevelissait son menton, suivant la mode du temps. Son habit à revers rouges avait la coupe d'uniforme ; une culotte blanche et des bottes à retroussis complétaient ce costume. Un grand sabre suspendu à un ceinturon de cuir verni et des pistolets passés dans ce ceinturon prouvaient qu'il avait pris certaines précautions contre une attaque imprévue. Cependant, malgré son attirail farouche, malgré la brusquerie de son langage et de ses manières, un observateur exercé eût reconnu dans cet étranger une certaine distinction. La rudesse qu'il affectait était trop exagérée pour être naturelle.

Si les deux amis observaient l'inconnu avec attention, l'inconnu de son tour les examinait avec non moins de curiosité. L'équipage de Tout-en-Cuir excita surtout son étonnement ; cependant il parut aussitôt se souvenir à quelle espèce de personnage ce costume singulier pouvait convenir. Il jeta un regard dédaigneux autour de lui, avec une tranquillité un peu forcée :

— Vous êtes, à ce que je vois, des chasseurs de vipères ? C'est bien... Pour le peu de temps que j'ai à passer ici, continua-t-il comme à lui-même, que m'importe !

Il s'assit sur un billot de bois, au coin du feu, afin de sécher ses vêtemens. Les deux hôtes prirent place à côté de lui, et Courtin, qui seul avait la parole dans cette grave circonstance, reprit d'un ton calme :

— Oui, citoyen, nous sommes de pauvres chasseurs de vipères, et nous pouvons bien en passant que les temps sont durs depuis que l'on abandonne l'usage de la thériaque... mais, pour avoir reconnu si vite, au costume de mon frère, la profession que nous exerçons l'un et l'autre, il faut que tu sois du pays...

— Que te fait cela ? dit l'étranger avec un geste d'impatience. Il y eut là un moment de silence ; enfin l'inconnu demanda avec distraction : — Crois-tu qu'après cet affreux orage les chemins soient encore praticables ? Je dois ce soir me rendre à cheval au ci-devant château de La Fougeraie.

A ce nom de La Fougeraie, Courtin fit un mouvement involontaire de frayeur ; mais il se remit aussitôt.

— Je n'en sais rien, dit-il avec insouciance ; sans doute tu connais ces chemins comme moi, tu peux en juger.

Le voyageur semblait secrètement honteux de la familiarité de cet obscur paysan qui traitait avec lui d'égal à égal. Mais il déguisa son mécontentement et se contenta de dire en se pinçant les lèvres :

— Tu m'as l'air un peu grossier, quoique bon patriote, et sans doute je puis me fier à toi. J'ai le plus grand intérêt à arriver cette nuit même à La Fougeraie, et je te demande si tu penses que les chemins soient praticables.

— Demande cela à qui bouleverse les routes en ce moment... moi je n'en sais rien.

L'étranger fit un effort sur lui-même pour modérer son impatience :

— Tu as raison, dit-il, je n'ai pas répondu à tes questions, tu as le droit de ne pas répondre aux miennes : c'est l'égalité civique. Mais ne nous fâchons pas ; parole pour parole, réponse pour réponse. Tu m'as demandé si j'étais du pays, je te réponds : Oui, j'ai habité longtemps le château de La Fougeraie.

— Alors, vous êtes le baron Charles de La Fougeraie, autrefois capitaine au régiment des gardes françaises ! s'écria Courtin avec entraînement ; vous êtes le cousin de mademoiselle Amélie...

— Halte-là ! dit l'étranger d'un air contrarié en entendant prononcer ce nom ; je te ferai remarquer, citoyen patriote, qu'il n'y a plus de barons, qu'il n'y a plus de gardes françaises, et que les bons citoyens se tutoient fraternellement !... Je suis peut-être le citoyen Charles Fougeraie, commandant au régiment des *Sans-Culottes*, au service de la république une et indivisible... Mais tu n'as pas répondu à ton tour.

— Eh bien, ma foi ! je pense que les chemins sont impraticables pour le moment, et je doute qu'un homme à cheval...

— Cependant, interrompit l'officier Bleu avec distraction, je veux arriver ce soir... à tout prix.

— Vous avez donc un motif bien important pour être aujourd'hui même à La Fougeraie ?

Cette fois le voyageur ne put se contenir, et il s'écria d'un ton exaspéré :

— Comment ? tu connais mon nom et mon titre... je veux dire le titre que je portais autrefois, et toi, qui sembles si bien au courant des affaires du pays, tu me demandes ce qui m'amène à La Fougeraie ? Tu ne sais donc pas que ma cousine est seule, abandonnée au château ? Un crime a été commis sur la personne de son père, mon oncle... une mauvaise tête, il est vrai... mais enfin mon oncle et son père, et je viens pour rechercher, au nom de la république, les auteurs de cet infâme assassinat.

Courtin baissa la tête, afin de cacher sa pâleur. Tout-en-Cuir tremblait de tous ses membres.

— Les auteurs du crime, mais on les connaît donc ?

— Oui, répondit le commandant avec distraction ; on a parlé d'un colporteur, d'un vagabond qui doit être caché dans le voisinage. Demain un détachement de mon régiment sera à La Fougeraie ; nous ferons des perquisitions et nous le trouverons sans peine... Ah çà ! mais, ajouta-t-il en regardant avec étonnement son interlocuteur, tu me fais causer ! En voilà assez, citoyen chasseur de vipères, et réponds fraternellement à ton tour... As-tu entendu parler du citoyen Torcy, le propriétaire de Trézières ?

— J'ignore ce qu'il est devenu, répondit Courtin, qui avait tout juste assez de présence d'esprit pour ne pas s'enferrer lui-même ; on croit qu'il a péri dans l'incendie de son château.

— Il faut que cela soit, dit La Fougeraie d'un air pensif ; pauvre ami ! il m'aurait écrit, lui ! il ne m'aurait pas laissé depuis trois jours dans cette mortelle inquiétude...

Il s'aperçut que Courtin l'écoutait avec avidité, et il s'interrompit brusquement :

— Sacrebleu ! je crois, citoyen paysan, que tu m'espionnes ? Prends garde, je n'aime ni les indiscrets, ni les écouteurs... Mais, reprit-il d'un ton plus doux, pour en revenir à ce pauvre chevalier... je veux dire à ce ci-devant chevalier Torcy, sait-on quels sont les gens qui ont eu l'audace d'attaquer la nuit son habitation et d'y mettre le feu ?

— Personne, je pense, n'ignore que ce sont le marquis et les gars de La Fougeraie.

— C'est faux ! répondit le commandant avec vivacité ; on t'a trompé, citoyen ; les gens de La Fougeraie ont juré qu'ils n'avaient pas quitté leur village, et le marquis a été assassiné à une lieue de là par ce vagabond, au moment où il allait au secours de Torcy ! On a retrouvé sur le lieu du crime les marchandises du colporteur...

— Mais, commandant, il est inexplicable...

En ce moment l'orage avait cessé ; le voyageur se leva.

— Allons, dit-il, voilà le temps qui s'arrange ; je vais partir. Peut-être, continua-t-il en remettant son manteau, pourras-tu nous donner quelques renseignemens pour l'instruction de l'affaire qui m'amène en ce pays ; demain, si j'ai besoin de toi, je te ferai appeler... Mais le temps me presse, adieu... Songe à brider ta langue. Si le colporteur apprenait qu'on va commencer des poursuites, il pourrait déguerpir, et ce ne serait pas mon compte ; royalistes ou patriotes, la république entend que les coupables soient punis. A demain donc, et jusque-là silence... Imite ton camarade, ajouta-t-il en désignant Tout-en-Cuir, qui en effet n'avait pas desserré les dents ; tu parles pour lui et il se tait pour toi.

Le colporteur grimaça un sourire.

— Allons, adieu, braves gens, reprit le commandant ; merci de votre hospitalité fraternelle, et, tenez, voici pour boire à la santé de la république... ou à la santé du diable, si vous voulez, murmura-t-il entre ses dents.

Cinq minutes après, on entendit le pas de son cheval résonner sur le cailloutis du chemin. Les deux amis atterrés gardaient un morne silence. Enfin Jérôme se hasarda à murmurer tout bas avec timidité :

— Il n'ira pas plus d'un quart de lieue sans tomber dans les ravins et les fondrières !

— Qui donc ? cet aristocrate déguisé qui se pose en bon patriote et en fervent ami de la république ? dit le colporteur ; puisse-t-il, en sortant d'ici, se casser le cou ! Voilà mon souhait *fraternel*, à moi... A-t-on vu un endiablé pareil ! Ce marquis, qu'il détestait vivant, il veut venger à toute force maintenant qu'il est mort ! Il veut montrer du zèle, passer pour un républicain rigide et intègre, en me faisant fusiller... *fraternellement !* Quel parti prendre, mon Dieu ?

Tout-en-Cuir se baissa, ramassa un papier qui était tombé de la poche du voyageur sans qu'il s'en aperçût, et le présenta à Courtin. Celui-ci s'approcha de la lampe et lut ce qui suit :

» Charles, venez vite ; vous savez de quel effroyable malheur je viens d'être frappée. Mon pauvre père... et j'ai d'autres malheurs aussi grands peut-être à vous annoncer ! Venez, venez vite ; vous n'avez plus besoin de vous cacher maintenant. Je vous attends.

» AMÉLIE. »

Le colporteur tourna et retourna dans ses mains, d'un air pensif, ce billet énigmatique. Jérôme le regardait en silence, attendant une explication qu'on ne songeait pas à lui donner. Enfin pourtant Courtin poussa une exclamation de joie, et se leva rapidement comme s'il venait de faire une grande découverte.

— Oui, c'est cela, murmura-t-il ; j'en suis sûr, ce doit être lui !

— Que dites-vous donc, Courtin ? demanda Jérôme.

— Mon cher Tout-en-Cuir, je connais enfin le père de l'enfant que j'ai colporté dans le pays. C'est l'homme qui était là tout à l'heure.

— Ah ! fit le colibert en ouvrant des yeux étonnés.

— Oui, oh ! je me souviens maintenant... Cet officier qui avait une mission secrète de la république et qui se cachait dans le voisinage, c'était lui... Fougeraie ! C'était lui encore qui avait chargé son ami le chevalier du billet dont j'ai été le porteur ! Le chevalier en effet me parla, le soir de l'incendie, d'un personnage inconnu... Oh ! oui, oui, je ne me suis pas trompé...

Jérôme, dont malgré les éloges du colporteur l'intelligence était émoussée lorsqu'il s'agissait d'apprécier les actes de la vie sociale, ne trouvait pas un sens très clair aux paroles de son hôte. Mais, habitué à se défier de son jugement, il ne chercha pas à pénétrer cette intrigue.

— Eh bien ! maître Courtin, demanda-t-il simplement, ce que vous venez d'apprendre vous sauvera-t-il la vie ? Y a-t-il encore du danger pour vous ?

— Au diable soit le drôle avec ses questions ! En sais-je quelque chose ? Ce sans-culotte manqué de commandant n'est pas du tout rassurant, et je ne sais si la vue de cet enfant, à supposer que ce soit le sien... Mais n'importe! Voyez-vous, Jérôme, il faut que tout cela finisse, je ne puis plus vivre dans de pareilles inquiétudes; je saurai enfin à quoi m'en tenir... Demain matin vous me prêterez un de vos costumes de cuir, afin que l'on me prenne pour vous, et que je puisse aller et venir dans les environs sans être inquiété.

— Il n'y a donc plus de danger? demanda le colibert de plus en plus dérouté.

— J'ai peur que si, répondit le colporteur après un long silence.

Tous les deux passèrent la nuit sur un banc sans se coucher. Courtin était agité; il semblait changer de projet à chaque instant. Enfin pourtant, quand le jour vint, il se revêtit du costume de cuir et se prépara à sortir. Le colibert le regardait faire avec inquiétude; la résolution de son ami était inexplicable pour lui.

— Écoutez-moi, Jérôme, dit le colporteur d'un ton solennel, je puis compter sur vous, et, au besoin, je le sais, vous vous perdriez pour me rendre service; eh bien! j'ai un grand service à vous demander.

Tout-en-Cuir lui répondit par un regard qui valait à lui seul toutes les protestations possibles.

— Mon sort va se décider aujourd'hui même, reprit Courtin; je saurai si les dangers auxquels je me suis exposé pour sauver cet enfant d'un noble pourront excuser le malheur que j'ai eu de tuer un autre noble; mais souvenez-vous bien d'une chose: cet enfant doit rester entre vos mains comme un otage, comme une garantie pour ma sûreté et ma liberté; vous ne le remettrez à nul autre, entendez-vous, à nul autre que moi... On pourra vous dire que c'est avec mon consentement qu'on le réclame, que je suis là tout près, que je vous ordonne de le rendre; ne croyez pas cela; je vous le confie, je vous le redemanderai moi-même. Si on vous menace, prenez-le dans vos bras, fuyez avec lui dans la forêt, dans les genêts, enfin, dans quelque cache où on ne puisse vous trouver; si on veut employer la force pour vous l'arracher, employez tous les moyens possibles pour le défendre. Tant que cet enfant sera en notre pouvoir, je n'aurai rien à craindre; si on nous l'enlève... je ne sais ce qui arrivera. Comprenez-vous?

Tout-en-Cuir lui serra la main avec force.

— Ils ne l'auront pas! murmura-t-il.

— C'est bien, une promesse de vous vaut de l'or; je pars sans crainte de ce côté, et maintenant, mon pauvre Tout-en-Cuir, il faut nous dire adieu; qui sait si nous nous reverrons en ce monde! Jérôme, en l'écoutant, avait le cœur gonflé de soupirs et les yeux pleins de larmes. Courtin lui-même était aussi ému que le comportait sa nature positive. — Tout-en-Cuir, reprit-il avec un accent de cordialité, pendant mes longues courses à travers le monde, j'ai vu de près bien des grands seigneurs et des grandes dames, bien des gens fiers de leur fortune ou de leur science, qui ne vous valaient pas quoique vous soyez un pauvre colibert ignorant, méprisé, que tout le monde fuit, que tout le monde repousse; aussi vous êtes pour moi un ami, un frère...

— Eh bien! reprit Tout-en-Cuir avec une timidité gauche, j'ai vu quelquefois de loin, là-bas, au village de Trézières, que lorsque deux amis, deux frères, allaient se séparer pour longtemps...

— Ils s'embrassaient! s'écria Courtin, dont la figure commune était sublime en ce moment; pauvre malheureux! vous ne saviez cela que pour l'avoir vu de loin?

Et il se jeta dans les bras du paria. En ce moment, Jérôme ne paraissait plus le même homme; son œil, un peu hagard d'ordinaire, s'était animé tout à coup de bonheur et d'orgueil. Il n'était donc plus en dehors de l'existence commune, hors la loi de l'humanité? Il avait donc un ami aussi, un ami qui le serrait dans ses bras, qui pleurait avec lui, lui le colibert, l'idiot, le chassieux, le teigneux? Tout cela était exprimé par la pose, le geste, le regard de Jérôme; ce moment était le plus beau de sa vie.

— Oh! restez! restez! murmura-t-il.

NOUV. CHOISIES.

Mais Courtin se dégagea doucement de ses bras.

— Allons! assez d'enfantillages, dit-il en s'avançant vers la porte et en rabattant le capuchon de cuir qui devait cacher ses traits; mon bon Jérôme, nous nous reverrons peut-être... Souvenez-vous de votre promesse.

— Mais ils vous tueront! s'écria le colibert avec un affreux désespoir.

— A la garde de Dieu! répliqua Courtin en s'éloignant brusquement pour ne pas s'attendrir.

Le colibert se mit sur sa porte, et tant qu'il put apercevoir le colporteur gravissant une colline qui s'élevait en face de la cabane, il resta immobile et muet. Lorsque son hôte eut disparu derrière les haies qui ombrageaient le chemin, lorsqu'il n'entendit plus le bruit de ses pas sur les feuilles sèches, il se retourna, regarda l'intérieur de sa chaumière si triste maintenant et si déserte, puis il s'assit sur le seuil et pleura.

IV

Le soleil n'était pas encore levé, et déjà tout avait pris un air d'agitation et d'activité dans le petit manoir de La Fougeraie. Les domestiques allaient et venaient d'un air affairé; les portes de la grille et du château étaient ouvertes comme pour recevoir des hôtes nombreux qui allaient arriver. Quelques habitans du village se rendant à leurs travaux s'étaient approchés avec curiosité pour questionner les domestiques sur les événemens survenus pendant la nuit; mais, au premier mot qu'on leur avait répondu, ils s'étaient enfuis vers le village en donnant des signes d'effroi.

Dans une chambre à coucher du premier étage, mademoiselle Amélie de La Fougeraie était déjà sur pied, malgré l'heure peu avancée. Avec l'aide de la vieille Jeannette, sa gouvernante, elle achevait de mettre les vêtemens de deuil qu'elle portait depuis la mort de son père. Elle semblait impatiente d'achever sa toilette pour recevoir quelqu'un depuis longtemps attendu, et, tout en pressant la bonne femme, elle lui disait d'une voix émue:

— Il est donc arrivé, ma bonne Jeannette? Oh! j'étais sûre qu'il ne m'abandonnerait pas, lui! qu'aussitôt qu'il apprendrait mon isolement il accourrait pour me protéger! et tu dis qu'il semblait écrasé de fatigue, qu'il s'était exposé à de grands dangers pour me rejoindre plus tôt?

— Je le crois bien; il a marché toute la nuit, et, après le terrible orage d'hier soir, les chemins étaient bouleversés. Son cheval est tombé plusieurs fois dans les ravins, et ils ont pensé périr au passage du Lay! c'est miracle qu'il ait pu arriver jusqu'ici! Aussi, si vous aviez vu dans quel état il était!..... couvert de boue et de limon... et le cheval à demi estropié!

— Mon pauvre Charles! Oh! il m'aime bien, n'est-ce pas? J'ai tant souffert à cause de lui! Pour lui j'ai encouru la malédiction de mon père... et mon père est mort victime de sa propre vengeance. Que de maux, mon Dieu! pour mériter l'amour de mon époux! Elle versa quelques larmes, puis elle reprit avec terreur. — Et cependant, Jeannette, malgré le plaisir que j'éprouve à le revoir, je te l'avoue, je tremble. Que lui répondrai-je, mon Dieu! quand il me demandera où est son fils?...

— Il l'a déjà demandé, madame.

— Que m'dis-tu?

— Lorsqu'il est arrivé il y a quelques heures, mouillé, brisé par la fatigue, sa première parole a été pour s'informer de vous. Je lui ai répondu que pendant trois nuits vous n'aviez pas pris de repos, et que depuis un instant seulement vous étiez assoupie. « Pauvre Amélie! a-t-il dit, ne l'éveillez pas; ce sommeil est trop précieux après tant de souffrances. » Puis il s'est approché de moi et il m'a dit tout bas: « Eh bien! Jeannette, ne puis-je voir mon fils, le presser dans mes bras! Je n'ai pas encore eu ce bonheur depuis qu'il est né..... Mais tu connais ce secret, toi; tu sais que je veillais de loin sur lui et sur ma chère Amélie... » Il me semblait si heureux et si fier en pensant à son fils, que je n'ai pas osé lui apprendre la triste vérité. Comme il me voyait embarrassée, il a ajouté en souriant : « Ah! je comprends!... il est avec sa mère! elle ne peut le quitter ni le jour ni la nuit. A leur réveil tu me préviendras!... »

— Il a dit cela? Oh! que faire, que faire, grand Dieu!

En ce moment on frappa un coup léger à la porte. Aussitôt Amélie s'échappa des mains de sa gouvernante; oubliant ses craintes, sa faiblesse, ses douleurs, elle se jeta éperdue dans les bras de Charles, qui entrait en ce moment, et s'écria avec une indicible joie :

— Oh! Charles, Charles, c'est vous? Je n'ai plus rien à craindre maintenant! Mon ami! mon époux!

Charles de La Fougeraie n'était plus le rude et sentencieux républicain que nous avons vu la veille dans la chaumière de Tout-en-Cuir. Dans l'intimité, il quittait ce masque d'emprunt que la nécessité l'obligeait à porter. C'était maintenant un jeune homme aux manières élégantes, au langage poli et affectueux.

— Oui, c'est moi, ma chère Amélie, répondit-il en pressant la jeune fille sur son cœur; je reviens enfin, après tant de traverses, adoucir vos chagrins et vous rendre le bonheur!... Pauvre Amélie, que notre amour vous a coûté cher!... Je sais ce que vous avez eu à souffrir de la part de votre père; mais nous serons heureux maintenant, Amélie. Ma mission secrète est enfin terminée; j'ai repris mon rang dans cette armée républicaine où le désir de vous protéger, vous et votre père, m'avait jeté. Oh! merci mille fois de n'avoir pas dévoilé mon secret! tout eût été perdu; mon oncle exaspéré eût fini par découvrir le lieu de ma retraite; je n'aurais pu dresser la carte de ce pays, que j'ai habité si longtemps, et de ce travail, Amélie, dépendait ma vie, comme vous le savez... J'avais été dénoncé comme aristocrate; je parvins à faire taire mes accusateurs; mais on exigea une preuve de mon civisme, on demanda cette carte en témoignage de la bonne foi de mes opinions... Je ne pouvais plus refuser; déjà, dans une de mes rapides excursions ici, vous m'aviez appris que vous seriez bientôt mère... je devais me conserver pour vous, pour notre enfant. J'arrivai donc, je restai caché chez mon ancien ami Torcy, et j'achevai cet ouvrage dont notre vie à tous devait être la récompense... Mais enfin, Amélie, j'ai repris mon crédit; je puis vous épouser, depuis que la mort funeste de votre père a levé tout obstacle, et maintenant, avec vous, avec notre fils, nous pourrons...

— Charles, oh! Charles, pourquoi n'ai-je pu parler plus tôt? peut-être mon père existerait encore!

— Votre père, Amélie, je viens le venger. Je me suis fait investir de pleins pouvoirs par le général en chef de l'armée républicaine, afin de poursuivre cette affaire; aujourd'hui même mon bataillon sera ici, et alors... Mais laissons les sujets si sérieux et si tristes, Amélie, parlez-moi de vous, de notre enfant, que je n'ai pas encore embrassé! Amélie devint pâle à ce moment décisif. — Où est-il donc? demanda la jeune militaire en regardant avec étonnement autour de lui; on m'avait dit...

— Mon ami, dit Amélie avec un embarras mortel, il n'est pas ici.. depuis trois jours.

— Vous n'avez pas gardé votre enfant près de vous? dit le commandant d'une voix sévère; vous avez consenti à vous en séparer, à le confier aux soins d'une autre femme!... Soit, donc, donnez des ordres, et qu'on le fasse venir ici sur-le-champ! Je l'aime aussi, moi, cet enfant... Oh! je l'aime... plus que vous peut-être!

— Charles, par pitié, ne m'accablez pas! notre fils...

— Eh bien?

— Je ne sais ce qu'il est devenu.

Et elle tomba à genoux.

Charles resta un moment silencieux et comme étourdi par ce malheur inattendu. Peu à peu la plus épouvantable colère prit la place de l'abattement. Il attacha sur Amélie un regard étincelant, et la releva d'une main en lui disant avec une rage concentrée :

— Vous ne savez ce qu'il est devenu! Et c'est là tout ce que vous me répondez, quand, après tant de chagrins, de fatigues et de périls, je viens, plein de joie et d'espérance, pour voir, pour embrasser mon enfant? Qui donc devait veiller sur lui si ce n'est vous? qui devait le défendre, si ce n'est vous? qui devait me le présenter, le mettre dans mes bras, à moi, son père, si ce n'est vous, madame? Mais, au moins, existe-t-il encore? Quels dangers faut-il affronter pour le retrouver maintenant?... Parlez! mais parlez donc! Vous ne comprenez donc pas mon inquiétude? Mauvaise mère!

A ce dernier reproche, la pauvre Amélie fût tombée sans connaissance, si un énergique effort de sa volonté, n'eût maîtrisé la nature défaillante.

— Charles! par pitié, reprit-elle en joignant les mains, ne me condamnez pas sans m'entendre! Pour épargner un crime à mon père, je me suis séparée de mon enfant, je l'ai confié à un inconnu dont le cœur me paraissait bon, et qui d'ailleurs devait remettre notre fils à un ami commun! Charles, mon père l'eût tué... il l'eût tué, vous dis-je. Mais, à votre tour, vous ne comprenez donc pas?

Le commandant était trop exalté en ce moment pour prêter l'oreille aux excuses et aux protestations de la jeune femme.

— Est-ce que vous n'auriez pas su le défendre vous-même? s'écria-t-il impétueusement; une mère qui défend son enfant n'est-elle pas plus forte qu'une armée, plus terrible qu'une lionne? Un père, aussi dur et impitoyable qu'il soit, aurait eu le courage de venir arracher son petit-fils des bras de sa fille pour l'étouffer? Eh! si l'aïeul avait pu concevoir cet affreux dessein, la mère ne pouvait-elle s'échapper, seule, à pied, avec son enfant, sourde aux cris et aux menaces, fière, heureuse, forte, avec son précieux fardeau?... Confessez vos fautes, madame, et ne les atténuez pas. En les confessant, peut-être trouverons-nous un moyen de les réparer, s'il en est temps encore... Parlez : à qui avez-vous confié mon fils? qu'en avez-vous fait enfin? Oh! voilà donc ce malheur que vous n'osiez m'écrire, et auquel, dans mes mortelles inquiétudes, je n'avais pas même osé penser! — Amélie recueillit toutes ses forces pour raconter en peu de mots ses angoisses, ses luttes de chaque jour avec le marquis; puis elle vint à la scène violente qui avait eu lieu en présence du colporteur, à l'impérieuse nécessité où elle s'était trouvée de confier l'enfant à cet homme. Enfin, arrivée à la catastrophe finale, elle dit comment un des paysans qui suivaient le marquis avait vu le colporteur emporter un objet blanc qui pouvait être un enfant nouveau-né. — Il nous reste donc encore de l'espérance! s'écria Charles, que cette dernière circonstance comblait de joie; mais ce colporteur qui, je le vois, Amélie, malgré vos réticences, se trouvait dans le cas de légitime défense contre votre père, cet homme, épouvanté du coup qu'il venait de frapper, aura quitté le pays pour échapper à la vengeance de la loi; il se sera enfui dans quelque province éloignée, ignorant combien il se ferait pardonner de crimes en nous rendant notre fils.... et j'ai demandé qu'on mît sa tête à prix! et je l'ai forcé à chercher les retraites les plus cachées, les plus impénétrables! Mais n'importe, il faut que je retrouve mon fils... Dans peu d'instans, sans doute, mon détachement, que j'ai seulement devancé de quelques heures, sera ici. Alors je me mettrai à la tête de mes soldats, je fouillerai toute la contrée, buisson par buisson, chaumière par chaumière,... et nous réussirons peut-être.

— Charles, je vous accompagnerai partout, je vous suivrai partout dans cette sainte recherche. Oh! j'aime mon fils aussi, allez! si vous saviez combien je l'ai pleuré pendant ces trois mortelles journées qui viennent de se passer! Oui, je vous suivrai, je partagerai toutes vos fatigues... et si, pour revoir mon fils vivant, pour embrasser un instant plus tôt, il faut courir les plus grands dangers, exposer ma vie, vous verrez que je ne suis pas une mauvaise mère.

Le commandant lui prit la main avec douceur.

— Pardonnez-moi, Amélie ; la douleur rend méchant, j'ai été injuste envers vous.

En ce moment un bruit de tambours et des voix nombreuses se firent entendre dans l'avenue du château : c'était le détachement d'infanterie qui arrivait.

— Les voici enfin ! dit Charles en se préparant à sortir ; Amélie, dans quelques heures nous saurons ce que nous avons à craindre ou à espérer.

La jeune femme avait couru instinctivement à la fenêtre pour voir ses nouveaux défenseurs.

— Nous le saurons bien plus tôt ! s'écria-t-elle ; c'est lui... je le reconnais... là, au milieu de vos soldats.

Le commandant courut à la fenêtre à son tour.

— De qui parlez-vous donc, Amélie ?

— Mais vous ne voyez donc pas ? vous ne reconnaissez donc pas, là, dans ce groupe, cet homme pâle... le bras en écharpe ! C'est Torcy !...

— En effet, Dieu nous l'a conservé ! Allons, Amélie, allons vite ; et s'il nous apprend un malheur, du courage !

Tout les deux s'élancèrent dans l'escalier ; un moment après ils se trouvèrent sur l'esplanade. La place regorgeait de monde. Les soldats étaient rangés en bon ordre en face de la grille, et, malgré l'aspect délabré de leurs vêtemens, leurs figures guerrières, leur attitude calme imposaient à la foule éparse autour d'eux. Les habitans du village examinaient avec curiosité ces hommes infatigables qu'ils avaient vu plus d'une fois peut-être sur le champ de bataille ; mais aucune parole, aucun geste, aucun cri, ne vint troubler la tranquillité générale. Les Vendéens échangeaient en silence des regards inquiets, car ils sentaient qu'en cas de lutte ils ne seraient pas les plus forts.

Quand les deux époux parurent sur la place, les soldats portèrent les armes et rendirent les honneurs militaires à leur commandant. De leur côté, les paysans se découvrirent en présence de mademoiselle de La Fougeraie, qu'ils considéraient comme leur maîtresse depuis la mort du marquis ; mais ni le commandant ni Amélie ne remarquèrent ces preuves de respect et d'affection. Tous les deux n'avaient qu'une pensée ; dans cette foule si diverse, ils ne virent qu'une personne, le chevalier de Torcy, qui, caché dans un groupe d'officiers, parlait avec chaleur à un autre personnage. Comme nous l'avons dit, il semblait souffrir d'une blessure récente et portait le bras en écharpe.

Le premier mouvement de Fougeraie fut de l'embrasser avec effusion ; mais Amélie ne laissa pas aux deux amis le temps de se livrer à leurs épanchemens.

— Monsieur, dit-elle d'une voix haletante, par pitié, répondez-moi... mon enfant, qu'est-il devenu ?

— Il existe, madame, il est bien portant, et bientôt, je l'espère, vous allez le revoir...

La pauvre mère était si émue qu'elle ne pouvait plus prononcer une parole ; la joie la suffoquait.

— Merci, merci, mon ami, dit le commandant ; tu nous rends la vie ! Mais pourquoi ne nous avoir pas transmis plus tôt cette bonne nouvelle ? pourquoi nous avoir si longtemps laissé trembler et pour toi et pour lui ?

— Oh ! moi, dit le chevalier avec un sourire, j'avais de bonnes raisons pour cela... Quand vos drôles sont venus incendier Trézières, j'ai eu bien du mal à m'échapper... J'y suis parvenu, enfin, mais j'ai reçu une balle qui m'a fracassé le bras... Je me rendais cependant à Fontenay pour te prévenir de ce qui se passait, quand mes forces me trahirent à quelques lieues d'ici ; je tombai devant une chaumière, où l'on me prodigua les soins les plus empressés. Aujourd'hui seulement j'ai pu me lever et j'ai appris la mort du marquis... Tes braves passaient devant la maison où j'étais, je me suis joint à eux, espérant vous trouver ici.

— Oh ! monsieur, que de reconnaissance !

— Il est quelqu'un, madame, à qui vous en devez plus encore qu'à moi.

— A qui donc ?

Torcy fit signe au personnage avec lequel il causait un moment auparavant d'approcher. Celui-ci obéit, et les assistans reconnurent avec étonnement qu'il portait le costume bien connu de Tout-en-Cuir ; mais l'étonnement devint plus grand encore quand le capuchon s'abaissant laissa voir la figure calme et joviale de Courtin le colporteur.

— C'est mon coquin de cette nuit ! s'écria le commandant stupéfait.

— C'est celui à qui j'ai confié mon fils... C'est celui qu'on accuse d'avoir tué mon père, murmura la jeune femme en détournant involontairement les yeux.

— C'est un homme généreux, dont le dévouement mérite tous vos éloges, dit Torcy ; il vous avait juré de défendre votre enfant même contre votre père, il a tenu parole.

— Vous voyez bien que je n'ose le maudire, murmura la pauvre femme en sanglotant.

Torcy parla bas à Charles Fougeraie. Quand la conférence fut terminée, le colporteur à son tour dit à l'oreille du chevalier de Malte :

— Lui avez-vous fait mes conditions ?

— Oui.

— Et il les accepte ?

— Oui.

Alors Courtin dit à voix haute :

— Citoyen commandant, tu cherches le meurtrier du ci-devant marquis de La Fougeraie ; c'est moi.

Cet aveu audacieux fit pâlir de colère les paysans vendéens qui étaient rangés autour du groupe principal ; plusieurs portèrent la main à leurs vestes comme pour chercher leurs couteaux. Mais le prudent Courtin n'avait pas touché un pareil sujet sans prendre ses précautions. Il saisit le bras du paysan qui semblait le plus exaspéré, et lui dit tout bas :

— Si un seul de vous fait un geste pour m'attaquer, je vous dénonce au commandant comme incendiaires du château de Trézières ! Devant ses soldats il ne pourra vous ménager... les Bleus, comme vous le voyez, sont les plus nombreux, leurs armes sont chargées... prenez garde ! — Le paysan à qui il venait de s'adresser était précisément le sacristain, le plus coupable de tous. Le vendéen frémit à cette menace et prononça à l'oreille d'un de ses voisins quelques mots qui circulèrent de proche en proche parmi les paysans. Se calmant comme par miracle, ils redevinrent muets et attentifs. Courtin se rapprocha de Charles :

— Tu déclares, citoyen commandant, reprit-il de manière à être entendu de tous les assistans, que des explications satisfaisantes t'ont été données par moi et par le citoyen Torcy ici présent. C'est par suite d'un malheur et d'un malentendu qui ne peut m'être imputé que le citoyen Fougeraie, ci-devant marquis, a perdu la vie, et je ne puis être poursuivi pour ce meurtre involontaire.

— Je le déclare sur l'honneur, dit le commandant du même ton ; et un sauf-conduit te sera accordé pour aller où tu voudras... quand tu m'auras rendu mon enfant, ajouta-t-il plus bas.

— J'ai bien fait de prendre des garanties ! dit le colporteur en souriant avec malice. Suivez-moi donc, votre fils vous sera remis.

Charles donna des ordres à ses officiers pour que les soldats fussent provisoirement casernés dans le château ; Amélie, de son côté, chargea un de ses domestiques de mettre à leur disposition toutes les provisions du logis.

— Mais, dit Torcy au colporteur, ne pourriez-vous envoyer quelqu'un à Tout-en-Cuir, pour lui ordonner de rapporter cet enfant ici ?

— Si un autre que moi se présentait à la cabane de Tout-en-Cuir, il trouverait la cabane vide et l'enfant disparu, et Dieu sait où et quand on pourrait les retrouver... Oh ! mon plan était bien combiné, allez !

— Eh bien, partons ! dit Amélie avec courage.

— Quoi ! ma bien-aimée, vous voulez nous suivre, malgré votre état de faiblesse, vos souffrances ?...

— Je vous précéderai tous, Charles !

Vainement on chercha à la détourner de ce projet ; elle résista avec opiniâtreté, et il fallut consentir à ce qu'elle exigeait. Torcy, à cause de sa blessure, que la marche venait d'envenimer encore, ne pouvait être de la partie ; il resta au château pour en faire les honneurs aux officiers républicains, en attendant le retour du commandant.

La petite caravane se mit en route. Courtin s'avançait le premier, du pas ferme et égal qu'il avait dans ses voyages, le dos courbé comme s'il eût porté encore la bienheureuse balle dont il voyait les produits parer les paysans et les paysannes du hameau. Il avait relevé son capuchon pour se garantir du soleil, et les Vendéens ne pouvaient remarquer les regards furibonds qu'il lançait sur eux en reconnaissant les différens objets dont ils se faisaient de glorieux ornemens. Après lui venait Amélie, soutenue d'un côté par le commandant, de l'autre par la gouvernante Jeannette, qui n'avait pas voulu la quitter. Les deux fiancés s'entretenaient à voix basse, tout en marchant, et leurs yeux brillaient de joie et d'espérance. Quelques paysans, parmi lesquels se trouvait le sacristain, venaient ensuite, curieux de savoir ce qui allait se passer, et ne voulant pas laisser leur jeune maîtresse sans escorte.

Plusieurs fois Courtin pria le commandant de les renvoyer ; mais son insistance même excita la défiance de Charles, qui craignait encore que le colporteur ne lui échappât sans tenir sa promesse. D'ailleurs, on s'aperçut bientôt de la nécessité d'avoir des guides nombreux capables d'aider les voyageurs au besoin. L'orage de la nuit précédente avait bouleversé la campagne ; à chaque instant de profonds ravins ou de vastes flaques d'eau interceptaient la route. Amélie, dans son impatience maternelle, ne voulait reculer devant aucun obstacle ; elle eût mis ses compagnons de route dans de cruels embarras, si les paysans n'avaient pris dans leurs bras leur jeune maîtresse et sa gouvernante, et ne les avaient transportées jusqu'aux endroits praticables du chemin.

Après deux heures de cette marche lente et pénible à travers des torrens et des amas de boue, où l'on enfonçait quelquefois jusqu'à mi-jambe, les voyageurs arrivèrent à une région montueuse dont le terrain plus ferme avait résisté aux ravages des eaux pluviales. Le secours des Vendéens devenait donc inutile, et Courtin insista sérieusement pour qu'ils fussent renvoyés à La Fougeraie. Il alléguait pour raison que Tout-en-Cuir, qui veillait sans doute à la porte de sa cabane, pourrait se laisser effrayer par la vue de tant de monde et s'enfuir dans les bois avec l'enfant avant leur arrivée, ce qui eût entraîné de nouveaux retards. Le commandant réfléchit, en effet, que tant de personnes étaient inutiles pour veiller sur son guide, que lui-même ne perdait pas de vue, et il congédia la troupe en disant d'une voix sévère :

— Gars de La Fougeraie, mademoiselle Amélie vous remercie de vos soins, mais ils ne nous sont plus nécessaires. Votre zèle peut atténuer les fautes que vous avez commises quand vous êtes allés brûler le château de Trézières, mais il ne les excuse pas ; allez m'attendre à votre village ; ce soir vous saurez ce que j'ai décidé à votre égard.

Les paysans s'arrêtèrent consternés en voyant leur secret connu du chef républicain, et ils saluèrent la petite caravane, qui continua sa route.

— Charles, dit la jeune femme aussitôt qu'ils ne furent plus à portée de l'entendre, comptez-vous réellement agir de rigueur avec ces malheureux ? Oubliez-vous quel était leur chef au moment...

— Rassurez-vous, Amélie, répondit le commandant en souriant, je veux seulement les effrayer, et ils en seront quittes ce soir pour une admonestation fraternelle... Je ne puis aujourd'hui sévir contre personne... et pourtant, ma bien-aimée, je tremble en songeant au compte que j'aurai à rendre de ma mission lorsque je retournerai au quartier-général... On m'accusera de tiédeur, on me reprochera de n'avoir pas exercé ce qu'on appelle là-bas des *rigueurs salutaires*... Véritablement tous ces gens-là sont des traîtres ou des meurtriers : je devrais faire un exemple !...

— Pardieu ! pensait Courtin, qui écoutait d'un air indifférent ce dialogue, j'ai eu bien raison de prendre mes précautions... Oh ! bienheureux petit gars, je ne te maudis plus tant qu'autrefois ! Sans toi, ton père m'eût fait fusiller... pour l'exemple.

Cependant les paysans de La Fougeraie n'avaient pas repris la route du village, comme le leur avait ordonné le commandant en les congédiant. Les dernières paroles du chef républicain les avaient frappés de terreur ; ils ne doutaient nullement que sa justice ne dût s'exercer le soir sur les coupables, et ils l'étaient tous. Ils formèrent donc sur le lieu même une espèce de petit conseil, présidé par le sacristain, afin de savoir s'ils devaient gagner le village pour attendre le châtiment dont on les avait menacés, ou s'enfuir dans la campagne jusqu'à ce que les soldats eussent quitté le voisinage ; aucun de ces deux plans ne prévalut.

— Écoutez, gars de la Fougeraie, dit le sacristain, leur oracle ordinaire : il y a peut-être un moyen de toucher le cœur de monsieur le commandant, si Dieu et la sainte Vierge veulent bien nous prêter assistance ! Vous savez où il va, le commandant, avec notre maîtresse, que Dieu garde !

Depuis trois jours, l'histoire de la séduction d'Amélie, de la vengeance impuissante du marquis, avait été le sujet de toutes les conversations dans les chaumières de La Fougeraie. Ce qu'ils avaient vu et entendu le soir du château avait suffi pour mettre les assistans au courant de la vérité.

— Oui, répondit l'un d'eux, ils vont chez Tout-en-Cuir chercher leur enfant... car elle s'est laissé tromper, notre jeune maîtresse, et c'est une tache pour cette sainte famille !

— Qu'est-ce que cela te fait, à toi ? dit le sacristain, fidèle à son attachement à et à son respect religieux pour le nom de La Fougeraie ; est-ce à toi de juger ta maîtresse ? Oui, ils vont chez Tout-en-Cuir... mais il faut que nous y soyons avant eux.

— Pourquoi cela, monsieur le sacristain ?

— Pourquoi ? tu vas voir. Le commandant et madame Amélie paraissent aimer comme leurs yeux cet enfant qu'ils croyaient perdu et qu'ils vont retrouver ; si donc nous sommes les premiers à présenter le petit gars au commandant, si nous lui disons : « Commandant, faites grâce aux gars de la Fougeraie, au nom de votre enfant que voici ! » on ne saura rien nous refuser. L'officier est un La Fougeraie aussi, et, quoiqu'il fasse le méchant devant les autres, il est *bon* au fond du cœur. Du moment que les Bleus ne seront plus là... il nous pardonnera.

Ce moyen chevaleresque était tout à fait dans le goût et les idées des paysans vendéens, il excita au plus haut point l'admiration des auditeurs. Tous applaudirent avec enthousiasme à l'expédient proposé par le sacristain.

— Eh bien ! alors, *égaillez-vous*, chacun de son côté... Nous nous retrouverons chez Tout-en-Cuir le sorcier, dont Dieu nous préserve !

Ils se mirent à fuir vers la forêt, avec agilité, en prenant toutes les précautions imaginables pour ne pas être aperçus des voyageurs.

Un quart d'heure après, Courtin et ses compagnons arrivaient au sommet de la colline qui s'élevait devant la cabane du colibert. De là on apercevait un vaste paysage, dont la forêt de Pouzauges formait l'arrière-plan, et dont la cabane de Tout-en-Cuir occupait le centre. Un brillant soleil permettait de distinguer les objets à une grande distance ; l'air était pur, transparent, comme il arrive parfois le lendemain d'une tempête.

— Amélie, dit le commandant dans un transport de joie, en désignant la bienheureuse chaumière, regardez : c'est là qu'est notre enfant !

Cependant Courtin ne semblait pas aussi satisfait de ce qu'il voyait au fond de la vallée. Il s'était arrêté, et il avait placé une main devant ses yeux pour se garantir du soleil qui l'éblouissait. Bientôt il poussa une exclamation de mécontentement, et dit du ton de l'inquiétude :

— Commandant, je ne me trompe pas. Voyez-vous ce groupe d'hommes qui s'avancent vers la chaumière ? Ce sont vos gens de tout à l'heure ; ils ont voulu vous désarmer par un excès de zèle... Il pourrait arriver...

La voix lui manqua tout à coup. La porte de la chaumière venait de s'ouvrir, et un homme, revêtu d'un costume semblable à celui de Courtin, parut sur le seuil, tenant dans ses bras un objet qu'on ne pouvait distinguer à cause de la distance. Il sembla mesurer du regard l'espace qui le séparait encore du groupe de paysans, et se précipita vers la forêt avec son fardeau.

— C'est lui ! s'écria le colporteur avec angoisse, c'est mon pauvre Jérôme ! Il tient fidèlement sa parole... il ne veut pas rendre sans mon ordre le dépôt que je lui ai confié ! Mais les autres le poursuivent... Ils lui coupent le chemin de la forêt... Ah ! mon Dieu ! il vient de tirer un coup de pistolet sur l'un des assaillans... Il tombe... Il l'a tué... Non, le paysan se relève ; il n'est que blessé.

— Mais je ne vois pas mon fils...

— Attendez... Ils lui ont décidément coupé le passage ; il est obligé de battre en retraite ; il rentre dans sa chaumière... Il ferme la porte sur lui... Et maintenant, marchons, marchons bien vite... Mon pauvre Tout-en-Cuir ! Oh ! s'il lui arrivait malheur à cause de moi, je mourrais de douleur.

Ils descendirent rapidement le revers de la colline.

Au moment où les arbres qui ombrageaient le chemin disparurent tout à coup et permirent de reconnaître ce qui s'était passé pendant ce trajet, Tout-en-Cuir était désarmé et terrassé par plusieurs paysans, qui le frappaient avec rage. Derrière eux la porte de la chaumière était ouverte ; cependant aucun des Vendéens n'osait entrer ; il semblait au contraire qu'ils s'en éloignassent avec effroi. Dans le premier moment, Courtin ne songea qu'à son ami :

— Arrêtez ! arrêtez ! s'écria-t-il d'une voix terrible ; si quelqu'un porte un coup de plus à ce malheureux, je jure...

— Il a tiré sur nous ! dit un des agresseurs en montrant le sacristain blessé à la jambe par Tout-en-Cuir.

— Pourquoi m'a-t-on désobéi ? dit Charles avec sévérité.

Les Vendéens laissèrent Jérôme, mais ils avaient eu le temps de satisfaire leur vengeance. Le chasseur de vipères avait reçu plusieurs coups de couteau, et son vêtement de cuir était couvert de sang.

— Mais mon enfant ! s'écria la jeune femme en cherchant à écarter les paysans pour pénétrer dans la chaumière ; il est là, n'est-ce pas ? il ne peut être que là...

— Entrons ! dit le commandant.

Il jeta un regard rapide dans la cabane, et devint blanc comme un linceul.

— Mais qu'y a-t-il donc ? s'écria Amélie en regardant à son tour.

L'aire battue que formait le sol de la cabane était couverte de vipères hideuses et irritées. Les unes s'étalaient en cercles au milieu de la pièce, d'autres se dressaient sur la queue et bondissaient en sifflant, d'autres s'enlaçaient déjà aux colonnes du lit et se balançaient dans l'air. Partout des têtes triangulaires, des yeux sanglans, des langues rapides et acérées. Soixante serpens, toute la chasse de Jérôme pendant une semaine, étaient disséminés dans une chambre de huit pieds carrés !

— Des serpens ! reprit la jeune femme en reculant presque malgré elle. Oh ! il n'est pas là, dites-moi qu'il n'est pas là !...

Les paysans baissèrent la tête d'un air consterné sans répondre.

Pendant ce temps, Courtin n'était occupé que du pauvre colibert évanoui ; il avait mis un genou en terre près de lui, et cherchait à étancher le sang qui coulait en abondance de ses blessures.

— Jérôme, disait-il d'une voix déchirante, mon bon Jérôme, c'est moi... Courtin, votre ami !... Il ne répond plus... Oh ! les misérables l'ont assassiné, et c'est moi qui en suis la cause !

Cependant le son de cette voix parut ranimer le paria. Il rouvrit lentement les yeux, et son regard mourant s'attacha sur le colporteur ; un sourire plein de douceur et de résignation passa sur ses lèvres déjà livides ; puis il soupira de sa voix douce et enfantine, en cherchant dans le vide la main du marchand :

— Mon ami... êtes-vous content de moi ?

Amélie se rapprocha d'eux avec impétuosité.

— Où donc est mon fils ? s'écria-t-elle ; on ne l'a pas laissé exposé...

— Eh ! que nous importe votre enfant, qui porte malheur à tous ceux qui le touchent ! s'écria le colporteur ; prenez-le donc, madame, et laissez deux amis, dont l'un va mourir, se dire un dernier adieu.

— Mais vous ne savez pas que là, dans cette chaumière... des serpens...

Ce seul mot suffit pour révéler au colporteur la vérité tout entière ; il se redressa :

— Malheureux ! s'écria-t-il, qu'avez-vous fait ?

Le colibert se souleva péniblement sur le coude, et dit avec effort :

— L'enfant n'a rien à craindre... il est dans la seconde pièce de la cabane... La porte est fermée... Mon ami, continua-t-il en se retournant vers le colporteur, ne vous voyant pas avec les gars, j'ai cru qu'ils voulaient employer la force... J'ai cherché à fuir, mais ils m'ont arrêté... Alors, ne sachant comment leur enlever l'enfant, je suis entré dans la cabane, j'ai ouvert la soupape... comme le jour où les Bleus étaient venus ici...

Et il se laissa aller épuisé dans les bras du colporteur.

— Mais, reprit la jeune femme éperdue d'angoisses, est-il bien vrai que mon fils soit en sûreté ? Quelqu'un de ces affreux reptiles ne pourrait-il pénétrer par dessous la porte jusqu'à l'endroit où est mon fils ! parlez... oh ! hâtez-vous... il est temps peut-être encore...

Le colibert resta un moment sans répondre, comme s'il n'avait pas entendu. Puis il se tourna vers Courtin, qui fondait en larmes, et se laissa tomber tout à fait en répétant encore : « Mon ami ! »

En prononçant ce mot, qui semblait rempli pour lui de délices ineffables, il rendit le dernier soupir.

En ce moment la voix du commandant se fit entendre dans l'enclos situé derrière la chaumière.

— Par ici, mes amis, n'avons à percer qu'une mince muraille pour arriver à la chambre où se trouve mon fils ! A l'ouvrage tout de suite ! Apportez vos couteaux ; il s'agit seulement de pratiquer une ouverture assez large pour le passage d'un homme... Courage, nous le sauverons !

Tous les paysans se précipitèrent dans le petit enclos.

— Non, non, dit la jeune mère ; vous arriveriez trop tard peut-être... la chute d'une pierre pourrait le blesser... Quelqu'un doit se dévouer pour le sauver, et ce sera moi !

— Amélie, s'écria le commandant d'une voix terrible en cherchant à franchir la haie pour arriver plus vite, Amélie... je vous défends...

Mais la jeune femme s'élançait déjà vers la chaumière, dont la porte était ouverte.

— Arrêtez, madame, je vous en prie, dit Courtin en courant après elle ; c'est vous exposer à un danger terrible, inévitable.

Amélie ne l'entendait plus ; elle avait traversé la première pièce au milieu des sifflemens des serpens irrités de cette audace, et elle avait pénétré dans l'obscur réduit où se trouvait le berceau de son fils.

Tous les paysans étaient revenus sur le devant de la cabane, pâles du courage de cette femme. Deux des plus robustes retenaient le malheureux Charles, qui, fou de terreur, voulait s'élancer à la suite d'Amélie. Courtin, le corps penché à moitié dans l'intérieur de la cabane, écartait doucement, avec un long bâton, les vipères qui auraient pu se trouver sur le passage de la jeune mère quand elle allait revenir avec son précieux fardeau. Les autres Vendéens étaient immobiles comme des statues, et on eût pu entendre les battements de leurs cœurs. Une demi-minute s'écoula ainsi.

Tout à coup un cri de joie partit de toutes les bouches ; Amélie, l'œil animé, un sourire de bonheur sur les lèvres, venait de reparaître en élevant au-dessus de sa tête cet enfant qui lui avait déjà coûté tant de larmes. Elle franchit, légère comme une gazelle, les épouvantables reptiles qui se dressaient sur ses pas, et tomba saine et sauve dans les bras de son mari.

— Amélie, s'écriait le commandant hors de lui en la couvrant de baisers, Amélie, qu'avez-vous fait ? A quels affreux périls...

— Charles, dit la jeune femme en lui présentant son fils d'un air solennel, vous m'aviez appelée mauvaise mère !

Quelques moments après, Charles et Amélie se reposaient sur l'herbe de tant de fatigues et d'émotions. Seul et agenouillé devant le corps du paria, le colporteur versait en silence de grosses larmes.

Charles Fougeraie se leva et s'approcha avec tout son monde de Courtin, qui ne se retourna pas pour les regarder.

— Brave homme, lui dit-il avec douceur, quelle récompense désirez-vous ?

— Une sépulture honorable pour ce malheureux ! répondit-il en posant une main sur le cadavre de son ami.

— Il l'aura... Et vous ?

— Un sauf-conduit qui me permette de quitter ce pays, où je ne reviendrai jamais...

— Tu feras bien, murmura une voix menaçante à son oreille ; les Bleus ne seront pas toujours là pour te défendre... et tes croix bénites par le pape ne préservent pas des balles... surtout des balles des sorciers.

C'était le sacristain, qui avait eu la jambe cassée par le coup de feu de Tout-en-Cuir.

LE VAL D'ANDORRE

I

LE GUIDE.

Vers la fin de 1815, au moment où tout le midi de la France était encore en feu par suite des événemens politiques qui rendirent le trône aux Bourbons, trois voyageurs parcouraient à cheval la vallée de Vic-d'Essos, dans les Pyrénées. On était au mois de novembre, saison déjà bien rigoureuse au pied des hautes montagnes ; une brise âpre et froide soufflait par rafales ; un pâle soleil qui venait de se lever faisait étinceler tristement les glaces du Montcalm et du Bassiès.

Cependant ces trois personnes, au nombre desquelles se trouvait une jeune femme, tournaient le dos à la ville de Vic-d'Essos, dont les maisons blanches et les nombreuses forges produisaient un effet pittoresque sur la verdure de la vallée. Elles remontaient un gave furieux qui, tombant du haut des montagnes nues et désolées, allait se perdre au milieu des usines et des moulins, et elles se dirigeaient en droite ligne vers l'immense muraille de neige et de granit qui bornait l'horizon du côté du midi.

Au premier coup d'œil, on les eût pris pour des gens du pays regagnant leur habitation dans quelque vallée voisine ; mais, en les examinant avec soin, on pouvait soupçonner, à certains signes, qu'elles n'étaient pas ce qu'elles paraissaient être. Celui qui s'avançait le premier (car le chemin était trop rocailleux et trop étroit pour qu'il fût possible de marcher de front), était un homme de cinquante-cinq ou soixante ans. Ses vêtemens, suivant la mode des bergers des Hautes-Pyrénées, consistaient en une culotte et en une veste de gros drap brun ; sa tête était couverte d'un de ces bonnets de laine fort raides qui se tiennent droits au-dessus du front. Enfin sa taille était assez haute, ses membres assez robustes pour représenter avec vérité un des vigoureux montagnards dont il portait le costume. Cependant à la manière dont il serrait les flancs de son cheval avec ses jambes couvertes de simples guêtres de cuir, on reconnaissait un cavalier plus habitué à se servir d'éperon que le sont d'ordinaire les habitans des Pyrénées. Ses mains étaient blanches comme celles d'un paisible citadin, et une manchette de batiste s'avançait outrageusement par dessous la grosse manche de toile chargée de simuler sa chemise aux yeux des passans.

Mais ces signes de déguisement étaient encore plus visibles dans la jeune fille dont nous avons parlé. Commodément assise dans son cacolet, sur le dos d'un petit mulet à l'œil de feu, au pied sûr comme celui d'une chèvre, elle ne ressemblait pas mal à ces villageoises qui descendent des montagnes pour se rendre aux marchés des villes de l'Ariége. C'était une belle brune, aux traits vifs et malins, qui évidemment avait pris naissance dans une partie méridionale ; mais on eût deviné seulement à son capulet rouge, bordé du plus fin velours, qu'elle ne pouvait être la fille de quelque pauvre pâtre du voisinage.

Son costume en effet rappelait ces costumes de caractère que l'on voit dans les joyeuses folies du carnaval ; on reconnaît bien dans la coupe et dans la forme l'intention de parodier l'habillement spécial de telle ou telle province, mais ce qui est bure dans l'original se trouve transformé en étoffe de soie dans la copie, ce qui est toile d'étoupe est devenu dentelle. Ainsi la voyageuse dont nous parlons avait réellement la cape noire, le jupon rouge, et, dans la ceinture de son tablier, la fidèle quenouille des jeunes montagnardes ; mais la cape était de fine étamine, le jupon rouge de la plus magnifique écarlate ; quant à la quenouille, elle ne semblait devoir être d'aucun usage entre les mains soigneusement gantées de sa propriétaire. Bref, cette jeune fille semblait porter pour la première fois un ajustement de fantaisie, dont elle eût peut-être ri la première, si les circonstances eussent permis à sa physionomie de prendre l'expression de gaieté qui lui était naturelle.

Le personnage qui fermait la marche semblait seul n'avoir aucun intérêt à cacher son rang et sa condition. Il était vêtu comme un bourgeois campagnard ; un béret basque donnait à sa physionomie l'air coquet et animé qui caractérise les gens du pays. C'était un grand jeune homme blond, aux formes athlétiques, mais au teint blanc, aux yeux bleu clair, qui témoignaient d'une certaine timidité dans le caractère. Il n'était pas difficile de reconnaître en lui un de ces descendans des Visigoths dont la race s'est conservée pure malgré toutes les persécutions des autres populations indigènes. De temps immémorial ces persécutions n'avaient eu ni cesse ni relâche. Bien que les fils des Goths soient doux, industrieux, compatissans, on les traitait dans les Pyrénées comme d'odieux parias ; on prétendait qu'ils étaient sujets au goitre et à la lèpre, maladies réputées contagieuses. Le préjugé dont ils souffraient n'a commencé à s'effacer dans le Midi qu'à la première révolution française, qui détruisit tant de préjugés ; et encore aujourd'hui, leur ancien nom de Ca-goths ou d'Agothas, est une flétrissure que le berger pyrénéen ne manque jamais de leur jeter à la face dans la moindre querelle (1).

À l'époque où nous nous trouvons, l'espèce d'ilotisme dont on avait frappé les Agothas au moyen âge avait en partie disparu ; mais il existait encore dans certaines localités où les idées civilisatrices pénètrent lentement. D'ailleurs n'oublions pas que nous sommes vers la fin de 1815, au moment où tout le Midi réagissait avec la plus épouvantable violence contre les idées de la révolution et de l'empire. Aux hurlemens des verdets assassins et des danseurs de farandoles, les vieilles rancunes de partis s'étaient réveillées, et c'était peut-être la pensée de cette réaction, dont personne alors ne pouvait apprécier la portée, qui donnait au petit-fils des parias cette contrainte mélancolique.

Les événemens politiques pouvaient expliquer aussi les allures mystérieuses des deux autres personnages qui composaient la petite troupe. Beaucoup de personnes étaient alors obligées de se cacher ou même de s'expatrier pour échapper aux sanglantes vengeances d'une population fanatisée ; et peut-être les voyageurs avaient-ils quelques raisons de ce genre pour essayer de tromper par un costume d'emprunt le regard soupçonneux des royalistes montagnards. Quoi qu'il en fût, chacun des deux cavaliers portait une bonne carabine en bandoulière, afin d'être en garde contre toute mauvaise rencontre, y compris sans doute celle des ours et des loups des Pyrénées.

La caravane continuait sa route vers le haut pays, en suivant toujours les détours du gave impétueux qui porte le nom de Vic-d'Essos, comme le bourg et la vallée. Les usines, les forges, les moulins étaient restés loin en arrière ; le paysage devenait de plus en plus âpre et désert, à mesure qu'on avançait. Des montagnes nues et ravagées par les avalanches se dressaient de toutes parts, la verdure avait cessé d'orner les versans. Dans quelques gorges inférieures, un brouillard glacial s'était accumulé et interceptait par intervalles les faibles rayons du soleil levant.

Le voyageur qui ouvrait la marche regardait attentivement autour de lui, comme s'il eût cherché quelqu'un dans cet endroit solitaire. La jeune fille ne semblait avoir aucune autre préoccupation que celle de se garantir du froid ; quant au personnage que nous avons désigné comme appartenant à la race gothe, il était visiblement contrarié, bien qu'il gardât le silence, soit par respect soit par timidité.

Cependant, en arrivant à un passage resserré entre deux rochers, le chef apparent de la troupe arrêta tout à coup son cheval et demanda à son compagnon :

— N'est-ce pas là, Bernard, *le pas de la Chèvre*, l'endroit où doit nous attendre le guide ?

Bernard répondit tristement :

— C'est en effet le pas de la Chèvre ; mais, comme vous le voyez, le guide ne s'y trouve pas.

— Nous l'attendrons, répliqua le vieillard d'un ton bref en descendant de cheval.

— Voilà un voyage qui commence sous de fâcheux auspices, mon père, dit la jeune fille.

— Aimes-tu mieux retourner à Vic-d'Essos, à la forge de Bernard Alric ?

— J'y retournerai avec vous, mon père ; mais seule... jamais ! c'est-à-dire, ajouta-t-elle en rougissant, tant que les circonstances n'auront pas changé.

Bernard avait sauté lestement en bas de sa monture, et

(1) Le savant Ramond croit que les *Ca-Goths* des Pyrénées ont la même origine que les *Colliberts* vendéens, dont nous avons fait une étude dans le COLPORTEUR.

s'était approché de la jeune fille pour l'aider à descendre de son cacolet.

— Et pourquoi, mademoiselle Cornélie, dit-il avec chaleur, ne joindriez-vous pas vos prières aux miennes pour engager votre père à renoncer à ce pénible voyage ? Il n'y avait aucun danger pour vous et pour lui à rester à Vic-d'Essos ; votre déguisement vous mettait à l'abri d'une reconnaissance, et d'ailleurs au besoin tous les ouvriers de ma forge se fussent fait tuer pour vous. Je vous en supplie, réfléchissez ; il en est temps encore. Le projet que votre père a conçu de traverser les montagnes dans une pareille saison me semble d'une inconcevable témérité. Si la tempête nous surprenait dans les affreux défilés qui conduisent au val d'Andorre, nous péririons misérablement. Depuis que j'existe, on m'a toujours dit que cette partie des Pyrénées était impraticable pendant six mois de l'année. Encore une fois, réfléchissez ; en deux heures nous pouvons retourner chez moi.

Quoique Bernard adressât en apparence ces paroles à la jeune fille, elles allaient directement au vieillard, qui en effet ne se méprit pas sur leur portée.

— Écoutez, Alric, dit-il d'un ton ferme, je ne prends pas une détermination à la légère, et lorsque je l'ai prise, elle est irrévocable. Le voyage que nous entreprenons aujourd'hui est possible, bien qu'il présente quelques périls, et ce voyage s'accomplira. Hier au soir, je n'ai voulu vous donner aucune explication, car je craignais vos objections sans nombre ; mais j'avais acquis la certitude que si nous fussions restés chez vous un jour de plus, ma fille, moi et peut-être vous-même nous eussions couru de grands risques.

— Serait-il vrai ! s'écria Bernard ébahi.

— Quoi ! mon père, demanda la jeune fille, nous avons été réellement en péril chez ce bon monsieur Bernard, qui avait pour nous des soins si touchans, et vous ne m'en avez rien dit ?

Le père sourit et reprit d'un air railleur :

— En effet, j'aurais eu en toi un intrépide confident ! Tu te serais évanouie dix fois dans une journée au moindre bruit menaçant pour moi !... Or, il faut que vous sachiez, Bernard, continua-t-il en se tournant vers le maître de forges, que, depuis notre arrivée chez vous, vous nous avez montré publiquement tant de déférence et d'égards que vous avez trahi plus d'une fois notre incognito.

— Moi ! s'écria Bernard alarmé.

— Vous-même, mon brave garçon ; que diable ! vous oubliez toujours qu'il est des circonstances où le nom le plus honorable est dangereux à porter. Les verdets, m'a-t-on dit, ont pillé et brûlé ma maison de Nîmes ; je n'aimerais pas leur donner ma vie par-dessus le marché. Si je ne crains pas la mort dans une circonstance où cette mort peut être utile à mon pays et glorieuse pour moi, je ne me soucie pas d'être la victime d'une bande de massacreurs... Je veux me conserver encore pour ma fille, pour mes amis.

Cornélie l'embrassa avec émotion ; Bernard semblait consterné.

— Est-il donc si difficile, reprit le vieillard tranquillement, de m'appeler père Gonthier, comme nous en sommes convenus ? Or, il y a deux jours,.. Bernard, quoique vous vous en soyez aperçu peut-être, vous avez prononcé mon nom, mon nom véritable, devant l'un de vos ouvriers. Celui-ci l'aura sans doute répété à quelques autres, car, hier, un des mineurs de Vic-d'Essos, qui sont d'enragés royalistes, a passé près de moi en me jetant des paroles menaçantes. Si donc je n'avais pris le parti de m'esquiver promptement, il aurait pu s'élever dans le bourg une émeute qui m'eût sans doute été fatale...

— Je comprends votre brusque décision, dit Bernard, et je vous demande pardon d'avoir rendu nécessaire par mon imprudence une pareille mesure ; mais puisque vous ne trouviez plus de sûreté chez moi, pourquoi ne m'avoir pas consulté plus tôt sur l'exécution de votre projet ? J'aurais pris des précautions, j'aurais choisi des guides sûrs, je me serais procuré des lettres de recommandation...

— Ecoutez, Bernard, je ne veux pas vous offenser ; mais, bien que vous soyez un garçon honnête, et plein de courage dans l'occasion, vous êtes d'une irrésolution tout à fait contraire à mes goûts ; d'ailleurs vous avez certains préjugés de localités que je ne partage pas... laissez-moi donc faire ; le guide que nous attendons m'a promis de nous conduire par des chemins connus de lui jusqu'au val d'Andorre, sans que nous soyons exposés aux inquisitions de la douane et de l'autorité. Nous arriverons ce soir dans ce pays libre, et alors nous agirons pour le mieux.

Bernard resta un moment pensif ; puis, relevant ses yeux bleus et limpides sur son interlocuteur :

— Monsieur... père Gonthier, veux-je dire, je ne connais pas le guide qui vous a fait de si belles promesses, mais certainement il vous a trompé.

— Quel intérêt aurait-il à nous déguiser la vérité ?

— Je l'ignore ; mais vous ne m'avez pas dit quel était cet homme et où vous l'aviez connu ?

— Un de vos forgerons me l'a désigné comme le plus habile guide qui ait parcouru les Pyrénées depuis Port-Vendres jusqu'à Biaritz. Je l'ai accosté, et je n'ai pas eu de peine à m'entendre avec lui.

Pendant cette conversation, les voyageurs avaient attaché leurs chevaux à un tronc de sapin renversé, et se promenaient, pour se garantir du froid, à l'entrée du défilé. Le vieillard, à qui nous conserverons ce nom de père Gonthier qu'il s'était donné lui-même, s'avança vers l'extrémité du petit plateau où l'on avait fait halte, afin de regarder à travers le brouillard s'il apercevrait le guide attendu. Bernard profita du moment où il se trouva seul avec la jeune fille pour lui dire à voix basse :

— Je crains de vous effrayer, mademoiselle Cornélie, et cependant je vois avec le plus grand chagrin que vous ne joignez pas vos instances aux miennes pour détourner votre père d'une entreprise hasardeuse. Ce n'est ni pour moi ni pour lui que je redoute surtout les dangers et les fatigues, mais pour vous, Cornélie, pour vous qui m'êtes chère à tant de titres.

— Douteriez-vous de mon courage, monsieur Alric ? dit la jeune fille en souriant ; j'ai promis de suivre mon père et je le suivrai, en quelque endroit qu'il aille ; souvenez-vous, Bernard, que l'opiniâtreté est héréditaire dans ma famille !

— Je ne doute pas de votre courage, mais de vos forces, reprit le maître de forges avec vivacité ; or, je vous aime trop pour ne pas vous dire la vérité, même au péril de m'attirer votre colère. Un mot à votre père le fera peut-être changer de résolution, et si nous ne pouvons, à cause des fâcheuses indiscrétions qui me sont échappées, retourner pour le moment à Vic-d'Essos, il nous sera facile de trouver dans le voisinage une paisible bourgade où vous attendrez en sûreté des temps plus heureux.

Cornélie sembla réfléchir un moment ; puis, se penchant un peu vers son fiancé, elle lui dit d'un air de confidence :

— Écoutez, monsieur Alric, je ne vous cacherai rien. Les motifs de mon père en entreprenant ce voyage sont sans doute d'échapper aux persécutions ; mais il en a d'autres de choisir précisément le val d'Andorre pour retraite. On lui a parlé des habitants de ce canton comme formant une petite république indépendante depuis près de mille ans. Vous connaissez le caractère et les opinions de mon père ; il s'est représenté la vallée d'Andorre comme un pays privilégié, un Eldorado de tolérance et de liberté, où règne sans cesse l'âge d'or. Depuis longtemps il désire visiter ce pays, et je crois en vérité, continua-t-elle en souriant malicieusement, qu'il serait presque fâché aujourd'hui d'être délivré du danger qui rend ce voyage nécessaire.

— Mais s'il est impossible ?

— Mon père est comme l'empereur, il ne croit pas à l'impossible ; d'ailleurs, songez donc ! un temps magnifique ! quelques heures de marche tout au plus...!

— Mais, à supposer que nous arrivions heureusement au val d'Andorre, je connais assez les mœurs et les lois de ce pays pour être sûr qu'on ne nous permettra pas d'y séjourner ; alors il nous faudra descendre en Espagne, où selon toute apparence nous recevrons un mauvais accueil.

— Paix ! paix ! oiseau de mauvais augure, dit le père Gonthier, qui avait entendu les dernières paroles du maître de forges ; dites-moi, monsieur Alric, croyez-vous que les républicains du val d'Andorre ne soient pas disposés à bien accueillir un homme qui porte le nom que vous me connaissez et qui est persécuté en ce moment à cause de ses opinions libérales ?

— Vous vous trompez grandement à ce sujet, monsieur... père Gonthier, veux-je dire. La république d'Andorre est encore plus féodale que la France d'aujourd'hui, et je pourrais vous citer...

— Chut ! fit le père Gonthier en désignant un personnage qui se montra tout à coup à quelque distance ; voilà notre guide retardataire, et il est peut-être nécessaire de mettre ce drôle dans le secret de nos affaires.

Bernard Alric se retourna rapidement pour examiner l'individu auquel allaient être confiées leur sûreté et peut-être leur vie, et tout d'abord il éprouva un profond désappointement. Le guide avait une figure bronzée, des yeux noirs, des cheveux légèrement crépus ; par dessous un manteau catalan de couleur écarlate, qui avait dû appartenir dans ses beaux jours à quelque riche berger, mais qui en ce moment était troué en plusieurs endroits, il portait une veste bleue, à boutons à grelots, arrangée d'une manière particulière. Le bras droit était passé dans la manche gauche de la veste, en sorte que les basques tombaient sur la poitrine, et la manche droite était rejetée négligemment sur l'épaule gauche. Une culotte de cuir sans jarretières aux genoux, des spartilles et un sombrero espagnol complétaient ce costume bizarre, auquel une énorme paire de ciseaux suspendue à la ceinture donnait quelque chose de caractéristique. Ce personnage s'appuyait sur un de ces grands bâtons ferrés indispensables dans les montagnes, et, on pouvait lui trouver aussi bien l'apparence d'un brigand que celle d'un guide sûr et fidèle.

Bernard Alric connaissait trop bien toutes les races locales pour se méprendre sur la qualité de l'homme qui était devant lui. Aussi s'écria-t-il d'un air de mépris et d'effroi, sans s'inquiéter d'être entendu :

— Miséricorde ! c'est un bohémien !

De son côté le bohémien, car le guide était véritablement un de ces parias si répandu dans le Midi, examinait les voyageurs ; mais son regard se fixa bientôt sur Bernard, et il dit à son tour d'un air d'étonnement !

— *Santa Maria !* c'est un Ca-Goth !

Bernard se détourna un peu en rougissant, et le père Gonthier lui dit avec malice :

— Où en seriez-vous, mon ami, si, moi étranger, je partageais les préjugés de caste qui règnent encore dans ce pays ? Vous le voyez, c'est en effet un bohémien que j'ai choisi pour guide, et, quoi que vous en pensiez, je crois qu'on peut se fier à lui.

Le guide avait pris un air d'indifférence parfaite, comme s'il n'eût pas compris un mot de ce que l'on disait ; enfin il dit en relevant son bâton, sur lequel il s'était appuyé d'un air nonchalant :

— Maître, je suis prêt.

— Comment vous appelez-vous ?

— Diégo, répliqua le bohémien avec volubilité, et on y ajoute le surnom de *Bourou-Belça*, ou Tête-Noire. Mais ne craignez pas de vous fier à moi, je suis un homme connu, j'ai une profession.

En même temps il désigna par un geste fier les ciseaux monstrueux qu'il portait à sa ceinture ; ce digne industriel exerçait, comme la plupart de ses égaux, la profession de tondeur de bestiaux.

— Eh bien ! Diégo, on assure que vous ne pourrez

nous conduire au val d'Andorre, comme vous me l'avez promis ; car, en cette saison, les chemins sont impraticables pour les chevaux et très dangereux pour les piétons ?

— Qui a dit cela ? demanda le bohémien avec vivacité ; qui a souillé sa bouche d'un pareil mensonge ? Sainte mère de Dieu, continua-t-il en levant les mains au ciel, vous êtes témoin de la vérité de mes promesses ! Dans quatre heures d'ici nous serons arrivés sans accident à Andorre.

Le père Gonthier regarda Bernard, qui murmurait avec impatience :

— Oh ! il fera tous les sermens que vous voudrez, il n'est pas chrétien.

— Mais enfin, monsieur Bernard, demanda Cornélie d'un ton de reproche en remontant dans son cacolet, que trouvez-vous donc de si extraordinaire à ce pauvre homme ? C'est un guide comme un autre ; peut-être même mérite-t-il plus d'intérêt qu'un autre, parce qu'il est malheureux.

Bernard lui répondit à voix basse, pendant que le bohémien aidait le père Gonthier dans ses préparatifs de départ :

— Je n'insisterai pas sur ce sujet, mademoiselle ; je vois que vous et votre père vous avez pris votre parti ; mais un pareil voyage en compagnie d'un pareil coquin ne peut finir heureusement. Maintenant, tout est dit ; soyez assurée que je ne crains rien pour moi-même ; il serait possible que je vous en donnasse bientôt des preuves convaincantes.

En même temps il remonta à cheval et vint se placer à côté de la jeune fille, prêt à la protéger de tout son pouvoir. Le père Gonthier observa ces dispositions du coin de l'œil, sourit, et, après avoir hésité quelques secondes, il s'écria gaiement :

— Allons, mes amis, en route ! il faut bien se fier à quelqu'un, et cet homme sait qu'il aura une bonne récompense s'il ne nous donne aucun sujet de plainte.

La petite caravane s'enfonça lentement dans le défilé obscur du pas de la Chèvre, et bientôt elle disparut dans le brouillard.

II

LA TEMPÊTE.

La partie des Pyrénées que les voyageurs avaient à traverser n'était certainement pas celle où se trouvent les cimes les plus élevées ; mais les montagnes en cet endroit, pour ne pas présenter des masses imposantes comme le Canigou ou le mont Perdu, n'en sont que plus nombreuses, plus rapprochées, et les vallées ne sont que plus étroites et plus dangereuses. Au cœur de l'été, cette région est couverte d'une luxuriante verdure, animée de d'innombrables troupeaux avec leurs bergers. Mais, comme nous l'avons dit, on était au mois de novembre, et l'hiver approchait. Aussi, pendant la première partie de leur marche, les voyageurs rencontrèrent-ils des caravanes de bestiaux et de pâtres qui descendaient vers la plaine, marchant toutes dans le même ordre méthodique et traditionnel. Un homme, tenant une cloche à la main, précédait chaque troupeau ; puis venaient le maître et la maîtresse à cheval, avec leurs plus jeunes enfans en croupe ; puis la fille aînée, aussi à cheval, sa quenouille passée dans sa ceinture ; puis les fils, armés en chasseurs, dont l'aîné, le généralissime de la bande, était chargé du sac à sel orné d'une croix rouge. A la vue de ces migrations qui annonçaient que le froid avait déjà sévi sur les hauteurs, car bergers et troupeaux ne se décident qu'à la dernière extrémité à quitter les pâturages parfumés des montagnes, Bernard hocha tristement la tête ; mais il comprit qu'il était désormais inutile de manifester ses sinistres prévisions.

Bientôt les hordes nomades disparurent elles-mêmes ; et, dans les affreux déserts que l'on parcourait, il ne fallait plus compter que sur le hasard pour obtenir des secours en cas de nécessité. Ces lieux, éloignés des grandes routes d'Espagne, étaient inhabitables pendant une partie de l'année ; si quelqu'une des effroyables tempêtes fréquentes dans les Pyrénées venait à se détacher tout à coup, comment trouver un asile ? Il n'y avait pas d'habitation à plusieurs lieues à la ronde. Cependant le vent soufflait parfois avec violence dans les gorges, et les nuages s'amoncelaient sur les cimes les plus élevées, comme pour présager un orage prochain. Comment les voyageurs, et surtout une jeune fille délicate, endureraient-ils la terrible tourmente qui pouvait éclater ? Ajoutons à ces motifs d'inquiétude le caractère suspect du guide, et l'on comprendra combien Bernard Alric avait sujet d'être alarmé de sa position présente et de celle de ses amis.

Cependant le bohémien n'avait rien fait encore pour justifier ces craintes ; il avait même rempli ses devoirs avec une attention et des soins capables d'atténuer les préventions dont il était l'objet. Avec une sagacité merveilleuse, il avait compris que chacun des deux autres voyageurs lui saurait gré de sa sollicitude pour la jeune femme ; aussi était-ce d'elle qu'il s'occupait spécialement dans cette pénible excursion. Il ne l'avait pas quittée d'une minute depuis le départ ; dans les passages difficiles, il prenait des précautions infinies pour la préserver des secousses et des chutes. De plus, il avait trouvé moyen d'amuser la voyageuse par son jargon moitié espagnol, moitié français, et de la distraire un peu de ses fatigues ; aussi, bien que Cornélie eût beaucoup à souffrir du froid, ne semblait-elle pas encore perdre courage.

Il était midi, et l'on avait déjà fait une partie de la route ; à la vérité c'était la partie la moins dangereuse, et la chaîne centrale restait à franchir dans toute sa largeur. Or, là seulement les voyageurs devaient apprendre si leur témérité pouvait être couronnée de succès ou s'ils avaient eu le tort impardonnable de risquer leur vie sur la foi d'un vagabond. Comme ils traversaient une vallée déserte, déjà couverte d'une légère couche de neige, le père Gonthier se rapprocha de Bernard et lui dit gaiement :

— Eh bien ! mon cher Bernard, trouvez-vous toujours que nous ayons eu tort de partir ? Voyez, le temps est magnifique, le soleil brille du plus vif éclat, et sans doute que notre voyage se terminera sans accident.

— Le temps change bien vite, répondit Bernard en regardant autour de lui d'un œil inquiet ; je n'aime pas ces nuages qui s'accumulent là-bas dans les défilés où nous devons entrer.

— Je crains plus les douaniers et les gendarmes de la frontière que tous ces nuages, dit tranquillement le père Gonthier.

— Et cependant nous n'avons rien à craindre de ce côté ; la douane n'est pas sévère sur les limites du val d'Andorre, et nous sommes exposés à rencontrer des contrebandiers et des bohémiens plutôt qu'autre chose... Le meilleur de ces amis serait encore de mon goût !

— Vous en voulez bien à ces bohémiens, Bernard ; et cependant vous devez voir déjà que vous vous étiez trompé au sujet de celui-ci. Il a beaucoup d'attentions pour Cornélie, si bien que la petite folle paraît enchantée de son voyage. Tout à l'heure il m'a raconté de quelle manière plaisante un de ses amis avait volé une poule à un fermier (et, entre nous, je crois que le héros de l'aventure n'est autre que lui-même), Cornélie riait aux larmes.

— Dieu veuille que ce gépo ne nous joue pas quelqu'un de ces bons tours qu'il aime tant à raconter !

— J'admire, reprit le père Gonthier avec impatience, combien, vous autres gens du Midi, vous êtes opiniâtres dans vos antipathies de caste. Ainsi, vous Bernard, qui devriez pourtant comprendre combien sont absurdes certains préjugés, vous allez jusqu'à croire qu'il ne peut se trouver un homme honnête parmi ces malheureux bohémiens. Vous êtes bien jeune, Alric, pour avoir vu les injustices dont les Goths, vos ancêtres, étaient autrefois victimes; cependant encore aujourd'hui vous avez assez à souffrir de ce vieux préjugé pour vous montrer indulgent envers ces parias, mis, comme autrefois vos pères, au ban de la société.

— Quoi ! monsieur, s'écria Bernard d'un air profondément humilié, pourriez-vous comparer notre race si loyale à celle de ces *bohémious*, de ces misérables *gépos*, comme on les appelle ici ?

— Ne vous fâchez pas, Bernard, mais il fut un temps, et ce temps n'est pas bien éloigné, où votre caste n'était pas mieux traitée par ici que celle de ces malheureux. Votre père, ce bon Roger Alric, fut un des premiers à élever la voix pour réclamer l'égalité civique ; il m'a conté bien des fois que pendant son enfance les Ca-Goths, puisque c'est le nom qu'on vous donne, étaient exécrés et méprisés de tous leurs voisins. Ils entraient dans les églises par une porte affectée exclusivement à leur usage et que nul autre n'eût voulu franchir ; ils habitaient des villages appelés Cagolarias, d'où le voyageur se détournait comme d'un lieu habité par des pestiférés ; ils étaient obligés de porter sur leurs habits un signe rouge qui les désignait à l'animadversion publique ; d'aussi loin qu'on les apercevait, on s'enfuyait en les injuriant. Et cela, Bernard, avait lieu il n'y a pas encore cent ans. Viendrez-vous défendre maintenant les préjugés qui privaient la société des services de tant de gens intelligens et probes ? Eh bien ! pourquoi les bohémiens ne seraient-ils pas calomniés aujourd'hui comme les descendans des anciens Visigoths l'étaient au dernier siècle ?

Bernard détourna la tête pour cacher la rougeur que cette comparaison avait appelée sur ses joues. Le père Gonthier remarqua l'émotion de son jeune compagnon, et reprit d'un ton affectueux :

— Pardonnez-moi, Bernard, si dans ma brusque franchise j'ose vous rappeler ce pénible passé. Vous savez combien peu j'ai aimé les vieilles inégalités sociales, et comment j'ai contribué pour ma faible part à les détruire; vous savez que j'ai toujours estimé un homme uniquement pour sa valeur personnelle. C'est ainsi que votre père, simple plébéien, qui devait sa fortune à son industrie, est devenu mon ami le plus cher. Et cependant, Bernard, aujourd'hui que les persécutions recommencent contre ceux qui, comme moi, n'ont pas reculé devant les moyens les plus énergiques pour assurer la liberté de leur pays, à qui suis-je venu tout d'abord demander asile pour ma fille et pour moi, si ce n'est à vous, que j'ai déjà choisi pour l'époux de Cornélie ? Bernard, continua-t-il avec un accent de bonté en lui tendant la main, je vous aime déjà comme mon fils, et cette amitié me donne bien le droit de vous exprimer franchement des pensées qui ont occupé toute ma vie ; je vous le répète donc, un jour viendra où le préjugé qui frappe les bohémiens paraîtra aussi absurde que celui qui a frappé vos pères.

— Je le désire, monsieur, répondit le maître de forges d'un air qui n'avait rien de convaincu ; quant à l'heureuse promesse que vous venez de rappeler, vous ne vous repentirez jamais, je l'espère, d'avoir confié le sort de mademoiselle Cornélie à un simple honnête homme tel que moi... Et cependant, continua-t-il avec une tristesse, je crains qu'elle n'éprouve pas pour moi cette affection...

— Elle a toute l'affection nécessaire pour assurer votre bonheur à l'un et à l'autre, interrompit le vieillard en souriant ; mais ce n'est pas ici le lieu de traiter de pareils sujets... Doublons le pas, car voici ma fille qui nous attend à l'entrée de ce défilé obscur, et le guide semble avoir besoin de nos conseils.

Ils eurent bientôt rejoint Cornélie et le bohémien, qui avaient fait halte à l'entrée de la gorge pour les attendre. Diégo regardait devant lui d'un air embarrassé. En voyant de quoi il s'agissait, le maître de forges devint pâle de terreur.

Du profond défilé qu'ils avaient à traverser s'échappait un vent impétueux et froid, chassant en tourbillons d'épais nuages. Le soleil, si brillant un moment auparavant, avait disparu tout à coup, comme si l'on eût déployé sur le ciel un voile immense. La tempête qui mugissait dans l'intérieur des montagnes n'avait pas encore atteint l'endroit où se trouvaient les voyageurs, mais déjà ils pouvaient juger de sa violence. Elle s'était engouffrée dans le défilé, et de plus intrépides eussent tremblé à son approche. Ce défilé était formé par deux montagnes majestueuses, aux flancs nus et ravagés. Le vent rugissait dans cet espace avec une force épouvantable, soulevant les masses de neige et bouleversant les nuages qui s'y étaient amassés. Le bruit des avalanches, le craquement des sapins qui se brisaient, le rugissement des torrens produisaient un fracas comparable au tonnerre.

Cornélie, sans attendre qu'on l'aidât, sauta légèrement à bas de sa monture.

— Qu'allons-nous devenir ? s'écria-t-elle éperdue.

— Ne vous effrayez pas, mademoiselle, dit Bernard en cherchant à déguiser ses propres craintes ; ces orages disparaissent aussi rapidement qu'ils viennent ; si nous trouvons un abri pour quelques instans, peut-être pourrons-nous bientôt continuer notre voyage.

— Ceci tient du prodige, s'écria Gonthier ; le temps était si beau tout à l'heure !

— Le soleil est sans doute aussi brillant que ce matin dans la plaine, répondit Bernard ; mais un homme un peu habitué aux montagnes pouvait facilement prévoir ce changement, et vous devez vous souvenir que moi-même... Ce misérable bohémien savait, j'en suis sûr, que le port de Rat, cet affreux défilé qui est devant nous, était impraticable !

— Serait-il vrai ? reprit le père Gonthier avec inquiétude ; aurais-je réellement, par une témérité coupable, compromis nos existences à tous ? Et se tournant vers le guide, qui en ce moment semblait examiner avec attention un point éloigné de la vallée, sans songer à l'orage :

— Eh bien ! Diégo, dit-il, que faites-vous là ? Vous voyez que Bernard avait raison ce matin.

— Je ne suis pas le bon Dieu pour commander à la tourmente, répondit le gitano froidement.

— Mais vous deviez nous avertir du danger, reprit le père Gonthier en s'animant, et je commence à soupçonner...

Diégo semblait ne pas entendre les reproches qui lui étaient adressés ; il continuait à regarder du même côté de l'horizon. Tout à coup il fit un mouvement brusque du bras, en laissant flotter au vent son manteau écarlate ; mais avant qu'on eût remarqué cette action qui pouvait être un signal, il répondit à Gonthier :

— Patience, maître, patience ; la sainte Vierge et tous les saints du paradis nous protègent ! Notre voyage se terminera heureusement, je l'espère ; partout où il y aura une place pour mettre le pied, nous passerons. Mais, continua-t-il, en examinant le ciel, il faut bien vite nous réfugier à l'abri de quelque rocher...

— Par ici, dit Bernard. Et il désignait un roc voisin qui surplombait.

— Voici l'orage ! s'écria d'une voix perçante Cornélie, qui, cédant aux instances de Bernard, venait de remonter sur son mulet.

En effet, le vent partit cette fois du défilé avec une telle puissance, que si les voyageurs ne se fussent heureusement trouvés un peu en dehors du courant principal, ils eussent été renversés avec leurs chevaux. En même temps, la neige qui couvrait la vallée et les versans des deux montagnes fut enlevée en l'air, comme le sable du désert quand souffle le kasmin ; le ciel et la terre disparurent dans l'immense tourbillon. Les chevaux s'étaient retournés instinctivement pour ne pas présenter le front à la tourmente, et ils s'affermissaient sur leurs quatre pieds pour ne pas être culbutés. Les voyageurs, aveuglés par la neige, asphyxiés par la rapidité du courant d'air, assourdis par le grondement de la tempête, trouvaient à peine assez de force pour s'appeler les uns les autres au milieu de ce désordre infernal.

Cependant Bernard s'était attaché à la bride du mulet qui servait de monture à sa fiancée, et quand l'animal avait fait volte-face, il s'était laissé traîner dans la neige plutôt que de lâcher prise, abandonnant au hasard son propre cheval. Le père Gonthier s'était aussi élancé vers sa fille, qui s'enveloppait de son mieux dans sa mante en poussant des cris de terreur. Le bohémien, dans cet affreux moment, ne perdit pas non plus sa présence d'esprit :

— Prenez-vous tous par la main jusqu'à ce que la rafale soit passée, cria-t-il d'une voix retentissante, pendant que lui-même se cramponnait à la bride du cheval de Gonthier, baissez-vous... maintenant ne bougez plus !

Ces conseils étaient sages, car au bout de quelques minutes le vent cessa tout à coup de souffler, et la neige emportée dans les moyennes régions de l'air retomba lourdement en masses compactes. Le silence qui succéda à cette bruyante convulsion de la nature était comme un silence de mort. Les voyageurs se retrouvèrent presque enfouis dans la neige, et quand ils purent regarder autour d'eux, tout avait changé d'aspect. Là où ils avaient vu des ravins s'élevaient maintenant des monticules de glace ; le cheval abandonné par Bernard se débattait dans une fondrière où il avait été entraîné, et ce fut seulement après de pénibles efforts qu'il rejoignit les voyageurs, son instinct l'avertissant qu'ils pouvaient seuls le protéger contre le péril.

Bernard et Gonthier s'empressaient de rejeter la quantité énorme de neige amassée dans le cacolet de Cornélie ; le guide ne leur laissa pas le temps d'achever cette besogne.

— Vite, vite, dit-il, tâchons de nous réfugier quelque part avant l'arrivée d'une rafale, car elle sera peut-être plus terrible que la première. Que saint Jacques et saint Antoine aient pitié de nous !

Tout en parlant, Diégo se tourna encore vers une montagne voisine, sur laquelle se montraient deux points noirs et mobiles comme deux formes humaines. Il agita vivement une seconde fois son manteau écarlate, dont la couleur tranchait sur la blancheur de la neige, et seulement alors il parut songer véritablement à chercher un refuge.

Au milieu du calme funèbre qui régnait dans la vallée, le son d'une corne pareille à celle dont se servent les pâtres se fit entendre. A ce son bien connu, les chevaux tressaillirent et dressèrent les oreilles. Les voyageurs en détresse levèrent la tête. Sur un rocher, à quelque distance, un montagnard équipé en chasseur leur faisait signe de venir à lui.

— Au secours, mon brave homme ! cria le père Gonthier, qui entendait déjà la rafale mugir sourdement dans le défilé.

Pour toute réponse, le montagnard continua de faire résonner son cornet, et les chevaux, habitués à se rallier au son de cet instrument sauvage, se dirigèrent de toute leur vitesse vers le chasseur. Après avoir tourné le rocher, la petite caravane aperçut une grotte qui semblait servir d'asile temporaire à leur ami inconnu, et où ils pouvaient eux-mêmes trouver un abri.

— Courage, ma fille, dit le père Gonthier, qui tenait d'un côté la bride du mulet pendant que Bernard tenait l'autre ; courage, nous allons être sauvés.

Cornélie répondit par un gémissement, et au même instant la tourmente éclata avec plus de rage que jamais. La neige remonta dans les airs en furieux tourbillons, les chevaux s'arrêtèrent et fléchirent sur leurs jambes, comme cela leur arrive, dit-on, pendant un tremblement de terre. Comme les voyageurs restaient immobiles et pris de vertige, à vingt pas à peine de la grotte, une exclamation brève qui retentit au milieu d'eux leur apprit que le montagnard venait à leurs secours. Aucun d'eux ne le vit, aucun d'eux ne put dire plus tard comment cet homme intrépide avait pu les soutenir et diriger leurs pas ; mais il sembla se multiplier pour leur venir en aide, et, au bout de quelques minutes, toute la petite caravane se trouvait en sûreté dans la grotte.

Il était temps ; Cornélie était presque sans connaissance, et le froid l'avait saisie d'une manière alarmante. Bernard, tout meurtri de sa chute sur les rochers, avait ses vêtemens couverts d'une couche épaisse de glace. Le père Gonthier, dans un état peu différent, pouvait à peine se mouvoir. Le bohémien, lui, avait été rudement secoué par cette horrible bourrasque, et demeurait comme étourdi. Sans aucun doute, un quart d'heure plus tard les secours eussent été inutiles pour tous.

Le montagnard qui leur avait rendu un si grand service semblait lui-même étranger au lieu où il se trouvait, et comme eux il s'était réfugié là seulement pour attendre la fin de la tempête. Dès qu'il les vit en sûreté dans la grotte, il rassembla des branches de sapin apportées autour du rocher par les avalanches, et il en fit un grand feu. Puis il se plaça à l'écart, appuyé sur sa carabine, comme pour ne pas gêner ses hôtes de sa présence.

La tempête rugissait toujours au dehors, mais la chaleur bienfaisante du feu ne tarda pas à ranimer un peu les voyageurs ; dès que Bernard eut repris ses sens, il dit à voix basse au père Gonthier, qui cherchait à ranimer sa fille :

— Notre libérateur est un des habitans républicains du val d'Andorre.

Malgré sa tristesse, le vieillard se retourna ; le chasseur montagnard, en s'apercevant qu'il était l'objet de l'attention de ses hôtes, s'approcha de nouveau pour saluer le père Gonthier et Cornélie ; mais il ne jugea pas à propos d'honorer le bohémien et Bernard Alric d'un signe d'attention, comme s'ils eussent été à ses yeux des créatures d'un ordre inférieur. C'était un jeune homme de haute taille, admirablement proportionné. Ses cheveux blonds, naturellement bouclés, retombaient sur ses épaules, encadrant une figure mâle et régulière ; son œil plein de feu avait une dignité tout espagnole que ne démentait pas son maintien grave, presque majestueux. Son costume était remarquable. Ce costume, qui du reste est celui de tous les riches habitans de l'Andorre, n'avait que deux couleurs, tranchant l'une sur l'autre, de manière à produire l'effet le plus pittoresque au milieu des âpres paysages des montagnes. Le jeune chasseur portait un long bonnet écarlate, retombant de côté jusqu'à la hanche. Son gilet, de même couleur, était échancré en carré sur la poitrine, de manière à laisser voir une chemise de toile blanche, retenue au cou par une grosse épingle en or de forme singulière. Par-dessus ce gilet ou *matelle*, une veste de drap vert étalait plusieurs rangées de boutons de cuivre de fabrique espagnole ; les boutonnières étaient bordées de rouge, afin que les deux couleurs nationales fussent toujours en opposition l'une avec l'autre. La culotte verte, comme la veste, était serrée et étroite, retenue à la ceinture par un gros bouton de corne. Entre le gilet et le haut-de-chausse, la chemise bouffait à la manière des courtisans de Louis XIII ; mais le costume que nous décrivons étant traditionnel dans l'Andorre peut-être depuis Charlemagne, les bons Andorrans ne sauraient être accusés d'avoir pillé les modes de France. Enfin le montagnard portait encore de grandes guêtres de cuir qui laissaient voir les *espartenyas* ou spartilles attachées sur le coude-pied par des rubans rouges, croisés en cothurne. Outre le cornet dont il avait fait un si bon usage, il avait une gibecière pareille à celle des chasseurs de chamois, et, comme pour ne pas démentir cette qualité, il avait déposé à l'entrée de la grotte un magnifique isard fraîchement tué.

Gontier observait avec admiration ce magnifique représentant de la race montagnarde ; le jeune homme gardait un silence respectueux.

— Je vous remercie, mon brave garçon, dit le père

Gonthier en lui secouant cordialement la main, je vous remercie mille fois du service que vous venez de nous rendre; sans vous, je ne sais ce que nous fussions devenus au milieu de ce terrible orage.

L'habitant de l'Andorre baissait la tête d'un air de modestie; cependant il répondit en français, d'une voix aussi douce et aussi calme qu'elle avait paru sonore et imposante un moment auparavant :

— Excusez-moi, monsieur, mais je ne puis comprendre qu'un homme d'âge et d'expérience comme vous ait osé entreprendre un voyage dans les montagnes par une saison pareille, et surtout, continua-t-il en désignant Cornélie qui commençait à peine à reprendre ses sens, en compagnie d'une dame si jeune et si délicate.

— Votre reproche est mérité, mon garçon, dit le père Gonthier d'un air de regret; j'ai en effet compromis par mon imprudence la vie de ceux qui m'aiment assez pour me suivre en quelque endroit que j'aille; cependant, ajouta-t-il en désignant le bohémien qui restait à la porte de la grotte comme en observation, ce drôle avait promis positivement de nous faire arriver ce soir au val d'Andorre.

— Au val d'Andorre! répéta le chasseur avec indignation; il a menti comme un chien de païen qu'il est, s'il vous a fait une telle promesse. *Santa Maria*! ne devait-il pas savoir, lui qui rôde sans cesse dans le haut pays avec les autres pillards de sa race, que le port de Rat était encombré de neiges! Il vous a trompé, sur ma foi de chrétien! je vous conseille de retourner sur vos pas si vous ne voulez périr.

Et il regarda encore Cornélie d'un air qui témoignait d'un vif intérêt.

— Ce que vous nous proposez est impossible, répondit Gonthier tristement; nous ne pouvons retourner à Vic-d'Essos sans courir de grands dangers; d'ailleurs peut-être la tourmente a-t-elle étendu également ses ravages de ce côté.

L'Andorran se tut et sembla réfléchir.

— Tenez ferme, dit Bernard à l'oreille du père Gonthier; si quelqu'un peut nous tirer du mauvais pas dans lequel nous sommes engagés, c'est ce brave montagnard.

L'Andorran sortit enfin de sa rêverie et demanda au père Gonthier :

— Ne m'avez-vous pas dit, monsieur, que vous alliez au val d'Andorre?

— Il est vrai.

— Vous avez alors une autorisation du préfet de l'Ariége pour visiter nos souverainetés? Je vous prie de me montrer cette autorisation.

— Je n'en ai pas, répondit Gonthier.

— Quoi! monsieur, reprit le chasseur étonné, ignorez-vous que, sans une permission des magistrats français, l'entrée de nos vallées vous sera rigoureusement interdite? Ignorez-vous que si cette formalité n'est pas remplie, aucun étranger ne peut séjourner dans notre pays ni même le traverser?

Le père Gonthier hocha la tête; c'était un de ces hommes opiniâtres dont les difficultés ne font qu'exciter l'énergie. Il cherchait un moyen de tourner l'obstacle ; mais Bernard, comprenant le prix de chaque minute, dit à l'Andorran avec vivacité :

— Certainement, monsieur, il vous serait possible de nous conduire tous au val d'Andorre avant la fin de la journée, dans le cas où la tourmente viendrait à cesser. Pour ce qui est du laissez-passer délivré par l'autorité française, il est des circonstances où votre gouvernement ne doit pas l'exiger; celles, par exemple, où des voyageurs fatigués, sans abri, viennent demander l'hospitalité; s'il en était autrement, il n'y aurait plus ni générosité, ni humanité chez les habitants de l'Andorre.

Bernard avait bien calculé l'effet de ses paroles, en réveillant dans l'esprit du fier montagnard les sentiments de générosité nationale. L'Andorran parut hésiter; mais bientôt, sans répondre au Ca-Goth, il se tourna vers Gonthier, et lui dit avec politesse :

— Je voudrais vous être utile, monsieur, mais il ne faut pas songer à vous rendre au val d'Andorre, où vous seriez mal accueilli; en revanche, si vous y consentez, je vous conduirai jusqu'à l'endroit d'où vous venez, aussitôt que l'orage aura cessé.

La pauvre Cornélie restait assise devant le feu, la tête appuyée sur sa main, dans un état d'engourdissement profond causé par le froid. Il ne fallut pas moins que la vue des souffrances de sa fille chérie pour vaincre l'obstination de Gonthier.

— Eh bien! soit, dit-il d'un air de regret; nous retournerons à Vic-d'Essos, puisque nous ne pouvons faire autrement.

Cornélie, bien qu'elle n'eût pris aucune part à la conversation jusqu'à ce moment, n'en avait pas perdu un mot; l'adhésion de son père au projet de rebrousser chemin acheva de dissiper sa torpeur.

— Mon père, dit-elle d'une voix faible, vous n'y pensez pas; nous ne pouvons revenir en arrière, et je m'y refuserai tant qu'il me restera un souffle de vie. Puis elle se leva, et se tournant vers le chasseur : — Permettez-moi, monsieur, poursuivit-elle avec modestie, de ne pas accepter votre obligeante proposition; mais le service que vous nous avez rendu nous décide à mettre toute notre confiance en vous... Mon père ne peut rentrer en France sans courir de grands dangers, et, quant à moi, j'aimerais mieux passer l'hiver entier dans cette grotte que de retourner à Vic-d'Essos.

Aux premiers accens de cette voix suppliante, une expression d'admiration s'était peinte sur la belle figure du montagnard ; mais les dernières paroles de la jeune fille le firent tressaillir.

— Quoi! s'écria-t-il, votre père serait...

— Un réfugié politique, dit Gonthier.

— Vous avez eu tort d'avouer cela! murmura Bernard.

— Mon père est proscrit, reprit Cornélie avec chaleur, et à qui peut-il demander un asile, sinon aux habitants de l'Andorre, qu'on nous a peints si bons, si généreux, si hospitaliers? Il est persécuté à cause de son amour ardent pour la liberté; vos concitoyens ne peuvent lui refuser leur appui... D'ailleurs, si vous nous abandonnez, que deviendrons-nous dans ces affreuses solitudes? Notre guide nous a trompés, et peut-être nous a-t-il conduits ici pour nous attirer dans un piège... Je ne vous parle pas de moi, monsieur, et cependant j'aurais droit aussi, peut-être, à votre intérêt, à votre pitié...

— Cornélie! s'écria le vieillard, cesse de presser ce brave jeune homme et de lui demander une chose devenue impossible; décidément nous allons retourner à Vic-d'Essos, ou du moins gagner quelque village voisin; tu t'es déjà trop exposée pour moi.

— Ne dites pas, mon père, reprit la jeune fille avec véhémence, que ce voyage vous paraît maintenant impossible; si vous étiez seul, les obstacles ne vous arrêteraient pas... Je suis sûre, continua-t-elle avec lenteur en se tournant vers le chasseur de chamois, que si monsieur voulait nous assister et nous conduire par des chemins à lui connus.....

Il y avait dans ses yeux tant de prière que l'Andorran ne put résister davantage. Cependant ce ne fut pas à Cornélie qu'il fit part de sa résolution ; par un sentiment de convenance, ce fut à Gonthier qu'il s'adressa :

— Peut-être serai-je blâmé par les anciens de l'Andorre pour avoir contrevenu aux usages et aux lois de nos souverainetés, dit-il avec noblesse; mais j'en courrai les chances... Si je ne puis me soustraire aux reproches de ceux qui ont plus de sagesse et d'expérience, j'aurai pour me consoler la pensée de vous avoir rendu service, à vous et à votre charmante fille. — Le père Gonthier s'aperçut alors que son nouvel ami s'exprimait avec une élégance et une recherche difficiles à expliquer chez un simple montagnard, et il ne put s'empêcher d'en faire la remarque.

Le jeune chasseur ne parut pas insensible à ce compliment. — Je m'appelle Isidoro Duba, dit-il avec orgueil; ma famille est une des plus anciennes et des plus riches de l'Andorre. Comme j'étais le cadet des enfans de mon père, on me plaça au séminaire d'Urgel, afin d'y étudier pour être prêtre. La mort de mon frère aîné m'ayant rendu chef de ma maison, j'ai abandonné les études, et je suis revenu auprès de mon aïeul, aujourd'hui mon seul parent... Mais excusez-moi, monsieur, il est déjà tard, et il faut que la tourmente se calme bientôt si nous voulons arriver dans la plaine avant la nuit. — Il se dirigea vers l'entrée de la grotte pour examiner le temps; mais à peine eut-il fait deux pas qu'il s'arrêta, et, saisissant sa carabine, il dit d'une voix forte : — Préparez-vous, messieurs, voici les ennemis ! — Comme il parlait encore, deux individus en haillons et à figures sinistres se montrèrent à quelque distance. Cornélie effrayée poussa un cri perçant; son père et Bernard s'armèrent précipitamment de leurs fusils et se placèrent devant elle pour la défendre. — Que voulez-vous ? Passez votre chemin ! cria Isidoro Duba en langue catalane, la main posée sur la détente de sa carabine.

Les étrangers s'arrêtèrent à cette démonstration menaçante. Il n'était pas difficile de reconnaître en eux des bohémiens. Ils interpellèrent dans une langue inconnue le guide Diégo, qui, pendant la conversation précédente, était resté en observation à l'entrée de la caverne, et une vive discussion parut s'élever entre eux, bien que les spectateurs ne pussent en comprendre l'objet.

Le guide, ayant terminé son colloque avec les nouveaux arrivés, dit humblement au montagnard :

— Eh bien! maître, est-ce ainsi que vous recevez de pauvres gens qui viennent d'affronter la tourmente? Ils demandent seulement un abri et une place auprès du feu.

— Coquin! reprit Isidoro d'un air de mépris, crois-tu que je ne devine pas bien pourquoi ces gépos maudits se trouvent là ? Vous vouliez sans doute rançonner ces voyageurs au passage des montagnes, et peut-être même leur faire pis... Mais, par Sainte-Marie de Puigcerda ! si vous me donnez raison de suspecter vos intentions, je vous logerai une balle dans la tête. — Il s'avança hors de la grotte pour s'assurer que les deux bohémiens étaient bien seuls. Après un rapide examen, il leur dit brusquement : — Allons ! entrez; reposez-vous, réchauffez-vous, et peut-être aurez-vous ensuite une meilleure aubaine que vous ne le méritez.

Les bohémiens obéirent avec soumission, et vinrent s'accroupir devant le feu. Ils étaient réellement transis de froid et brisés de fatigue, malgré leur robuste organisation; ils avaient supporté l'orage depuis le moment où Diégo leur avait fait des signes d'intelligence; et véritablement, s'ils avaient eu de mauvaises intentions, ils n'étaient plus guère en état de les exécuter. Tandis que l'Andorran faisait ces observations, Diégo, toujours disposé à prendre Dieu et les saints en témoignage de ses assertions, s'écriait en levant les mains au ciel :

— Seigneur! un chrétien peut-il dire de pareilles choses d'un malheureux gitano? moi, tromper d'honnêtes voyageurs qui se sont fiés à ma parole, quand je voudrais donner pour eux ma vie et ma part de paradis!... et tout cela parce que j'avais prié deux de mes frères de se trouver au port de Rat, afin de nous porter secours en cas de besoin!... Voyez le grand mal quand il en aurait coûté aux messieurs quelques écus de plus, pour récompenser mes pauvres frères de leurs services! *Santa Maria!* que les hommes sont méchans !

Isidoro ne parut pas s'émouvoir de ces protestations empreintes de toute l'exagération méridionale: il poussa du pied devant les bohémiens le chamois qu'il avait tué, et leur dit rudement :

— Vous avez faim, vous avez besoin de reprendre des forces; mangez ceci, puis je vous dirai ce que vous aurez à faire.

Un concert de bénédictions accueillit cette offre libérale.

Diégo lui-même interrompit ses doléances pour partager la joie de ses compagnons. En un clin d'œil des couteaux-poignards brillèrent dans les mains des trois bohémiens. Le chamois fut écorché et dépecé avec une dextérité merveilleuse; puis chacun des vagabonds s'empressa de placer sur la braise des tranches de venaison, qu'il avala toutes saignantes avec de grandes démonstrations de plaisir.

L'Andorran les laissa aux délices de ce festin, et se rapprocha du groupe des voyageurs. Ceux-ci avaient repris une attitude calme, s'en remettant entièrement au jeune montagnard du soin de leur sûreté, et prêts à suivre aveuglément ses conseils.

— Monsieur, dit Isidoro, en s'adressant au père Gonthier, ces gens-là, je le crains, n'avaient pas de bonnes intentions à votre égard; mais j'ai dû les ménager, car nous avons besoin de leur secours. Nul ne sait si les passages que nous allons traverser sont encore libres, et des bras seront être nécessaires pour déblayer la neige. Il nous faut donc engager, par l'appât d'une récompense, ces gens à nous servir. Du reste, je prendrai soin qu'ils ne nous jouent pas de mauvais tours. De votre côté, ne quittez pas vos fusils d'un seul instant. Tant qu'ils nous verront armés, nous n'avons rien à craindre. Maintenant, je vous engage à prendre un peu de nourriture, car, si je ne me trompe, l'orage touche à sa fin et nous pourrons bientôt nous mettre en route.

Le père Gonthier tira d'un des cacolets quelques provisions. L'Andorran, tout entier aux préparatifs du voyage, se mit à examiner avec soin les yeux et les pieds des chevaux; puis il alla consulter le temps. La neige tombait encore à gros flocons, mais le vent s'était calmé, et rien ne s'opposait plus au départ. En un clin d'œil les voyageurs, restaurés par le repas qu'ils venaient de prendre, et délassés des fatigues précédentes, furent sur pied. Les chevaux et le mulet avaient reçu une petite provende d'avoine dont on était précautionné à Vic-d'Essos. Enfin le jeune guide donna le signal.

— Nous nous fions à vous, monsieur, dit Gonthier en lui pressant la main, comptez sur ma reconnaissance si vous parvenez à nous conduire sans accident jusqu'au val d'Andorre...

Cette promesse implicite d'un salaire fut reçue avec un air de fierté et presque d'impatience; mais un regard de Cornélie effaça bientôt ces signes de colère. Après avoir attaché les brides des chevaux aux pommeaux des selles, afin que les cavaliers ne fussent pas tentés de gêner l'instinct infaillible de ces animaux, Isidoro se mit à précéder lui-même la petite caravane afin de sonder le chemin.

En sortant de la grotte, les voyageurs se dirigèrent avec précaution vers ce terrible port d'où l'orage les avait déjà repoussés; mais, avant de s'y engager, le guide fit faire une nouvelle halte. Telle est l'effet de ces trombes de neige qu'elles changent complétement l'aspect des lieux. Où l'on avait entrevu des abîmes quelques momens auparavant, on apercevait des masses énormes ayant l'apparente solidité des rochers. Le défilé ne semblait plus suivre la même direction qu'avant l'orage : on eût dit qu'une main toute-puissante avait bouleversé les formes et les contours.

Isidoro observa longtemps et minutieusement ces changemens extraordinaires.

— Il ne faut pas songer à franchir ce port, dit-il enfin; nous y péririons tous. Il vaut mieux aller chercher le port de la Cabane, là-bas, derrière le pic de Siguier.

— Le voyage sera-t-il long de ce côté ?

— Des torrens à traverser, des avalanches à éviter, des glaces à briser, répondit Isidoro d'une voix brève, et peut-être trouverons-nous, après tout cela, le port de la Cabane encombré de neige comme celui de Rat !

— Allons, du courage, dit Cornélie gaiement; voyez, ajouta-t-elle en désignant les bohémiens, ces gens-là n'ont-ils pas autant à perdre que nous, et pourtant ils chantent, ils n'ont pas peur !

En effet, les vagabonds, enchantés d'avoir fait un bon

repas, commençaient de leurs voix rauques et gutturales un concert barbare, qui du reste était en harmonie avec l'âpreté du paysage. Mais le guide, craignant que leurs éclats de voix ne déterminassent la chute des avalanches, leur ordonna de se taire.

Quelques heures s'écoulèrent, pendant lesquelles il n'y eut pas une minute où chacun des voyageurs ne fût en danger de la vie. Souvent ils longeaient des précipices au fond desquels tombaient à grand bruit les pierres qui roulaient sous les pas des chevaux; d'autres fois ils se glissaient, en retenant leur haleine, sous des rochers et des lavanges que l'aile d'un aigle ou le pied d'un chamois, en les effleurant, pouvait faire crouler. Ils songeaient en frémissant que si un souffle de ce vent terrible, qui les avait arrêtés le matin, les surprenait dans ces gorges étroites, ils seraient emportés comme des brins de paille. Les pieds des chevaux résonnaient sur des ponts de glace qui pouvaient s'effondrer tout à coup et les ensevelir dans les gaves furieux ou les lacs profonds dont ces déserts abondent. Plus d'une fois enfin la timide Cornélie avait vu briller au bord du chemin les yeux fauves d'un loup qui semblait prêt à s'élancer.

C'était de Cornélie qu'Isidoro avait paru exclusivement pendant ce trajet périlleux. Il ne la quittait un instant que pour aller sonder la neige à droite et à gauche de la route. Il lui adressait tout bas des paroles d'encouragement avec cette voix douce et affectueuse qu'il avait pour elle seule. Il avait complétement oublié les autres voyageurs, qui venaient un à un sur les traces de la jeune fille; ses attentions respectueuses et muettes ne s'adressaient qu'à elle. Dans ce moment où il savait qu'il exposait sa vie à chaque pas, c'était à Cornélie seule qu'il voulait en offrir le sacrifice.

Du reste, il était aidé avec une grande sagacité par les bohémiens dans ses fonctions de guide. Ces malheureux, quoique misérablement vêtus et exposés à la rigueur du froid, supportaient gaiement la fatigue et servaient d'éclaireurs à la troupe. Sur un geste d'Isidoro, ils s'enfonçaient dans la neige, quelquefois jusqu'aux épaules. S'ils avaient eu réellement de mauvais desseins à l'égard des voyageurs, ils s'efforçaient de les racheter maintenant par leur zèle et leur dévouement.

Au milieu de cette marche pénible, la caravane trouva un soulagement à ses fatigues passées, un encouragement à supporter les fatigues futures. Depuis le matin, elle n'avait vu que des monts arides, couverts de glaçons et de neige; le ciel au-dessus de sa tête avait toujours été sombre; elle n'avait entendu d'autre bruit que le sifflement du vent dans les pics désolés : tout à coup, au moment où elle atteignait un port élevé, un spectacle aussi magnifique qu'inattendu frappa ses regards.

Entre deux grands rochers qui, de ce côté, semblaient former la dernière barrière de la chaîne pyrénéenne, on apercevait la plaine, et l'on pouvait jouir d'un de ces merveilleux contrastes assez fréquens dans les contrées montagneuses. Pendant que la neige tombait en flocons silencieux et que la nature autour d'eux demeurait lugubre et menaçante, les voyageurs admiraient, à travers la déchirure d'un nuage, au-dessous du portique gigantesque des rochers, une riante vallée éclairée par un beau soleil couchant. L'hiver, enchaîné dans les régions supérieures, ne semblait pas être descendu encore dans ce fortuné pays; c'était la chaude et brillante Espagne vue des déserts de la Norwége. Les pentes étaient encore couvertes de verdure; sous des bouquets de châtaigniers, se montraient des chalets délicieux. A cette heure du soir, bergers et troupeaux regagnaient paisiblement les habitations. On croyait, tant l'air était limpide, pouvoir entendre le son des cornets, les mugissemens des bestiaux. Les nuées suspendues aux flancs des montagnes ne semblaient pas faites pour le ciel pur de ce paradis terrestre : excepté quelques petits nuages rosés qui voguaient au hasard dans l'éther de la vallée, elles restaient comme enchaînées dans la région des orages.

Toute la troupe s'arrêta frappée d'admiration.

— Nous sommes donc hors de danger! s'écria le père Gonthier avec une joie d'enfant; Dieu n'a pas voulu que mon imprudence me coûtât aussi cher que je pouvais le craindre.

Il descendit de cheval et vint embrasser sa fille avec transport. Cornélie, depuis son départ de la grotte, était retombée dans un état dangereux de prostration; cependant elle parut se ranimer un peu, et dit en désignant Isidoro, qui appuyé sur son bâton de voyage contemplait son pays natal :

— Remerciez notre libérateur, mon père, dit-elle avec un reste d'énergie. Sans son courage et son dévouement, nous étions perdus... Mon père, que pourrez-vous lui donner pour récompense?

— Nous y songerons, ma fille... Mais regarde comme il est pensif !

En effet, bien que le magique tableau eût déjà disparu et qu'un souffle du vent eût ramené l'épais rideau de vapeurs, Isidoro demeurait à la même place, absorbé dans ses réflexions.

— A quoi pensez-vous donc là, mon enfant? demanda Gonthier en lui posant amicalement la main sur l'épaule.

L'Andorran se retourna, comme par instinct, pour repousser une pareille familiarité; mais quand il eut reconnu le vieillard, sa belle et noble figure prit une expression mélancolique, et il répondit lentement :

— Je regardais d'ici, monsieur, la maison où je suis né dans la vallée; je songeais que mon aïeul, qui est âgé de plus de cent ans, examine d'en bas la montagne où nous sommes, et se demande si je n'ai pas péri dans la tourmente... En ce moment sans doute une jeune fille, ma fiancée, est auprès de lui, et elle dit son chapelet pour que ma chasse soit heureuse et que mon retour soit prochain.

— Votre fiancée? répéta Cornélie vivement; vous allez donc vous marier, monsieur ?

Le montagnard resta muet, les yeux tournés vers la terre.

— Et vous quittez ainsi votre fiancée pour aller courir les hasards d'une chasse dans les montagnes? dit le père Gonthier avec un sourire de malice.

Isidoro secoua la tête d'un air d'impatience; puis, relevant son bâton ferré, il reprit brusquement:

— Allons! messieurs, il faut nous remettre en route; le danger est moins grand, mais il n'a pas cessé; la nuit approche, et nous avons des rampes très dangereuses à descendre avant d'arriver à la vallée. Vous croyez n'avoir plus rien à redouter; mais je donnerais un beau cierge à Notre-Dame d'Héas pour que vous fussiez déjà en sûreté dans la maison de mon aïeul, l'illustre Bertren Duba, que Dieu le protége !

En ce moment même un bruit se fit entendre au-dessus de sa tête et sembla confirmer ses inquiétudes. Isidoro craignit d'abord une avalanche; en effet, vers le sommet d'une montagne voisine, quelque chose bondissait de rocher en rocher dans un tourbillon de neige; mais ce n'était pas une avalanche, et un coup d'œil suffit pour rassurer le montagnard. Bientôt même l'objet qui avait attiré son attention roula presque à ses pieds. Alors on put reconnaître un énorme ballot, soigneusement enveloppé d'une grosse toile et entouré de fortes cordes, afin sans doute qu'il ne se brisât pas dans sa chute effrayante.

Expliquons cet incident. Les contrebandiers pyrénéens ont l'habitude, pour échapper à la surveillance des douaniers, de gravir le versant espagnol de quelque haute montagne avec les marchandises qu'ils veulent introduire en fraude. Parvenus au sommet, ils abandonnent les paquets sur la pente opposée, où des correspondans apostés s'en emparent et les transportent en lieu de sûreté. C'était à ce commerce illicite qu'appartenait le ballot dont il s'agit, et bien qu'on ne vît encore personne, Isidoro devina la vérité.

— Ceux qui sont là-haut à la cime du pic, dit-il en

souriant, nous auront pris pour des camarades, car ils ne peuvent supposer que des voyageurs se hasardent par ici dans cette saison... Eloignons-nous bien vite et laissons ces pauvres gens à leurs affaires. Ce ballot, dans moins d'un quart d'heure, soyez-en sûrs, aura trouvé son maître.

En prononçant ces paroles où se montrait l'indulgence ordinaire des habitants de la frontière pour les contrebandiers, il excita les chevaux par une exclamation brève, et la petite caravane gagna rapidement une rampe qui descendait en Andorre.

Mais si Isidoro voyait dans cet incident une raison de s'éloigner plus vite, il n'en était pas de même des trois bohémiens; une pareille rencontre pouvait, dans leurs idées, être un coup de fortune. Leur caractère aventureux et rapace s'était réveillé quand le hasard avait mis à leur disposition la propriété d'autrui. Ils ne se dirent rien, mais ils échangèrent un regard significatif, et Diégo resta un peu en arrière de la troupe.

Soit que les difficultés de la route attirassent en ce moment toute l'attention d'Isidoro, soit que le montagnard fût retombé dans les réflexions qui assombrissaient de plus en plus son visage à mesure qu'on approchait de la plaine, le gitano put accomplir son projet sans exciter de soupçon. Dès que la caravane eut entièrement disparu derrière l'arête du versant, il revint en courant vers le ballot, qui lui semblait une proie assurée.

Un coup d'œil lui apprit qu'aucun contrebandier ne se montrait encore, et, saisissant la gaîne de cuir qui gaîne les énormes ciseaux qui étaient l'instrument de sa profession. Il pratiqua prestement une large ouverture à la toile d'emballage, puis plongeant ses deux mains dans l'intérieur du paquet, il les retira pleines de tabac et d'autres marchandises.

Mais en ce moment une exclamation terrible s'éleva derrière un rocher voisin; aussitôt un coup de fusil partit, et le bohémien tomba grièvement blessé.

Heureusement pour lui, au moment où la détonation avait eu lieu, il était penché sur le ballot, et ne laissait à découvert que l'épaule. Si on l'eût visé à la tête, il était mort : la balle du contrebandier ne manque jamais son but.

Aux cris qu'il poussa, et surtout au bruit de l'explosion, répercuté par l'écho, Isidoro s'arrêta court et dit en se frappant le front :

— Ce misérable gépo n'est pas avec nous... il vient d'arriver un malheur !

Et pendant que les voyageurs tournaient bride pour revenir sur leurs pas, le jeune Andorran s'empressa de remonter la rampe. En arrivant sur le plateau, il aperçut Diégo tout sanglant qui venait enfin de se relever et qui suppliait un robuste montagnard de lui accorder merci. Le contrebandier, au contraire, s'approchait de lui, la crosse levée, pour l'achever :

— Michaël, fils du démon, cria Isidoro d'une voix tonnante, laisse-le ! n'est-il pas assez puni ? laisse-le : il est sous ma garde !

Le farouche Michaël regarda Isidoro et continua d'avancer vers Diégo, qui invoquait à son ordinaire tous les saints du paradis.

— Je te dis qu'il est sous ma garde, répéta Isidoro avec plus de force.

Comme le contrebandier ne s'arrêtait pas, un nouveau coup de carabine se fit entendre. Isidoro, avec une adresse étonnante, avait frappé de sa balle la main de Michaël; celui-ci laissa tomber, en poussant un rugissement, l'arme qu'il dirigeait déjà contre Diégo.

— J'ai voulu seulement te donner une leçon, dit Isidoro; tu sais que je pouvais te tuer.

Michaël, quoique blessé, allait s'élancer sur lui, mais la vue des autres voyageurs le fit changer d'avis; il courut vers le rocher en proférant d'épouvantables menaces en langue catalane.

Isidoro ne s'arrêta pas à donner des explications; il ordonna aux bohémiens de placer leur compagnon blessé sur le cheval de Bernard, et il dit en rechargeant sa carabine :

— Eloignons-nous bien vite d'ici; Michaël Moro ne plaisante pas... Les contrebandiers vont revenir en force et malheur à nous !

III

LE PATRIARCHE.

Peu de personnes savent peut-être qu'entre la France et l'Espagne, dans une vallée contiguë à nos frontières, il existe une petite population de dix à douze mille âmes au plus, organisée en république depuis près de dix siècles, et qui, à travers la barbarie féodale, à travers les révolutions des pays voisins, a su conserver ses mœurs, ses idées, son langage, son organisation civile, politique et religieuse, sans altération et sans mélange ; cette population est celle du val d'Andorre. Ce pays, situé dans des montagnes inabordables pendant une partie de l'année, éloigné des grandes voies de communication entre l'Espagne et la France, a dû, par sa position géographique et peut-être par l'énergique volonté de ses simples et rustiques habitans, échapper à toute influence étrangère. Comme il est pauvre, habité presque exclusivement par des bergers et des laboureurs, il n'a pas tenté l'ambition des conquérans. Grâce à ces circonstances, la république d'Andorre présente aux civilisations modernes l'étrange exemple d'une société *anté-féodale* stationnaire depuis mille ans, et qui, comme une médaille parfaitement conservée, est arrivée jusqu'à nos jours avec tout son relief et toute sa légende.

Il faut remonter à Charlemagne et à son fils Louis le Débonnaire pour trouver l'origine de la république d'Andorre. Charlemagne, dit-on, pour récompenser les Andorrans des services qu'il lui rendirent en l'aidant à vaincre les Maures dans la vallée de Carol, les affranchit et leur permit de se gouverner eux-mêmes par l'administration municipale. Louis le Débonnaire, que les Andorrans nomment le *Pieux*, confirma ces privilèges, et, depuis cette époque, les *vallées et souverainetés de l'Andorre* n'ont eu d'autre code de lois que les capitulaires de leur premier fondateur. Tous ces souvenirs historiques sont encore vivans dans l'Andorre; les montagnards parlent de *Carl le Grand* et de *Led-Wigh le Piou*, comme de rois morts d'hier ; et on peut voir que, dans la fidélité de leurs traditions locales, ils ont conservé, sauf une légère altération (Led-Wigh pour Hlod-Wigh), l'ancienne orthographe des noms de leurs bienfaiteurs. Ne leur parlez pas des autres rois fameux de la France et de l'Espagne ; ils ne les connaissent pas, et le nom de Napoléon est peut-être le seul qu'ils aient retenu parmi cette foule de noms célèbres qui ont retenti autour d'eux.

On conçoit que, dès l'origine, ce petit État, pour résister aux agressions des puissances voisines; là était le danger. On sait comment, par adjonctions successives, se sont formés les plus grands royaumes. L'Andorre avait ainsi à craindre d'être absorbée tôt ou tard par la France ou par l'Espagne; se mettre exclusivement sous la protection de l'une ou de l'autre, c'était se perdre. Les diplomates de la république en miniature trouvèrent un moyen de tourner la difficulté : ce fut de partager en deux parts l'influence qu'ils désiraient accorder à leurs dangereux amis. L'une, l'influence spirituelle, fut donnée à l'Espagne, représentée par l'évêque d'Urgel ; l'autre, l'influence temporelle, fut donnée à la France, représentée dans l'origine par les comtes de Foix. Ces deux influences devaient se combattre et s'annihiler réciproquement, de sorte que ni l'une ni l'autre ne pût devenir tyrannique pour les bons Andorrans.

Le calcul a réussi, et l'équilibre s'est maintenu jusqu'à nos jours. Si d'un côté la république paye la dîme de ses revenus à l'évêque d'Urgel, et en récompense est enseignée, prêchée, catéchisée comme sait instruire et catéchiser le clergé espagnol, de l'autre, la France fournit à l'Andorre un viguier ou prévôt, pris dans le département de l'Ariége, et qui exerce sur tout le territoire de la république certaines attributions judiciaires et militaires; et en récompense, la république a le droit de tirer du département de l'Ariége, c'est-à-dire de la France, toutes les marchandises dont elle peut avoir besoin, sans payer des droits de douane. Quant au gouvernement de l'Andorre en lui-même, il n'appartient pas plus au viguier français qu'à l'évêque espagnol... Il appartient exclusivement à un conseil souverain, qui est composé de douze membres nommés à vie par les six communautés de l'Andorre, et ce conseil se montre trop jaloux de son autorité pour la faire partager à qui que ce soit.

A l'époque où nous nous trouvons, le val d'Andorre, séparé seulement de la France par la chaîne des Pyrénées, n'avait ressenti aucun contre-coup des grands bouleversemens politiques accomplis de l'autre côté des montagnes. C'était à peine si le bruit des changemens de dynasties et des grandes batailles de l'empire était arrivé jusqu'à cette population de pâtres et de laboureurs. Malgré leur attachement aux vieilles idées et aux vieux principes de l'ancienne monarchie française, ils avaient accepté les bienfaits de Napoléon. L'empereur, par un décret de 1807, leur avait rendu leur ancienne constitution, dont l'effet avait été suspendu par la renonciation de la Convention aux droits féodaux de la France sur l'Andorre. Aussi n'ayant rien à craindre du parti triomphant, quel qu'il fût, les heureux Andorrans écoutaient-ils comme un écho lointain et avec une curiosité naïve le récit plus ou moins fidèle qui leur arrivait des événemens européens. Sauf le moment où ils avaient dû prendre les armes (dans la guerre des Pyrénées), ils avaient continué de mener la vie simple et patriarcale de leurs ancêtres, sans ambition, sans crainte et sans regret.

Le hameau qu'avaient aperçu les voyageurs du haut des montagnes était situé sur le bord d'un torrent, dans une situation pittoresque et gracieuse. Il était formé de chalets élégans bâtis en marbre et couverts en ardoises. La neige n'avait pas encore caché le tapis de verdure qui ornait la vallée; mais la brise froide qui s'élève aux approches du soir forçait les bergers à doubler le pas, et ils se hâtaient vers leur foyer en se couvrant de leurs capes blanches. Les aboiemens des chiens, les mugissemens des bestiaux, les sonnettes des béliers, les cornets et les galoubets des pâtres annonçaient le retour de ces bandes qui passaient la journée dans les montagnes et ne revenaient que le soir au hameau. Tous ces bruits divers, entendus à une certaine distance, formaient une sauvage harmonie qui était parfaitement en rapport avec les formes gigantesques des Pyrénées, la mélancolie de la soirée et le caractère majestueux du paysage.

Quelques-unes de ces petites caravanes se dirigeaient vers une habitation plus remarquable que les autres par le nombre et l'étendue de ses dépendances. Cette habitation, bâtie aussi en marbre brut, se composait surtout de granges et d'étables, dominées par un corps de logis plus soigneusement construit et servant de demeure aux propriétaires. Près de l'entrée principale, dans une niche de la muraille, était une petite madone de bois ornée de fleurs champêtres. En passant devant elle, les pâtres ôtaient les sombreros qu'ils portaient par-dessus leurs longs bonnets rouges. Puis tous, depuis le dernier valet jusqu'aux chefs de troupeaux, se rendaient dans la salle commune pour prendre leurs repas sous les yeux du maître et rendre compte de leur journée.

Cette salle occupait presque tout le rez-de-chaussée du bâtiment principal. Elle offrait en ce moment un tableau

NOUV. CHOISIES.

plein de grandeur et de simplicité antique, rappelant les mœurs primitives des peuples pasteurs. Les murs, noircis par la fumée, ne présentaient aucun ornement, sauf quelques grossières images de saints. Les fenêtres, garnies de vitres en corne transparente, ne laissaient plus passer aucun rayon du jour. Aussi quelques chandelles de résine étaient disposées çà et là sur des meubles de forme étrange-mais elles jetaient moins de lumière qu'un sapin qui brûlait presque tout entier dans une immense cheminée, et dont la flamme parfumée montait jusqu'au toit de la maison. Une longue table de chêne occupait le milieu de la salle; elle était pourvue, de chaque côté, de deux bancs de bois sur lesquels avaient déjà pris place bon nombre de convives. Sur cette table étaient servies, dans des assiettes de terre, ces galettes de maïs que les Basques appellent taloas, et qui font la principale nourriture des montagnards; un peu de porc salé, du fromage frais et des cruches de vin dont on vidait le contenu dans de grandes coupes de bois, complétaient le menu de ce frugal repas.

A mesure que la nuit s'assombrissait au dehors, la foule devenait plus nombreuse et plus bruyante. Les pâtres, en arrivant, ôtaient d'abord leurs grosses capes blanches, et se montraient dans ce costume pittoresque dont nous avons déjà donné la description. Puis ils allaient baiser respectueusement la main d'un vieillard à longue barbe blanche qui était assis dans un fauteuil de bois près de la cheminée, et recevaient de sa bouche les éloges ou les reproches qu'ils avaient mérités pour leurs actions de la journée. Ce vieillard parlait d'un air doux et paternel, en langue catalane, soit qu'il dispensât les encouragemens ou le blâme, et on l'écoutait d'un air respectueux. Ce devoir rempli, le nouvel arrivé pouvait aussitôt prendre place sur un billot de bois devant la gigantesque cheminée pour sécher ses spartilles imprégnées de neige, ou réclamer immédiatement sa part au banquet commun, selon que le froid ou la faim était le besoin le plus pressant. En se mettant à table, aucun d'eux n'oubliait, avant de manger, de faire un signe de croix, de baiser le scapulaire suspendu à son cou, et de marmotter quelque chose qui pouvait être un bénédicité.

Le vieillard majestueux à qui tous les assistans témoignaient tant de vénération était Bertren Duba, l'aïeul, le tuteur et presque l'unique parent d'Isidoro. Nous savons déjà qu'il avait plus de cent ans; néanmoins sa taille était à peine voûtée, et il ne semblait souffrir d'aucune des infirmités de la vieillesse. Outre les nombreux troupeaux qu'il possédait et qui formaient une fortune considérable pour le pays, il était le doyen des membres du conseil de l'Andorre, et il avait été pendant longtemps syndic de la république, charge qui, après celles des deux viguiers, est la première de l'État. Mais ce qui donnait surtout une haute importance à Duba et à sa famille, c'est que lui et ses descendans étaient les héritiers d'un antique droit féodal dont voici l'origine, suivant la tradition :

Comme nous l'avons dit, Charlemagne affranchit les Andorrans en récompense des services qu'ils lui rendirent dans la guerre contre les Maures d'Espagne; mais une pareille concession ne se faisait pas alors sans quelques réserves de la part de celui qui l'octroyait. Charlemagne s'était donc réservé la dîme de tous les revenus de l'Andorre, et cette dîme porte encore aujourd'hui le nom de droit carlovingien. Louis le Débonnaire, après une seconde campagne contre les Maures, transporta une partie de ces dîmes à Sisebus, évêque d'Urgel, et à ses successeurs au siége épiscopal, afin de rebâtir et d'entretenir la cathédrale d'Urgel, qui venait d'être détruite par les Sarrasins. Depuis cette époque jusqu'à nos jours, cette partie du droit carlovingien a été exactement payée aux évêques d'Urgel et affectée à l'entretien de la cathédrale, suivant le vœu du fils de Charlemagne. Quant à la seconde partie de ces dîmes, l'empereur en fit l'abandon à un Andorran qui l'avait fidèlement servi dans les guerres contre Waïfer et les héritiers de cet Andorran avaient paisiblement joui de cette redevance depuis plus de neuf cents ans.

5

Or Bertren Duba et son petit-fils Isidoro descendaient directement du valeureux compagnon de Louis le Débonnaire ; le centenaire se trouvait ainsi, comme chef de famille, le seul héritier du droit carlovingien. On comprendra quelle importance devait donner, dans un pays tout féodal comme l'Andorre, malgré ses institutions républicaines, une origine aussi ancienne ; en effet, il n'est peut-être pas de famille princière en Europe qui puisse authentiquement faire remonter ses aïeux aussi haut que celle de ces humbles montagnards.

Sur tout le territoire de l'Andorre, il n'était pas d'homme plus aimé et plus respecté que l'*illustre* Duba, c'est le titre que l'on donne aux syndics de l'Andorre. Les chagrins profonds qu'il avait éprouvés en voyant mourir coup sur coup son fils unique et l'aîné de ses petits-fils, le frère d'Isidoro, avaient ajouté une poésie à celle qui entourait déjà le Nestor de la montagne. La vénération dont il était l'objet provenait donc à la fois de ces quatre causes si sacrées pour tous les hommes : la richesse, l'âge, la noblesse et le malheur.

Ce personnage, malgré le rang éminent qu'il occupait, n'avait rien dans son costume de plus somptueux que le dernier de ses pâtres. Il était vêtu d'une sorte de grande redingote en drap du pays ; seulement des bas de laine et de gros souliers remplaçaient les spartilles et les guêtres en tricot. Ses traits n'avaient pas non plus cette expression de morgue et de supériorité qui distingue habituellement le maître au milieu de ses serviteurs. Sur sa physionomie sereine et bienveillante, quoique brunie par le soleil, on ne voyait qu'une douce et tranquille apathie ; ses lèvres semblaient sourire naturellement, quoique dans les lignes nombreuses et les rides profondes de son visage, on pût reconnaître les traces de la douleur comme celles du temps.

Une jeune et jolie fille, assise à ses pieds sur un billot de bois, filait, tout en babillant avec la vivacité et l'assurance d'une enfant gâtée. Mais, quoiqu'elle donnât déjà au centenaire le nom de *padre*, elle n'était encore que la fiancée d'Isidoro. On n'eût su trouver un plus beau type féminin de la race de ces montagnes. Maria, c'était le nom de cette jeune fille, était blonde, fraîche, élancée, sans que sa taille offrît à l'œil cette exiguité, cette fragilité qui font peine à voir chez les femmes délicates de nos villes. La nature seule s'était chargée de donner à toute sa personne les belles proportions qui constituaient sa beauté, et cependant son costume piquant attestait une simple et innocente coquetterie.

Le vert et le rouge, comme nous l'avons dit, semblent être exclusivement les couleurs nationales des Andorrans ; dans l'habillement des femmes, ainsi que dans celui des hommes, ces deux couleurs doivent être disposées de manière à se trancher et à trancher toujours l'une sur l'autre. La jeune fille assise en ce moment au foyer de Bertren Duba portait sur le sommet de la tête une petite calotte de drap vert excessivement juste, de manière à faire bouffer sa belle chevelure blonde, rejetée en arrière en boucles luxuriantes. Par dessous cette calotte, une coiffe légère en tulle, dont les attaches flottaient gracieusement sur les tempes, encadrait la figure espiègle de la jolie Maria. Un spencer rouge serrait sa taille aussi exactement que le corset d'une femme à la mode. Ce spencer, terminé au coude, de sorte qu'une partie du bras restait nue, s'échancrait carrément sur la poitrine, comme la *matelle* des hommes, et laissait voir la chemise, que fermait une épingle d'or ornée de pierres brillantes. Le jupon vert, très ample, à plis nombreux et serrés, ne dissimulait pas deux jambes fines dont les bas rouges étaient exactement tirés. Dans la ceinture du tablier, également rouge, à grandes raies noires, était passée une magnifique quenouille incrustée de nacre et d'ébène, présent d'Isidoro. Enfin Maria avait pour chaussure d'élégans petits sabots dont la mode est particulière à l'Andorre. Ils étaient délicatement ciselés par un artiste du pays, et se terminaient en pointe démesurée, à peu près comme les souliers à la *poulaine* du moyen âge ;

seulement la pointe était relevée en haut pour ne pas gêner la marche. Sur la partie supérieure de cette chaussure originale, on voyait une plaque d'acier poli, assujettie par un nombre infini de petits clous à tête dorée qui formaient de brillans dessins et chatoyaient au moindre mouvement de la belle Andorrane.

Si bizarre que paraisse ce costume, il est difficile de s'imaginer quel piquant il donnait à la beauté de la pétulante Maria. Aussi le vieillard jetait-il de temps en temps sur elle un regard de complaisance et écoutait-il en souriant les demandes et les réponses que lui faisait la jeune fille avec une volubilité toute française. Une femme âgée, portant sur la tête un de ces voiles blancs qui désignent les veuves dans l'Andorre, filait de l'autre côté de la cheminée et semblait moins indulgente pour ce babillage, qu'elle réprimait de temps en temps par un regard sévère. Alors Maria se taisait, car cette femme était sa mère ; mais un moment après elle regardait le bon Bertren d'un air si suppliant, que le centenaire lui adressait quelques paroles, afin de donner à l'enfant une occasion de lui répondre.

Cependant tous les pâtres étaient rentrés, sauf un que le vieillard cherchait du regard dans la foule. Il demanda d'une voix assez forte encore pour dominer le bruit de cette nombreuse assemblée :

— Quelqu'un de vous sait-il où est Juan le Blond ? Pourquoi ne l'ai-je pas vu encore ?

Un profond silence régna tout à coup dans la salle, et un Andorran, qu'on reconnaissait au sac à sel suspendu sur son épaule pour un chef de troupeau, se leva et répondit avec respect :

— Illustre Duba, Juan le Blond a conduit ses bœufs aujourd'hui à la montagne de Rialp, sur la frontière française ; et l'orage l'aura sans doute attardé.

Le centenaire le remercia d'un signe, et il murmura avec tristesse pendant que le berger se rasseyait pour continuer son repas :

— Oui, oui, le vent a fait rage aujourd'hui dans la montagne ! J'ai vu toute la journée les nuages tourbillonner au dessus du pic du Siguier. Dieu ait pitié de l'âme de ceux qui ont été surpris par la tempête !

En même temps il étouffa un soupir. La jeune fille qui était à ses pieds et qui suivait chacun de ses mouvemens, s'aperçut que le vieillard voulait cacher quelque inquiétude secrète : elle demanda précipitamment :

— Père ! croyez-vous donc qu'Isidoro ait été surpris par la tourmente ?

Le vieillard essaya de sourire.

— Enfant, dit-il en effleurant légèrement du doigt la joue fraîche de Maria, crois-tu qu'Isidoro ne sache pas prévoir la tourmente avant qu'elle arrive et s'en garantir quand elle est venue ? Non, non, ne crains rien pour lui, et cependant cet orage sera cause peut-être qu'il ne reviendra pas ce soir, comme nous l'avions espéré.

Maria reprit son fuseau et se mit à filer en soupirant à son tour.

— Voilà trois jours qu'Isidoro est parti pour la chasse, dit la mère de Maria d'un air grave, et jamais de mon temps un garçon bien amoureux n'eût quitté pendant trois jours sa fiancée pour courir après les chamois et les coqs de bruyère... Que saint Jacques veille sur votre petit-fils, illustre Bertren, mais peut-être veut-il faire injure à ma fille parce que je ne suis qu'une veuve incapable de la défendre ?

Le vieux Duba examina un moment en silence la mère de Maria, comme pour s'assurer si elle exprimait une opinion bien arrêtée ou seulement des soupçons vagues et passagers. La veuve supporta ce regard inquisiteur avec calme.

— Antonia Belsamet, répondit le patriarche d'un ton majestueux, ni Isidoro ni moi ne vous avons donné le droit de nous juger si mal ; et vous eussiez dû réfléchir, comme il convient à une femme de votre âge, avant de prononcer de telles paroles. Avez-vous oublié que notre famille est la plus pure, la plus fidèle au serment qu'il y ait dans toutes les souverainetés de l'Andorre? Avez-vous oublié qu'un Duba, le descendant direct du favori de Ledwig le Pieux, est incapable de manquer à un engagement sacré? Allez, allez, Antonia Belsamet, Isidoro a présenté solennellement et librement l'outre à votre fille, et votre fille l'a acceptée; nos deux enfans sont fiancés, ils s'épouseront, soyez-en sûre... Personne n'a le droit d'en douter quand c'est moi Bertren Duba qui l'affirme.

Il y avait tant d'assurance dans le regard, le geste, le son de voix du centenaire, que toute autre qu'une mère n'eût pas osé répliquer. Mais Antonia Belsamet avait écouté cette affirmation d'un air opiniâtre.

— Je le sais bien, illustre Bertren, reprit-elle, personne plus que vous ne désire ce mariage. Si votre petit-fils est le jeune homme le plus riche et le plus noble de la contrée, ma fille aussi appartient à une famille de consuls, et elle aura une belle dot en troupeaux et en pâturages; les deux familles trouveront donc leur avantage à cette union. Cependant je répète qu'il serait possible de trouver un fiancé plus empressé et plus amoureux de Maria. C'est mépriser ma fille que de l'abandonner ainsi pour aller poursuivre les isards dans le haut pays... Et enfin, si vous voulez savoir toute ma pensée sur votre petit-fils, illustre Duba, je crois qu'il en sait trop pour un montagnard; il est aussi savant qu'un vicaire, et il s'occupe de choses qui ne devraient pas occuper un habitant de l'Andorre. Ce n'est pas ainsi qu'agissaient ses pères; ils vivaient dans nos vallées sans songer à ce qui se passait de l'autre côté des montagnes. Je suis sûre, voyez-vous, continua-t-elle en s'animant, que votre Isidoro, sous prétexte d'aller chasser, aura poussé jusqu'à la frontière pour voir ces Français qu'il aime tant. En vérité on croirait quelquefois, tant il a plaisir à parler leur langue et à suivre leurs usages, qu'il regrette d'être né dans notre beau pays de l'Andorre.

Ces reproches de bonne patriote et de mère jalouse n'étaient peut-être pas sans fondement, car une expression pénible se peignait sur les traits du centenaire en écoutant la veuve. Cependant il reprit aussitôt avec la même autorité qu'auparavant:

— Antonia Belsamet, vous oubliez en parlant ainsi de mon petit-fils le respect dû à mon âge et à mon nom. Qui vous a établie juge entre Isidoro et son pays? Quand il serait plus instruit que ne l'étaient votre père et le mien, est-ce une raison pour qu'il méprise l'Andorre et qu'il en renie les mœurs et les lois? Moi qui vous parle, Antonia, ne suis-je pas allé à Paris pour apporter au grand Napoléon l'éperon d'argent que notre république doit à chaque souverain souverain de la France, et, voyez, suis-je changé pour cela? Nous sommes de la vieille race andorrane, et Isidoro pas plus que moi n'oubliera qu'il est un Duba, l'héritier du droit carlovingien. Je vous répète donc, Antonia Belsamet, que vous ne pouvez sans nous faire outrage douter de nos promesses!... Isidoro épousera votre fille, et il prendra le nom de Duba-Belsamet, parce que Maria est le seul rejeton de sa race, comme Isidoro est le seul de la mienne. Alors, mon petit-fils deviendra, comme homme marié, apte aux fonctions publiques; il sera membre de l'illustrissime conseil souverain, baile, syndic, viguier peut-être de nos souverainetés, et vous verrez à quoi lui serviront ces connaissances que vous lui reprochez. En énumérant ainsi ses plus chères espérances, le centenaire s'était animé et un sourire d'orgueil effleurait ses lèvres. Il reprit après un nouveau silence:

— Pourquoi mon petit-fils, Antonia, refuserait-il d'achever ce mariage? Maria n'est-elle pas la plus belle, la plus sage, la plus riche de toute la contrée? Elle est telle que je l'eusse choisie pour lui s'il n'eût devancé mes vœux. Et donc Isidoro l'a remarquée au milieu de toutes les autres, c'est qu'il désire l'épouser, c'est qu'il l'aime enfin!

— Il ne me l'a jamais dit! s'écria naïvement la jeune fille, qui n'avait pas perdu un mot de cette conservation.

— Eh bien! je vous le dis pour lui, répondit le vieillard en souriant.

— Oh! cela n'est pas la même chose, murmura Maria d'un air de bouderie enfantine.

— Et d'ailleurs, continua Duba en s'adressant à la veuve, savez-vous pourquoi j'ai permis à Isidoro de s'absenter si longtemps sous prétexte d'une chasse au chamois? C'est que j'ai deviné son projet. Il voulait peut-être aller en France...

— Je le pense aussi, interrompit la vieille Belsamet.

— Oui, il voulait aller jusqu'à Vic-d'Essos ou du moins jusqu'à Anzai, pour acheter les ajustemens de noce qu'il destine à sa fiancée.

Le fuseau de Maria roula presque dans les cendres; elle s'écria transportée, en frappant ses mains l'une contre l'autre:

— Cela est-il vrai, père? Isidoro m'apportera-t-il bientôt les belles choses qu'il est allé chercher à Vic-d'Essos?

Pendant que sa mère la grondait à demi-voix en ramassant le fuseau, quelques coups de fusil retentirent dans le lointain. Duba prêta l'oreille avec inquiétude.

— Ce sont sans doute les contrebandiers et les douaniers qui se battent, dit la veuve avec insouciance.

— Le bruit est trop rapproché pour venir des montagnes, répondit rapidement Bertren; écoutez.

Le son d'un cornet se fit entendre, mais si vaguement qu'on pouvait à peine le distinguer du sifflement du vent dans les sapins de la vallée. Cependant les pâtres, qui à l'exemple du maître prêtaient l'oreille aux bruits extérieurs, ne s'y trompèrent pas:

— C'est Juan le Blond qui revient de la montagne, dit l'un d'eux.

Une nouvelle détonation d'armes à feu lui coupa la parole.

— Mais Juan le Blond s'est donc pris de querelle avec les contrebandiers? s'écria le centenaire, qui tenait à la vie du dernier de ses serviteurs autant qu'à la sienne propre; il faut aller à son secours.—Quelques pâtres s'armèrent de carabines; comme ils dépassaient le seuil de la porte, le cornet se fit entendre de nouveau; mais le son était devenu plein et distinct. Évidemment le souffle qui le produisait sortait d'une poitrine plus robuste que la première fois. Le vieillard pâlit.—C'est Isidoro! s'écria-t-il, et il a besoin d'aide! Je ne l'ai jamais entendu sonner ainsi depuis le jour où il vit Pédro tomber dans un précipice de la Pica, en chassant le chamois... Vite, mes amis, courez à son secours!

Quelques Andorrans s'élancèrent dans la campagne avec leurs armes; le péril que semblait courir leur jeune maître leur donnait des ailes. Plusieurs saisirent des branches de sapin enflammées pour servir de torches; puis on les vit courir comme des feux follets, au milieu des ténèbres, dans la direction où le son du cornet et les détonations se faisaient entendre par intervalles.

Bertren Duba attendait à la porte de l'habitation, en compagnie de Maria et de la veuve. Antonia Belsamet filait avec son calme ordinaire; quant à la fiancée d'Isidoro, elle tremblait de frayeur. Tous les trois gardaient le silence. Bientôt un hourra lointain leur apprit que les pâtres avaient rejoint les voyageurs.

— Ils reviennent, dit le vieillard en poussant un soupir longtemps comprimé; et sans doute il n'y a plus de danger pour notre cher Isidoro; rentrons Belsamet, rentrez aussi ma petite Maria... Il ne convient pas que nous allions au-devant de ce cruel enfant, à qui, je le crains bien nous aurons de grands reproches à faire pour sa témérité.

En même temps, ils revinrent dans la salle commune; et pendant que la mère Belsamet ranimait le feu, Maria dit d'une voix suppliante à l'oreille de Duba:

— Je vous en prie, grand-père, illustre Bertren, ne le grondez pas s'il ne lui est arrivé aucun malheur.

Le centenaire allait répondre, quand une troupe nombreuse s'arrêta devant la maison. Au même instant, les pâtres pénétrèrent bruyamment dans la salle, en disant tous à la fois, comme si chacun eût voulu porter le premier une heureuse nouvelle :

— Illustre Duba, voici votre petit-fils Isidoro. Il est en bonne santé et il vous amène des hôtes. Les contrebandiers ne lui ont fait aucun mal.

Le centenaire réprima par un geste ce zèle empressé, se leva et fit quelques pas pour aller au-devant des hôtes qu'on lui annonçait ; la foule qui encombrait la porte s'entr'ouvrit et laissa passer deux hommes, soutenant dans leurs bras un troisième couvert de sang et qui poussait de sourds gémissemens. Quand ce groupe atteignit la partie la plus éclairée de la salle, il ne fut pas difficile de reconnaître des bohémiens.

Les Andorrans qui étaient allés au-devant des voyageurs n'avaient pu encore, au milieu de l'obscurité, apprécier la qualité de ceux qu'ils venaient de secourir ; en voyant leurs traits et leur costume, les assistans poussèrent un cri et reculèrent avec dégoût, en faisant des signes de croix.

— Des gitanos, des gépos damnés ! s'écrièrent-ils.

Maria se rapprocha de sa mère et baisa un scapulaire qui préservait des maléfices. Un sourire amer contractait les lèvres de la rigide Belsamet. Bertren attendait, dans un calme plein de dignité, qu'on lui expliquât tous ces mystères.

Pendant ce temps, Diégo Tête-Noire, que ses camarades avaient déposé sur un banc au milieu de la salle, disait, en langue catalane et d'un ton suppliant :

— Ayez pitié de nous, honorables Andorrans ! nous ne sommes pas des vagabonds comme tant d'autres, nous avons un métier honnête ; nous adorons Jésus-Christ et notre seigneur saint Michel tout comme vous !

Ces lamentations n'empêchaient pas les signes de haine et de mépris, quand deux nouveaux étrangers parurent dans la salle : c'étaient le père Gonthier et Bernard Alric, tous les deux si faibles, si abattus, si engourdis par le froid, qu'ils étaient portés plutôt que soutenus par quatre robustes Andorrans. Ils ne firent pas un signe de politesse, ils ne prononcèrent pas un mot, ils ne jetèrent pas un regard autour d'eux quand ils se trouvèrent en présence de Bertren Duba. Il faut connaître par expérience les terribles effets d'un froid rigoureux pour comprendre l'état de prostration dans lequel ils étaient plongés. On les plaça devant le feu et on les soutenant toujours ; ils restèrent dans la position où on les avait mis.

Un murmure d'étonnement s'était élevé à la vue de ces nouveaux hôtes.

— Des Français, disait-on à demi-voix ; auraient-ils donc traversé les montagnes ?

— Des Français, répéta Belsamet d'un ton railleur à l'oreille du centenaire ; et tenez, l'un d'eux est Ca-Goth ; je le reconnais à ses yeux bleu clair ; j'en ai vu de pareils à Vic-d'Essos. Des Ca-Goths et des bohémiens, voilà ceux que votre petit-fils croit dignes d'être vos hôtes ! il est vrai qu'ils viennent de France !

Un regard sévère interrompit l'impitoyable veuve. Mais Maria, ne pouvait modérer son impatience, regardait toujours du côté de la porte en répétant :

— Isidoro ? où donc est Isidoro ?

— Salut à tous, dit une voix sonore à l'entrée de la salle.

Maria voulut s'élancer au-devant de son fiancé ; mais elle s'arrêta stupéfaite, et le cri de joie qu'elle allait pousser expira sur ses lèvres. C'était, en effet, le jeune Duba qui rentrait, portant dans ses bras Cornélie évanouie. Il était nu-tête, car il avait perdu sa berrette dans le voyage ; son visage paraissait sombre, quoique ses yeux brillassent d'un éclat terrible. Sur son épaule pendait sa carabine récemment déchargée et presque fumante. Cornélie était enveloppée dans sa cape noire, encore couverte de neige ; le capuchon qui retombait en arrière laissait voir sa figure pâle, ses yeux fermés ; on eût dit qu'elle était morte.

Isidoro déposa la jeune fille dans le grand fauteuil que venait de quitter son aïeul, en face du feu ; alors seulement il baisa respectueusement et avec un peu d'embarras la main que lui tendait Bertren.

— Mon fils, lui dit le centenaire d'une voix grave, mais sans colère, tu nous amènes des hôtes ; quels qu'ils soient, ils sont les bienvenus ! Tu me rendras compte tout à l'heure de ton voyage et des événemens qui viennent de se passer ; mais tu te dois d'abord à ces malheureux étrangers. Donne les ordres que tu croiras nécessaires, dispose de la maison comme si tu en étais déjà le seul maître. Quand les jeunes gens agissent avec sagesse, les vieillards doivent savoir se tenir à l'écart.

— Merci, dit Isidoro avec précipitation, car en ce moment une minute de retard peut coûter la vie à plusieurs personnes. Mère Belsamet, ma chère Maria, continua-t-il, en se retournant vers sa fiancée et sa future belle-mère, auxquelles il n'avait encore adressé qu'un signe de tête, je vous confie cette jeune dame... Prenez-en soin comme d'une sœur, Maria ; comme d'une fille, Belsamet... C'est une Française faible et délicate ; elle a été saisie par le froid ; vous savez de quels secours elle a besoin.

— Il faut d'abord la transporter dans un lit, dit Belsamet, qui, bien que la présence inattendue de l'étrangère ne fût pas entièrement de son goût, n'en éprouvait pas moins une certaine pitié pour l'infortunée Cornélie.

— Oh ! qu'elle est belle ! s'écria Maria en examinant l'étrangère avec une admiration naïve.

Isidoro, sans le savoir peut-être, la remercia d'un regard affectueux qui remplit de zèle la bonne Maria.

— Je vais vous aider, dit-il en faisant signe aux deux femmes de le suivre.—Et prenant de nouveau dans ses bras Cornélie, toujours sans mouvement, il l'emporta dans une chambre voisine. — Pedro ! — appela-t-il d'une voix ferme en rentrant dans la grande salle. Un robuste montagnard se présenta. — Pedro, dit Isidoro, prends un cheval, cours à Sicon chercher un médecin, et ramène-le ici sur le champ... quoique nous ayons assez l'habitude de traiter ces indispositions causées par le froid, les secours de l'art pourront venir en aide à notre expérience... Attends, reprit-il en voyant Pedro s'éloigner pour exécuter cet ordre, n'oublie pas ta carabine, et si quelqu'un de ces contrebandiers qui nous ont poursuivis, et qui rôdent sans doute autour de la maison, voulait t'arrêter, envoie-lui une balle... va.

Pedro prit sa cape, son fusil, et sortit. Isidoro parut alors songer à Bernard et à Gonthier, auxquels, de leur côté, les gens de la maison avaient prodigué les soins nécessaires. Des pâtres robustes étaient occupés devant le feu à leur frictionner vigoureusement les membres, pour y rappeler la sensibilité. Ce remède avait déjà produit de bons effets, car les pauvres voyageurs commençaient à donner des signes de connaissance.

— Le lit achèvera de rappeler leurs sens, dit rapidement le jeune Duba ; transportez-les dans une même chambre ; puis vous leur ferez boire une coupe de vin presque bouillant ; cela suffira en attendant le médecin.

Après avoir donné cet ordre, qu'on s'empressa d'exécuter, Isidoro alla coller l'oreille à la porte de la chambre où était Cornélie. N'entendant rien et n'osant pas entrer, il revint tristement vers le foyer. Alors seulement il parut songer aux bohémiens.

A la vérité les gitanos étaient les moins à plaindre de tous. Pendant le désordre, ils avaient fait main-basse sur les restes du souper, et avaient vidé lestement les pots. Le blessé lui-même, malgré ses souffrances, avait pris part à ce banquet furtif, tant le plaisir de manger peut faire oublier à un bohémien la douleur comme la fatigue.

Isidoro haussa les épaules à cet exemple d'insouciance animale, et désignant ces malheureux aux deux ou trois pâtres qui étaient restés dans la salle :

— Laissez-les se rassasier, dit-il à voix basse ; ensuite vous conduirez ceux qui sont bien portans dans la grange ;

quant au blessé, vous lui donnerez le lit de la vacherie ; c'est assez bon pour lui.

Cinq minutes après, les bohémiens disparurent en emportant les reliefs qu'ils n'avaient pu dévorer et que personne n'eût voulu toucher après eux.

Pendant qu'Isidoro Duba pourvoyait ainsi à toutes les nécessités du moment, le centenaire était resté tranquillement assis sur un banc, les bras croisés sur sa poitrine, suivant des yeux chaque mouvement de son petit-fils. Lorsqu'il se vit seul avec lui, il lui fit signe d'approcher.

— Et maintenant, Isidoro, que vous avez rempli les devoirs de l'hospitalité, dit-il d'une voix sévère, venez rendre compte à votre aïeul de vos actions depuis deux jours... Puissiez-vous, mon fils, ne mériter que des éloges !

Isidoro resta debout et tremblant comme un coupable devant le juge. Il jeta un long regard autour de lui pour chercher un moyen de retarder cette explication ; mais la salle était déserte. Tous ceux qui la remplissaient un moment auparavant étaient occupés à exécuter les différentes missions qui leur avaient été données. Forcé d'obéir à l'autorité patriarcale du centenaire, le jeune montagnard commença donc son récit, non sans éprouver de fréquentes distractions chaque fois qu'un bruit vague s'élevait de la pièce voisine.

Il raconta brièvement comment, après deux jours de chasse dans les Pyrénées, il allait revenir en Andorre, lorsqu'il avait rencontré des voyageurs, surpris comme lui par la tourmente ; il expliqua par quelle impérieuse nécessité il avait été forcé de leur servir de guide, et il exposa enfin l'événement cause de la querelle avec les contrebandiers.

— Après avoir donné cette leçon à ce bandit de Michaël Moro, dit-il en terminant, nous avons continué notre route. Mais les contrebandiers de la bande de Michaël nous avaient vus du haut des montagnes, et ils se sont mis à notre poursuite. Ils nous ont atteints à l'entrée de la vallée et ont fait feu sur nous. Heureusement il était nuit, et ils tiraient presque au hasard ; j'ai riposté cependant, mais seul, car les voyageurs, engourdis par le froid, ne pouvaient faire usage de leurs armes. J'ai réussi à tromper les contrebandiers, en appelant de mon côté tous leurs coups, que je savais éviter ; pendant ce temps, la troupe continuait son chemin sous la conduite de Juan, que j'avais rencontré. Enfin j'ai pu faire entendre le son de mon cornet, et je vous remercie, grand-père, d'avoir envoyé du secours : ces pauvres Français en avaient besoin.

Bertren Duba écouta ce récit avec une profonde attention, sans quitter son attitude méditative.

— Isidoro, demanda-t-il d'un air de regret, tu n'es donc pas allé à Vic-d'Essos ?

— Qu'eussé-je fait à Vic-d'Essos, grand-père ? vous ne m'aviez chargé d'aucune commission pour cette ville.

Bertren baissa la tête d'un air chagrin, puis il reprit avec une gravité mélancolique :

— Tu as parlé avec modestie, Isidoro, et cependant, je le devine, tu t'es exposé pour ces étrangers plus que ne l'ordonnaient la prudence et l'humanité. Je suis bien fâché aussi que tu te sois fait une dangereuse querelle avec les *commerçans de la montagne*, pour un misérable chien de gitano pris en flagrant délit de vol...

— Grand-père, reprit Isidoro d'un ton respectueux et ferme, peut-être ai-je mal compris vos conseils ; mais ne m'avez-vous pas dit bien des fois qu'on devait protection à un homme faible et renversé ? Pouvais-je laisser massacrer sous mes yeux ce pauvre misérable, tout bohémien et tout voleur qu'il soit ? D'ailleurs je l'avais pris sous ma protection comme les autres voyageurs ; il était déjà l'hôte de l'Andorre et le mien, on ne pouvait, sans m'insulter moi-même, toucher à un seul cheveu de sa tête. Si l'on avait des plaintes à élever contre lui, c'était à moi qu'il fallait les porter, et j'aurais vu si je ne devais pas châtier ce pillard gitano... Grand-père, me blâmerez-vous d'avoir fait respecter l'hospitalité de l'Andorre, même en faveur d'un païen ?

Isidoro s'était animé ; il parlait avec l'assurance d'un homme convaincu qui croit pourtant devoir s'en référer à un homme plus âgé et plus expérimenté que lui. Bertren observait en souriant ce juvénile et chevaleresque enthousiasme.

— Bien, bien, mon fils, dit-il avec orgueil ; j'aurais voulu que Belsamet, qui tout à l'heure t'accusait d'indifférence pour ton pays, eût pu t'entendre parler ainsi ! S'il est du devoir des vieillards de prescrire la prudence aux jeunes gens, il est beau quelquefois aux jeunes gens d'oublier les conseils des vieillards pour remplir un devoir d'humanité. Oui, tu es un digne descendant du loyal et courageux Duba, l'ami et le compagnon de l'empereur saint Ledwig, qu'il prie Dieu pour nous ! Je n'ose plus te blâmer ; demain, je m'occuperai de cette affaire, et je tâcherai d'en prévenir les suites fâcheuses. Il faut songer, Isidoro, que ces contrebandiers sont inattaquables dans leurs rochers, et que si nous nous mettions en guerre contre eux, ils pourraient nous malmener cruellement.

Il y eut une pause ; Isidoro voulut en profiter pour courir s'informer des nouvelles de la jeune malade, le centenaire le retint.

— Un mot encore, mon fils ; tu ne m'as pas dit qui étaient ces voyageurs.

Or, c'était là le point sur lequel Isidoro prévoyait une réprimande de la part de son aïeul. Un pénible embarras se peignit sur ses traits.

— Grand-père, répondit-il, quand je les ai rencontrés ils étaient en danger de périr, et ils se rendaient à notre vallée. Si je ne leur avais pas servi de guide, ils se fussent sans doute égarés dans la montagne, et ils y fussent morts de froid et de faim, ou bien ils eussent été dévalisés par les bohémiens, qui leur avaient tendu un piège... Pardonnez-moi, grand-père, si en pareille circonstance je n'ai pas refusé de les conduire jusqu'ici, bien qu'ils n'eussent pas rempli les formalités exigées par nos lois.

Comme on le voit, Isidoro évitait même de faire soupçonner la part qu'a eue Cornélie dans sa détermination. Mais déjà le patriotisme de Bertren s'était alarmé :

— Ainsi donc, dit-il d'un ton de reproche, c'est sciemment que tu as amené ces étrangers dans l'Andorre, quoiqu'ils ne soient pas munis de l'autorisation ordinaire ! mon fils, tu connais donc la nécessité de violer les droits de l'hospitalité et les renvoyant de notre vallée.

— Quoi ! mon père, reprit Duba chaleureusement, auriez-vous ce triste courage ? Où peuvent-ils aller si l'Andorre ne les accueille pas en amis ? Il serait dangereux pour eux de se rendre en Espagne dans un moment comme celui-ci, où l'on est encore exaspéré contre leur nation : d'un autre côté, il leur serait presque impossible de retourner en France ; le chemin qu'ils ont suivi aujourd'hui ne sera pas praticable demain. D'ailleurs, grand-père, continua-t-il avec un élan de courage, s'il faut le dire, le vieillard que vous avez vu ce soir s'est échappé de France pour sauver sa vie. C'est ce que l'on appelle, de l'autre côté des montagnes, un réfugié politique ; et eût-il la pensée de rentrer dans sa patrie, malgré les dangers auxquels il s'exposerait, sa fille, cette pauvre jeune dame qui a tant souffert, et le Ca-Goth qui l'accompagne ne le souffriraient pas l'un et l'autre... J'ose donc, grand-père, vous supplier, vous, qui avez tant de crédit dans l'illustrissime conseil souverain, d'adoucir en faveur de ces pauvres Français les sévères ordonnances de l'ancien temps.

Tout ce qui restait de sang chaud dans les veines de Bertren Duba refina vers le visage. Le vieillard se redressa, et jetant un regard foudroyant sur son petit-fils, il lui dit d'une voix imposante :

— Et c'est pour un ennemi de la France, notre protectrice, c'est pour un coupable qui peut attirer sur nous la colère d'un puissant voisin, qu'il nous faudra enfreindre les lois constitutives de notre souveraineté ? Qui es-tu, toi, jeune homme, pour oser faire une pareille proposition à un ancien syndic de l'Andorre, à un héritier avant toi du droit carlovingien, à un vieillard qui a cent ans passés ?

Parce que tu es mon petit-fils selon la chair, et que je t'aime comme le seul rejeton de la race des Duba, crois-tu donc que mon affection pour toi me fasse oublier mes devoirs envers ma patrie ? Isidoro, tu connais la loi instituée par nos ancêtres : un étranger ne peut séjourner chez nous sans une permission de l'illustre viguier français. Si ceux que tu as introduits dans ma demeure ne sont pas pourvus de cette permission, je dois les congédier.

— Mais, grand-père, s'écria le jeune homme avec impétuosité, ce que vous voulez faire est contraire aux usages reçus dans tous les pays à l'égard des proscrits !

— Et pourquoi sais-tu, Isidoro Duba, répondit le centenaire avec amertume, qu'il existe d'autres pays que l'Andorre, d'autres lois que les lois du grand Carl et de saint Ledwig ? Écoute-moi, jeune homme, et retiens bien mes paroles : nous sommes des Duba, de la famille la plus ancienne et la plus illustre de l'Andorre ; nous devons donner l'exemple de l'attachement et du respect aux institutions de la république. Que deviendraient nos mœurs, nos antiques usages, si ceux qui sont chargés de les conserver étaient les premiers à les enfreindre ?... Enfin je réfléchirai d'ici à demain au parti que je dois prendre, et, s'il le faut, je déférerai le cas à l'illustrissime conseil souverain et à l'illustre viguier andorran. En attendant, voici ce que je puis déjà te dire : si ces voyageurs avaient rempli les formalités voulues, loin de le blâmer de les avoir protégés, je serais le premier à les défendre contre tout nouveau danger ; mes biens, ma maison, mes serviteurs, ta vie et la mienne leur appartiendraient, parce qu'ils seraient mes hôtes et mes amis... Mais du moment qu'ils ne se sont pas soumis aux exigences de notre gouvernement, nous devons songer seulement aux embarras dont leur présence peut être la cause.

Sans doute Isidoro n'était pas convaincu par les argumens de cet inflexible et soupçonneux vieillard, qui voyait dans le moindre événement un motif de craindre pour l'existence politique de son pays ; mais Bertren Duba se trouvait dans un tel état d'irritation qu'il eût été cruel à son petit-fils, habitué à le respecter comme une divinité, d'insister davantage. D'ailleurs le centenaire, malgré ses principes rigides, hésiterait certainement avant d'exécuter sa cruelle résolution envers les proscrits, et, en attendant une décision définitive à leur égard, Isidoro comptait tirer parti de toutes les circonstances favorables qui pourraient survenir. Aussi se contenta-t-il de dire avec soumission que, s'il avait eu des torts, il en demandait pardon à son aïeul ; qu'il s'en rapportait entièrement à sa prudence et à sa sagesse pour concilier les devoirs de l'humanité avec les intérêts de la communauté de l'Andorre.

Cette soumission n'effaça pas les nuages accumulés sur le front du patriarche ; cependant il répondit d'un ton radouci :

— Tu as raison, Isidoro; rapporte-t'en à mon expérience pour réparer ta faute. Tu sais que dans ma longue carrière je n'ai jamais été ni injuste ni impitoyable... D'ailleurs je me suis peut-être exagéré le danger ; ces étrangers sont peut-être inoffensifs. Je les verrai ; je les interrogerai moi-même, et je rendrai juges les anciens du pays de ce que nous devons faire.

Isidoro s'inclina ; libre enfin d'obéir à ses sentimens secrets, il allait se rapprocher de la chambre de Cornélie, pour glaner quelque nouvelle de la malade, quand la porte s'ouvrit, et l'espiègle Maria, tenant à la main ses petits sabots, pour ne pas faire de bruit, entra dans la salle.

— Eh bien, Maria, ma chère Maria ! demanda-t-il avec vivacité, comment va cette pauvre dame ?

— Elle a enfin repris ses sens, répondit la jeune Andorrane, mais un moment nous avons désespéré de lui voir rouvrir les yeux... Pauvre Française ! si vous voyez comme elle est jolie ! et quels beaux habits elle porte ! des dentelles comme on n'en a jamais vu dans l'Andorre.

— Enfin, elle est mieux ?

— Oui, mais elle a une fièvre violente. Je n'ai pas pu comprendre ce qu'elle disait, car elle parlait français ; cependant il m'a semblé qu'elle prononçait souvent votre nom, Isidoro.

— Mon nom ! répéta le jeune Duba, dont les yeux s'enflammèrent.

— Cela n'est pas étonnant, dit tranquillement le vieux Bertren ; cette jeune fille et ses compagnons ont contracté aujourd'hui assez d'obligations envers mon petit-fils pour qu'ils prononcent son nom dans leurs rêves.

— Et vous, vous lui donnez tous vos soins, Maria ? reprit Isidoro avec une joie fébrile en regardant sa fiancée ; vous la traitez, suivant ma recommandation, comme votre amie, comme votre sœur, n'est-ce pas ?

— Oh ! je sens que je l'aime déjà, dit la naïve Maria ; aussi, comme il faudra que l'on reste toute la nuit près d'elle, j'ai obtenu de ma mère la permission de veiller la Française avec la servante Dea... et je suis venue, ajouta-t-elle en se tournant vers le vieux Duba, d'un air de cajolerie, demander à l'illustre Bertren qu'il m'accorde cette grâce...

Cette fois Isidoro ne put plus contenir les transports de sa reconnaissance.

— Maria, dit-il d'une voix tremblante d'émotion, vous êtes la meilleure créature du monde ; et votre bon cœur me fait souvenir qu'au milieu du désordre de mon arrivée, j'ai oublié de vous embrasser...

Avant que la charmante enfant eût pu s'en défendre, il la prit dans ses bras et déposa sur sa joue fraîche un baiser rapide. Maria, rouge de pudeur et de plaisir, se réfugia près du centenaire, qui souriait à l'impétuosité de son petit-fils. Mais en ce moment Antonia Belsamet, qui était entrée sans qu'on s'en aperçût, posa la main sur le bras d'Isidoro.

— Vous n'oubliez pas, Isidoro Duba, dit-elle froidement, que dans nos montagnes un homme ne donne de pareils baisers qu'à celle qui doit être sa femme ?

L'Andorran la regarda d'un air distrait ; mais Bertren se leva vivement, et, prenant son petit-fils par la main, il dit d'une voix ferme :

— Écoutez, Antonia Belsamet, ce que vous venez de voir devrait mettre fin à vos injurieux soupçons. Aujourd'hui vous avez douté de la bonne foi de mon petit-fils Isidoro, et je ne pouvais répondre comme je vais le faire maintenant. Ces jeunes gens sont fiancés depuis longtemps, et comme nous sommes d'accord sur toutes les conditions du mariage, aucun retard n'est plus nécessaire... Enfans, dans cinq jours, à partir d'aujourd'hui, le jour de la Saint-Martin, vous serez mariés !

— Cinq jours ! répétèrent les fiancés avec des intonations de voix différentes.

— Vous l'entendez, vous autres, dit le centenaire en s'adressant aux pâtres qui étaient rentrés depuis quelques instans dans la salle : le jour de la Saint-Martin auront lieu les noces d'Isidoro et de Maria... Faites vos préparatifs, car je veux que les fêtes soient si brillantes qu'on n'en ait jamais vu de pareilles dans l'Andorre.

Des applaudissemens et des bénédictions accueillirent cette nouvelle ; mais Isidoro resta pétrifié, sans donner un signe de joie.

IV

LE MIQUELET.

Le surlendemain de l'arrivée des voyageurs chez Bertren Duba, le centenaire, dans une vaste chambre meublée à l'antique, examinait une dépêche qu'on venait d'apporter de la ville d'Andorre. Soit que la vue du patriarche commençât à décliner, soit que le digne homme, dans sa vie champêtre, n'eût plus souvent l'occasion de lire des dépêches et éprouvât par suite quelque difficulté à rapprocher le signe de la chose signifiée, toujours est-il que, depuis un quart d'heure, il tournait la feuille de papier entre ses mains, et qu'il semblait être dans un mortel embarras.

La maison, déserte et silencieuse à cette heure de la journée, retentit tout à coup d'imprécations en langue catalane et de cris de terreur. Comme un écolier enchanté de trouver une occasion d'interrompre son travail, Bertren se leva rapidement et s'approcha d'une fenêtre qui avait la forme d'une croix latine ; mais avant qu'il eût pu demander la cause de ce bruit, Pedro, qui remplissait dans l'habitation les fonctions de majordome, entra tout essoufflé, le teint cramoisi.

— Eh bien ! Pedro, d'où vient ce vacarme ? On oublie donc que nous avons des malades ici ?

— Ma foi ! illustre Bertren, il n'est pas facile de faire entendre raison à ce brutal de Michaël Moro, le contrebandier. Il vient d'arriver en disant que vous aviez à lui parler, et, comme nous traversions la cour, il a aperçu un des bohémiens qui se chauffait au soleil... Alors il s'est mis à jurer de manière à faire abîmer la maison, et si le gitano ne s'était enfui à toutes jambes, je crois, Dieu me pardonne ! que Michaël l'eût tué avec ses pistolets. J'ai eu toutes les peines du monde à le retenir, et la querelle de l'autre jour a failli recommencer !

— Ah ! c'est ce ratero de Michaël ! dit Bertren avec dégoût ; j'aurais dû le reconnaître à la manière dont il blasphémait Dieu et les saints ! Pourquoi sommes-nous obligés de ménager de pareils misérables ? Ces miquelets et ces contrebandiers font le désespoir du gouvernement de l'Andorre. Mais patience !... Je ne veux pas de querelles, Pedro, continua-t-il ; on a promis à cet homme qu'il ne serait pas inquiété s'il venait me trouver ici, et je n'entends pas qu'on le maltraite.

— Illustre maître, vous êtes trop bon, avec ces pillards de la montagne, dit le pâtre d'un air mécontent, et si les Andorrans voulaient me croire, ils en finiraient avec ces bandits qui infestent notre frontière...

— Ils ont certaines raisons pour n'en rien faire, Pedro ; mais laissons cela ; le drôle pourrait l'entendre. Est-il venu seul ?

— Il est accompagné de deux chenapans armés jusqu'aux dents, comme s'il devait combattre une brigade entière de douaniers, et tous les trois ont bien la plus mauvaise mine !

— Malgré leur mauvaise mine, Pedro, tu vas aller dire à Michaël de monter ici, et tu resteras avec ses deux compagnons à boire une cruche ou deux de vin de Catalogne.

— Moi ! maître, boire en compagnie de pareils vauriens, per Christo !

— Je vais bien boire avec leur chef, moi, dit le centenaire en souriant : on ne peut venir à bout de ces gens-là sans les enivrer ou à peu près ; tu me monteras une cruche et deux coupes... mais, encore une fois, pas de querelles, car je te préviens, Pedro, que je m'en prendrais à toi s'il arrivait quelque malheur. Surtout, veille à ce qu'Isidoro ne puisse les rencontrer ici. Où est mon petit-fils ?

— Dans la chambre des voyageurs, comme toujours ; il ne la quitte pas.

— C'est bien ; profitons du moment, car Isidoro pourrait se montrer, et ma négociation deviendrait alors impossible ; va !

Pedro sortit et revint bientôt, portant la cruche de vin et les coupes qu'on lui avait demandées Bertren ; il était suivi du farouche Michaël Moro, ou Michel le Maure, le contrebandier qu'Isidoro avait blessé deux jours auparavant.

Comme nous l'avons dit déjà, cet homme avait un extérieur repoussant ; son visage bronzé était couvert de cicatrices, que Michaël n'avait pas gagnées à la guerre, mais dans des querelles de cabaret ou dans ses luttes contre les douaniers. Ses yeux enfoncés exprimaient à la fois l'orgueil, la méchanceté et l'avarice. Il était coiffé d'un bonnet rouge à la catalane, et son costume n'offrait pas en ce moment le mélange de couleurs vives, les quincailleries brillantes, les chapelets et les scapulaires qu'aiment tant les montagnards espagnols. Sa culotte de basane, sans jarretière, laissait voir ses jambes noires et musculeuses, mal recouvertes par des guêtres de cuir et des espartenyas. Il n'avait ni veste ni matelle, mais une cape blanche était roulée en bandoulière par-dessus sa chemise de toile rousse. Quoique sa main blessée fût enveloppée de linges sanglans, il tenait de l'autre main sa carabine rayée ; deux pistolets dont les crosses sortaient de sa ceinture rouge prouvaient qu'en cas d'alerte il se croyait encore capable de faire résistance.

Ce personnage appartenait à cette race nomade, moitié espagnole, moitié française, et par cela même échappant aux juridictions des deux pays, qui s'était propagée, à la faveur des guerres internationales, dans les Pyrénées. Elle habitait les régions les plus inaccessibles de ces montagnes, également redoutable à ses amis et à ses ennemis, vivant de contrebande, et, par occasion, de vol. Michaël avait fait partie de ces bandes indisciplinées de miquelets qui furent presque entièrement exterminées par les Français à la bataille de la Montagne-Noire en 1793, et depuis cette époque, il était renommé pour son insolence et son audace. Cependant, soit respect, soit défiance, soit peut-être embarras de savoir comment il devait se conduire en présence d'un personnage aussi éminent que l'ancien syndic de l'Andorre, il restait immobile près de la porte, après avoir adressé à Bertren un salut silencieux. Le centenaire crut deviner sa pensée :

— Approche, Michaël Moro, dit-il avec un geste presque amical, approche et ne crains rien. Je t'ai promis une bonne réception, pour toi et pour ceux qui t'accompagnent ; j'espère que tu ne te défies pas de moi... tu es mon hôte !

En même temps Duba désignait un siége, à côté d'une table de sapin sur laquelle Pedro venait de disposer les coupes et le vin. Michaël regarda sortir Pedro, et s'approcha lentement de la table en prononçant d'une voix rauque quelques mots indistincts qui formaient peut-être tout son vocabulaire de politesse. Il s'assit en face du vieux Duba ; mais sans doute ses soupçons ne l'avaient pas entièrement quitté, car il posa sa carabine en travers sur ses genoux, et la maintint avec sa main non blessée, comme pour ne pas être pris à l'improviste.

Le centenaire remarqua ce signe de défiance, et son visage s'empourpra de colère.

— Comment, misérable ! s'écria-t-il, tu oses douter de la parole d'un Duba ? Je te fais venir dans ma maison, je te fais asseoir à ma table, je t'appelle mon hôte, et tu te crois encore en droit de suspecter mes intentions !... Dépose ta carabine, te dis-je, ou je saurai bien te punir de ton insolence !

Avec une autorité singulière, il arracha la carabine au miquelet, et la déposa contre la muraille. Moro se redressa brusquement et sembla vouloir reprendre de force son arme fidèle ; mais la contenance ferme, le regard magnétique de Bertren l'arrêtèrent. Il hésita une seconde ; puis, dominé par un ascendant irrésistible, il se rassit en murmurant :

— C'est vrai, j'ai tort.

— Voyons, Michaël Moro, dit le centenaire en reprenant sa place et en remplissant les coupes, je nous cherchons pas, puisque je t'ai fait venir justement pour arranger la querelle de ces jours passés.

— Je m'en souviens, répondit le bandit en vidant sa coupe et en montrant sa main blessée. J'ai juré de me venger !

— Allons donc ! tu ne peux avoir l'intention de donner une suite sérieuse à cette affaire... tu ne serais pas si fou.

— Michaël fit une grimace significative et avala la seconde coupe de vin. — Écoute, Michaël Moro, dit Bertren avec véhémence, ta réputation est mauvaise, bien que, en dehors de ton commerce et de tes batailles avec les douaniers, tu n'aies pas encore donné prise sur toi. Or, sache-le bien : si l'illustrissime conseil souffre que des contrebandiers et des miquelets tels que toi vivent sur nos frontières, sa tolérance ne saurait aller bien loin. On peut excuser une querelle fortuite comme celle de l'autre jour ; bien que le sang ait coulé, il y avait des torts des deux côtés. Mais si l'un de vous osait se rendre coupable désormais d'une agression préméditée contre un habitant de l'Andorre, nous avons des carabines comme vous, et nous en avons plus que vous. D'ailleurs, la guerre entre la France et l'Espagne est maintenant finie, et on va sans doute songer à la police des frontières. Bientôt peut-être tu auras besoin de protecteur, et tu dois songer à te faire des amis. — Le miquelet pouvait répondre que si réellement la petite république avait eu la faculté d'empêcher certains désordres, elle n'y eût pas manqué depuis longtemps, et que s'il eût existé d'autres moyens de mettre les contrebandiers à la raison, Bertren Duba, personnage important de l'Andorre, au lieu de le recevoir, lui Michaël Moro, à sa table, l'eût certainement traité avec moins de ménagement. Mais le taciturne contrebandier se contenta de hausser les épaules en écoutant les menaces du vieux patriote andorran, qui feignit de ne pas s'en apercevoir.

— Ne crois pas au moins, poursuivit Bertren d'un air dégagé, que mon petit-fils te craigne, malgré tes prouesses contre les douaniers. Isidoro n'a peur de personne ; lorsqu'il va chasser les isards dans la montagne, il ne reculerait pas plus devant les miquelets que devant les loups et des ours, pourvu qu'on l'attaquât en face, et je te crois trop brave, Michaël, pour l'attaquer autrement. Or, tout le pays connaît son adresse à la carabine ; s'il eût visé ta tête comme il a visé ta main, tu ne serais pas en ce moment à causer tranquillement avec moi. Mais il n'a pas voulu te tuer, vois-tu, quoique tu aies mérité la mort en tirant sur un homme qui, m'a-t-on dit, avait déjà touché le territoire de l'Andorre.

— Votre petit-fils m'a fait une injure, et je la lui revaudrai tôt ou tard, dit le contrebandier d'une voix sombre.

— Une injure ! une injure ! reprit le vieillard en s'agitant avec impatience, voilà comment vous êtes, vous autres ; vous voyez des injures partout, afin d'avoir l'occasion de vous en venger ! Mais s'il y a injure, c'est bien réellement toi qui en es l'auteur, Michaël, car tu as attaqué une personne qui se trouvait sous la protection de mon fils. D'ailleurs, on a brûlé assez de poudre pour cette prétendue injure, et je t'ai mandé, Michaël Moro, afin de te dire que je ne veux pas, entends-tu, je ne veux pas que cette affaire aille plus loin. A la suite de cette querelle on a échangé des balles ; c'est assez pour l'honneur. Maintenant, si l'un des partis attaquait l'autre, le cas deviendrait grave, et l'illustre viguier ou les honorables bailes devraient s'en mêler. Moi-même, je dépêcherais mes chasseurs à tes trousses, et on t'aurait bien vite atteint dans la grotte du Rialp. Or, où irais-tu, Michaël Moro, toi et tes gens, si on vous débusquait de vos montagnes ?

— Il faudrait donc que je gardasse la blessure et l'outrage ? dit le miquelet de sa voix rauque ; il faudrait donc que j'eusse perdu mon temps à guérir ma main, sans faire payer à personne le tort que me cause dans mon commerce cette maudite blessure ?

— Ah ! si nous parlons d'intérêt, brave Michaël Moro, nous pourrons nous entendre. Je dis qu'il n'y a pas injure, remarque bien ; mais je ne dis pas que cette blessure ne t'ait pas causé quelque dommage... Je suis donc tout prêt à te compenser les pertes dont tu te plains, afin de ne te laisser aucun prétexte de querelle avec Isidoro. Ainsi fixe toi-même l'indemnité que tu réclames.

Les yeux du contrebandier pétillèrent d'avarice et de joie ; le centenaire avait bien compris le caractère de ce misérable ; l'intérêt étouffait tout autre sentiment. Michaël dit, après un moment de réflexion :

— Soit ; j'oublierai tout, mais vous me donnerez cent francs, argent de France, c'est le meilleur.

— Cent francs ! s'écria Bertren, nous autres bergers et laboureurs avons-nous de l'argent comme un marchand de Ségovie ? Cinquante francs et cent livres de laine, es-tu content ?

— Ajoutez du moins un mulet.

— Rien.

— Allons, soit.

— Mais tu me jures par ton père et ta mère, par le Christ et la Vierge, que tu ne chercheras jamais à te venger sur mon petit-fils Isidoro Duba de l'affaire du pic du Siguier ?

— Je le jure par mon père et ma mère, par le Christ et la Vierge ! dit Michaël en levant la main.

— Et par saint Michel ton patron ? ajouta le centenaire. Le contrebandier hésita ; il avait sans doute quelque arrière-pensée, et le second serment lui semblait trop solennel pour qu'il osât le prononcer en sûreté de conscience.

— Jure par saint Michel, ou tout est rompu, dit Bertren avec fermeté.

Michaël obéit enfin ; puis il continua d'un air mécontent :

— C'est bien peu de chose, illustre Duba, pour une main percée de part en part ! Heureusement les voyageurs de France ne sont pas compris dans le marché, et, s'ils repassent jamais dans nos parages... Hum ! depuis l'affaire de la Montagne-Noire je n'aime pas les Français.

— Non pas, non pas ! s'écria le vieux Duba ; ces étrangers sont mes hôtes, et je ne dois pas souffrir que personne, à ma connaissance, nourrisse contre eux de mauvais desseins !... — Le contrebandier fit un signe négatif et résolu. — Allons, je vois bien qu'il faut encore t'abandonner le mulet ! mais puisses-tu te casser le cou la première fois que tu voudras l'enfourcher !

Michaël reçut cette insulte avec un calme stoïque, et se leva tranquillement.

— Ainsi donc, maître, tout est convenu, et je ne puis plus me venger que sur ces coquins de gitanos.

— Oh ! pour le coup, dit le vieillard poussé à bout, tu n'obtiendras rien pour les gitanos ; les gitanos sont des païens maudits qui n'ont pas de valeur ; ils doivent passer par-dessus le marché.

— Ils sont pourtant aussi vos hôtes... Mais soit. Ils payeront pour tous ; je leur apprendrai à piller les marchandises !

— Eh bien ! tu auras deux brebis pour les gitanos ; mais ne me demande plus rien, car je jure... — Le vieillard se mordit les lèvres et reprit d'un ton radouci : — Tu le vois, je suis généreux ; désormais tiens-toi tranquille, et ne viens pas reparler de cette main de malheur, car elle est payée dix fois plus qu'elle n'a jamais valu. Ainsi je puis compter que cette affaire est à jamais finie ?

— Je l'ai juré. Mais vous, illustre syndic, quand me donnerez-vous ce que vous m'avez promis ?

— Ecoute : les troupeaux sont aux champs, la laine n'est pas pesée et l'argent n'est pas dans mon coffre... Mais reviens le jour de la Saint-Martin, pour le mariage d'Isidoro. Je t'invite à la noce, toi et ta bande ; tous les habitans de la vallée s'y trouveront, et tu achèveras d'oublier, en buvant mon vin, la fâcheuse querelle de l'autre jour. Avant de partir, tu réclameras ton dû, et j'y ajouterai quelque chose plutôt que de ne pas te renvoyer content... Tu sais ce que vaut ma parole ?

— Oui, oui, maître ; je ne suis pas inquiet. Nous reviendrons à la Saint-Martin. — Au moment de sortir, il se plaça fièrement devant le centenaire et lui dit d'un ton moitié ironique, moitié menaçant : — Eh bien ! illustre Duba ! maintenant que tout est fini, je puis bien vous dire que vous avez fait un bon marché.

— Et pourquoi cela ?

— Parce que la vie de votre petit-fils vaut plus que votre argent, votre laine et vos mulets. J'avais le projet, aussitôt que ma main sera guérie, d'attendre votre Isidoro dans les montagnes et de lui envoyer une balle qu'il n'aurait pas vue venir... Ce sera donc pour une autre occasion.

Il fit entendre un rire guttural, et, après avoir salué gauchement, il sortit de la chambre sans attendre de réponse.

Le vieillard, demeuré seul, hocha la tête d'un air pensif.

— Oui, oui, j'ai bien fait ! murmurait-il ; ce misérable eût certainement assassiné mon Isidoro.

Isidoro, non moins agité, mais par d'autres idées, entra brusquement dans la chambre. A sa vue, Bertren craignit que le jeune Andorran n'eût rencontré Michaël Moro et rendu inutile la négociation qu'il venait de mener à bien.

— D'où viens-tu ? demanda-t-il précipitamment.

— Je viens de la chambre de la jeune dame, où les pauvres Français sont réunis ; ils se désolent, car ils savent que, d'un moment à l'autre, on peut les chasser d'un pays où ils avaient espéré trouver repos et sécurité.

Bertren respira ; ses craintes n'étaient pas fondées.

— J'ai remarqué, dit-il malicieusement... que depuis l'arrivée de ces étrangers tu sembles occupé d'eux seuls ; hier tu as passé la journée à leur porte, et maintenant que la jeune dame se trouve un peu mieux, tu ne laisses échapper aucune occasion d'entrer près d'elle pour t'informer de sa santé.

— Isidoro rougit et détourna la tête. — Mais je connais la cause de cette assiduité, reprit le centenaire ; Maria est toujours à côté de l'étrangère, et tu profites de l'occasion... Courage, mon garçon, tu n'as plus que trois jours à attendre ! En vérité, Maria est aussi impatiente que toi, et Belsamet et moi nous sommes aussi impatiens que vous deux.

Et le vieillard se frottait les mains avec gaieté.

— Grand-père, demanda Isidoro, ne venez-vous pas de recevoir la réponse à la lettre que j'ai écrite pour vous au viguier français à Andorre ?

— L'illustre viguier français est en ce moment à Pamiers, dans l'Ariége ; mais l'illustrissime conseil s'est assemblé, et on a répondu à cette lettre...

— Eh bien ! grand-père, dit vivement Isidoro, quelle est la décision du conseil souverain ? Ces étrangers resteront-ils ici ?

Bertren fit un signe qui n'était ni une négation ni une affirmation.

— Vois toi-même, dit-il en présentant la lettre à son petit-fils, et juge de ce que je dois faire.

Comme Isidoro parcourait avidement la missive sans prononcer une parole, Bertren ajouta :

— Lis à haute voix, mon garçon, j'ai oublié déjà le contenu de ce papier. D'ailleurs ma vue est si mauvaise depuis quelques années !... Enfin lis-moi la lettre tout entière.

Comme on l'a deviné, le bonhomme avait compté, pour déchiffrer la dépêche, sur Isidoro, son secrétaire ordinaire. Celui-ci resta un moment absorbé dans sa lecture, et ses traits prirent une expression de chagrin. Mais cette expression changea tout à coup, et il dit tranquillement :

— Eh bien ! grand-père, ce que j'avais prévu arrive ; l'illustrissime conseil s'en rapporte entièrement à votre sagesse sur le parti qu'il convient de prendre à l'égard de vos hôtes.

— Est-ce bien cela ? est-ce exactement ce que dit la lettre ? reprit le vieillard étonné en attachant sur son petit-fils un regard soupçonneux ; il m'avait semblé...

— Voyez vous-même ! répliqua le jeune homme avec assurance, comme s'il n'eût pas douté que son aïeul ne fût réellement capable de rectifier une erreur.

— Oui, oui, c'est vrai, je l'avais oublié ! dit Bertren en s'efforçant de sourire, et cette confiance de mes confrères du conseil est très flatteuse pour moi ; mais ne trouves-tu pas, Isidoro, qu'elle est contraire à toutes nos lois, à tous nos usages ? Car enfin, continua-t-il d'un air pensif, une révolution vient encore d'éclater en France ; il y a un nouveau roi, un nouveau pouvoir, et si ces Français qui sont ici, ces proscrits, comme on les appelle, allaient attirer sur nous la colère de ce gouvernement ! Je suis fâché de ne pas m'être trouvé au conseil ; ils ne savent pas en Andorre ce que c'est que la France, et comment elle écraserait d'un revers de main notre pauvre petite république, si nous étions assez maladroits pour l'irriter..... Oui, il est vraiment extraordinaire qu'on m'ait permis d'agir comme je l'entendrais, sans me recommander aucune précaution... J'ai envie de partir sur-le-champ pour Andorre, afin de faire comprendre à mes confrères la nécessité de la prudence.

— Mais, grand-père, puisqu'on s'en rapporte à votre sagesse, dit Isidoro visiblement inquiet ; d'ailleurs vous ne m'avez pas permis d'achever, continua-t-il en hésitant ; on vous recommande en effet de prendre des informations exactes sur ces étrangers, et d'agir en conséquence.

— A la bonne heure donc ! s'écria Bertren. Je reconnais la politique ordinaire de nos conseillers. Il ne faut pas mécontenter la France ou l'Espagne ; je le leur ai toujours dit..... Eh bien ! mon garçon, viens avec moi, ajouta-t-il en se levant ; tu m'aideras dans le cas où il y aurait quelques papiers à examiner, car mes pauvres yeux déchiffrent difficilement l'écriture, et surtout l'écriture française.

— Où allons-nous donc, grand-père ? demanda Isidoro sans bouger.

— Mais dans la chambre de nos hôtes ; je veux les interroger sur-le-champ.

— Grand-père, la jeune dame est encore bien malade, et l'émotion que vous allez lui causer pourrait lui être fatale. Son père et ce Ca-Goth, leur ami, sont descendus la voir aujourd'hui pour la première fois, ils étaient hier presque aussi malades qu'elle ; vous allez troubler peut-être les épanchemens du père et de la fille.

— Isidoro, hier il eût été cruel de presser de questions ces voyageurs ; aujourd'hui qu'ils ont assez de force pour causer entre eux, ils doivent en avoir assez pour nous dire si leur présence ne peut pas attirer sur nous l'inimitié de nos puissans voisins.

— Encore un mot, je vous prie, grand-père, dit le jeune Duba ; si le nom et la position de ces étrangers vous semblaient pouvoir appeler sur l'Andorre ces malheurs que vous craignez, que feriez-vous ?

— Je ferais conduire ces étrangers jusqu'aux frontières d'Espagne ou de France, et je leur défendrais de rentrer jamais en Andorre.

— Mais si l'un d'eux était faible, malade, mourant ; s'il ne pouvait être transporté sans danger pour sa vie ?

— Isidoro, dit le vieillard d'une voix austère, l'existence de mon pays m'est plus chère même que les devoirs de l'hospitalité.

— Eh bien ! moi, s'écrie le jeune homme en éclatant d'une voix tonnante, je jure que je n'en souffrirai pas.

Il s'arrêta tout à coup au moment d'exprimer sa pensée. Bertren se redressa, et fixant son regard calme et sévère sur Isidoro, il dit lentement :

— Qui a permis à mon fils de mon fils d'élever ainsi la voix en ma présence ? Est-il déjà du respect et de l'obéissance qu'il doit à mon âge, à ma qualité d'aïeul ? Isidoro, ai-je donc prononcé quelque parole que je doive expliquer ou rétracter ? Le jeune homme peut aussi reprendre le vieillard, si le vieillard a mal parlé ou mal agi.

— Grand-père, reprit Isidoro après une pause, excusez mon égarement..... Nous faisons des suppositions qui ne peuvent être vraies. Aucun danger n'est à craindre de la présence de ces étrangers chez nous ; ce sont de simples et obscurs voyageurs, sans influence dans leur pays, sans importance nulle part... des vêtemens si simples ! un Ca-

Goth !... Oui, je suis sûr que vous leur permettrez de séjourner ici quand vous les aurez interrogés.

Et il entraîna le vieillard encore tout ému de ce cri de volonté échappé pour la première fois en sa présence.

V

LA MALADE.

Le père Gonthier et Bernard Alric se trouvaient en ce moment, comme nous le savons, dans la chambre de Cornélie. Pendant la journée précédente, tous les deux étaient restés malades par suite des affreuses fatigues et du froid horrible qu'ils avaient eus à supporter. Comme ils étaient à peu près privés de tout sentiment lorsqu'ils avaient été transportés chez Bertren Duba, grand avait été leur étonnement lorsqu'en reprenant leurs sens ils s'étaient trouvés dans des chambres rustiques, entourés de personnages inconnus dont le costume bizarre ajoutait encore à l'étrangeté de la situation. D'abord le souvenir même de leur périlleux voyage s'était effacé de leur mémoire. Cependant, grâce aux soins qui leur avaient été prodigués par un médecin du voisinage, et surtout par les gens de la maison, habitués à traiter de pareils maux, la conscience de leur véritable position leur était revenue peu à peu avec les forces, et leur première pensée avait été de se rapprocher pour se concerter sur le parti à prendre dans les circonstances présentes.

Dès la veille, Bernard, plus jeune et plus robuste que Gonthier, avait été en état de questionner ceux qui l'approchaient ; mais soit que les Andorrans ne comprissent pas bien le patois montagnard dont il se servait, soit qu'ils ne voulussent pas répondre, il n'avait obtenu d'eux aucun éclaircissement. Quant à Gonthier, toutes ses préoccupations, depuis qu'il avait la faculté d'unir deux idées, étaient pour sa fille, qu'on lui disait gravement malade.

Cornélie, en effet, n'éprouvait pas les effets bienfaisans du repos, comme son père et son fiancé. Son organisation frêle n'avait pu supporter les violentes secousses de ce périlleux voyage ; elle était en proie à une fièvre lente et continue qui menaçait de prendre un caractère alarmant. Cependant la jeune malade recevait les soins les plus touchans, les plus empressés. Toutes les femmes de la maison étaient employées à son service ; Maria ne la quittait presque pas, et, bien que la belle Andorrane ne pût comprendre les remerciemens que lui adressait l'étrangère, elle avait pour elle les prévenances les plus affectueuses. Enfin Belsamet elle-même avait mis en jeu toutes ses recettes et tous ses secrets de matrone villageoise pour guérir promptement cette jeune fille, qu'il lui tardait, par un vague instinct de jalousie maternelle, de voir s'éloigner.

Au moment où les Duba entrèrent, un profond silence régnait dans la chambre de la malade. Cette chambre, où des fenêtres garnies de toile rousse en guise de vitres ne laissaient pénétrer qu'un jour terne et fauve, n'avait de remarquable que le lit de serge rouge sur lequel était couchée Cornélie. La fille de Gonthier avait voulu, par un sentiment de pudeur facile à comprendre, rester entièrement vêtue dans cette maison étrangère... Elle était donc enveloppée d'un long peignoir garni de dentelles, qu'on avait retiré de ses bagages. La pâleur de sa figure faisait ressortir encore la noirceur de ses cheveux, qui s'échappaient en abondance de dessous un petit bonnet andorran ; ses mains étaient jointes sur sa poitrine dans l'attitude de l'abattement et de la douleur ; ses yeux à demi fermés semblaient seulement s'animer un peu lorsqu'ils se tournaient vers Gonthier, assis en face d'elle. Le malheureux père était plongé dans une douleur sombre et muette. Tant qu'il avait cru n'avoir à craindre que pour lui-même, sa volonté opiniâtre et inflexible l'avait soutenu ; mais maintenant qu'il se voyait menacé de perdre sa fille unique, cette courageuse compagne de son exil et de ses malheurs, tout son stoïcisme s'était brisé, et, sans qu'il s'en aperçût, de grosses larmes tombaient de ses yeux. L'affliction de Bernard n'était pas moins vive. Le bon et timide jeune homme, dont l'organisation nerveuse et mélancolique rappelait celle d'une femme, serrait dans une de ses mains la main du père Gonthier, tandis que de l'autre il appuyait un mouchoir sur son visage. Enfin, pour achever le tableau, Maria Belsamet, debout au chevet de Cornélie, appuyée dans une attitude gracieuse contre le bois du lit, oubliait la quenouille passée dans la ceinture de son tablier, et regardait d'un air de pitié tantôt les deux étrangers, tantôt la jeune fille alitée. A l'autre extrémité de la pièce, Belsamet, son long voile blanc de veuve rejeté en arrière, son tablier relevé sur le côté, préparait des décoctions de plantes réputées souveraines dans la maladie de la jeune fille ; parfois elle parlait seule et à voix basse, comme si elle eût voulu par des mots magiques ajouter à la vertu de ses préparations.

Bertren Duba et Isidoro entrèrent avec précaution, et arrivèrent au milieu de la chambre sans que les assistans eussent remarqué leur présence. Maria la première se retourna et poussa un petit cri de surprise qui tira Gonthier et Bernard de leur abattement. A la vue du centenaire, ils s'empressèrent de se lever.

— C'est l'illustre Bertren ! c'est Isidoro ! dit Maria avec une joie naïve.

Bien que ces paroles eussent été prononcées en langue catalane, ce nom d'Isidoro parut frapper Cornélie.

— Isidoro ! notre sauveur ! répéta-t-elle avec un sourire affectueux, qu'il soit le bienvenu.

Isidoro la regardait tristement.

— Elle est mieux, lui dit Maria à voix basse ; ma mère lui prépare une potion qui doit la guérir bientôt...

— Serait-il possible ? demanda Isidoro en se rapprochant de sa fiancée.

— Oui, oui ; ma mère assure que dans deux jours la Française pourra continuer sans danger son voyage.

Isidoro la repoussa brusquement, sans que Maria comprît la cause de cette impatience.

Pendant ce temps, Bertren avait pris place auprès de ses hôtes ; il leur avait adressé quelques complimens en français, qu'il parlait cependant avec moins de facilité qu'Isidoro.

— Nous avons contracté envers vous et envers votre petit-fils, monsieur, lui dit Gonthier avec cordialité, une dette de reconnaissance que nous ne pourrons jamais acquitter ; nous vous devons la vie, à vous et à lui, et, quoi qu'il arrive plus tard, nous n'oublierons jamais ni le généreux dévouement d'Isidoro, ni les soins dont on nous a comblés dans votre maison. Pourquoi faut-il, ajouta-t-il en jetant un regard plein de douleur sur sa fille, que ces soins n'aient pas également profité à tous ceux qui les ont reçus !

Il déposa un baiser sur la main brûlante de Cornélie, afin de dérober aux assistans de nouvelles larmes qui se montraient dans ses yeux. Le vieux Duba éprouva un embarras inattendu à jeter au milieu de cette scène d'affliction les questions trop positives sur lesquelles il lui fallait cependant une réponse immédiate. Heureusement le père Gonthier fournit lui-même l'occasion cherchée. Maître enfin de son émotion, il reprit avec plus de calme :

— Pardonnez, monsieur, un accès de faiblesse involontaire... mais j'ai appris déjà que notre séjour chez vous était contraire à vos lois, et que vous aviez pris conseil de votre gouvernement sur la manière dont nous devions être traités ; c'est sans doute cette décision suprême que vous venez nous communiquer... Parlez, monsieur, je suis prêt à me soumettre, sinon sans douleur, du moins sans colère à toutes les exigences. La résignation doit être la première qualité de ma nouvelle condition.

— Cette résolution est sage, monsieur, dit Bertren, enchanté intérieurement que Gonthier fût ainsi venu au-devant d'une explication; mais rassurez-vous. Notre république est hospitalière; si votre présence ne doit pas mécontenter l'une des grandes puissances qui sont ses protectrices, vous pourrez séjourner dans l'Andorre et vivre en paix dans ma maison, pour laquelle je sollicite d'avance cet honneur. Seulement; avant de faire fléchir ainsi en votre faveur les lois qui nous régissent depuis le grand Carl, l'illustrissime conseil a bien le droit de vous demander qui vous êtes et les raisons qui vous ont déterminé à venir nous demander asile.

— C'est-à-dire, reprit Gonthier avec un peu d'amertume, que votre république me repousserait si l'hospitalité qu'elle m'accorde devenait dangereuse pour elle... Mais n'importe! La position de votre pays est exceptionnelle et le respect qu'on manifeste chez toutes les nations civilisées pour les proscrits peut disparaître devant des considérations d'existence. Moi-même j'ai fait trop de sacrifices à ma patrie pour oser censurer le patriotisme des autres. Je suis...

— Arrêtez, au nom de Dieu! s'écria Bernard Alric en se levant; songez à ce que vous allez dire! Monsieur Duba, continua-t-il en se tournant vers le centenaire, est-il absolument nécessaire que vous sachiez le véritable nom de mon ami? Pour moi, je suis propriétaire dans l'Ariége et je suis connu des plus honorables habitans de ce département. Voici un passe-port en bonne forme pour l'Espagne (et il tira de sa poche un papier qu'il remit à Duba). Si j'avais été prévenu à temps de notre voyage en Andorre, j'aurais facilement obtenu pour mes compagnons et pour moi le permis de séjour qu'on exige de nous. Or, je puis répondre...

— Jeune homme, interrompit Bertren Duba, l'importance même que vous mettez à me cacher ce nom me fait craindre qu'il ne soit plus dangereux pour nos vallées ou moins honorable que je ne le voudrais; votre ami n'aura pas à vous remercier de cette brusque intervention dans la conversation des vieillards.

— C'est pourtant ce que je ferai, dit Gonthier en pressant vivement la main du Ca-Goth; mais d'autre part je ne cacherai jamais mon nom quand il peut y avoir danger pour ceux qui me le demandent à l'ignorer. Vous voulez savoir qui je suis et pourquoi je suis venu dans l'Andorre? continua-t-il avec dignité en se tournant vers Bertren Duba. Je m'appelle X***; je suis ancien député à la convention nationale; j'ai quitté la France parce que mon nom, m'a-t-on dit, était porté sur une liste de proscription dressée par ceux qui gouvernent aujourd'hui ma patrie... si dans l'exercice légal de mon mandat j'ai commis autrefois quelque injustice, c'est seulement à Dieu et à ma conscience que j'en dois compte; cependant aujourd'hui je suis cruellement persécuté. Ma maison a été brûlée, mes biens ont été pillés par ce peuple dont j'avais voulu l'émancipation. Échappé avec peine au massacre, je suis venu demander asile à une population que je devais supposer amie de la liberté et de ceux qui l'ont défendue... Monsieur le syndic de la république d'Andorre, voilà ce que je suis, et quels que soient aujourd'hui les jugemens des hommes, je suis fier de mon nom, de mes opinions et de mes actes; vous pourrez en informer ceux qui vous ont donné mission de m'interroger.

Une profonde stupeur accueillit cette révélation. Bernard avait baissé la tête d'un air consterné dès qu'il avait entendu prononcer le véritable nom de l'ex-conventionnel; Isidoro examinait son aïeul avec épouvante; Cornélie elle-même s'était soulevée péniblement sur le coude pour écouter.

— Ainsi donc, monsieur, reprit enfin Duba, vous étiez de ceux qui, en 93, prononcèrent la rénonciation de la France à tous les droits féodaux, renonciation qui pensa être si funeste à l'Andorre, en rompant l'équilibre de son gouvernement.

— Voulez-vous dire par là, demanda Gonthier d'un ton légèrement sarcastique, que vos concitoyens me garderont rancune de la part que j'ai prise à cet acte politique?

— Ainsi, continua le centenaire sans paraître avoir entendu cette observation, vous étiez du nombre de ceux qui condamnèrent à mort un roi infortuné, dont le frère peut vous demander compte aujourd'hui du sang que vous avez fait verser?

— Vous êtes libre de le supposer. — Un nouveau silence suivit ces paroles. — Eh bien! reprit enfin le personnage auquel nous continuerons de donner le nom de Gonthier, quand devrai-je partir, monsieur?

— Demain! dit le vieillard en se levant.

Isidoro fit un mouvement.

— Mais du moins, continua Gonthier d'un ton presque suppliant, on n'étendra pas jusqu'à ma fille et à mon ami la rigoureuse mesure qui me repousse du territoire de l'Andorre! Seul je suis proscrit, seul j'apporte avec moi le danger qui me menace... Une jeune fille malade a droit à des égards; je vous confierai mon enfant, et pendant que j'affronterai de nouveaux périls, elle sera du moins en sûreté chez vous. Bernard me la ramènera dès qu'elle aura recouvré la santé, et peut-être un jour, dans des temps plus calmes, pourrons-nous vous remercier des soins que vous aurez eus pour elle.

Le vieillard répondit d'un air simple et digne à la fois:

— Si je sacrifie à la sûreté de mon pays les droits de l'hospitalité, je ne veux pas moins vous prouver, monsieur, par tous les moyens possibles, combien ces droits sont sacrés pour nous, et combien il nous est pénible de les violer. Vous me confiez votre fille, je l'accepte comme un précieux dépôt; je veillerai sur elle, je l'aimerai comme j'eusse aimé une sœur d'Isidoro... Votre ami pourra rester aussi dans ma maison et y donner des ordres comme moi-même. Quant à vous, je vous ferai conduire à Urgel en Espagne; j'ai là des amis qui vous tiendront caché jusqu'à ce que les circonstances soient devenues plus favorables.

— Acceptez, monsieur, s'écria Isidoro, sortant tout à fait de sa gravité ordinaire; acceptez ce que mon grand-père vous propose. A Urgel, vous serez éloigné de quelques lieues seulement de votre fille, et je pourrai chaque jour vous apporter de ses nouvelles.

Pendant cette conversation, Cornélie avait tenu ses grands yeux noirs attachés sur Gonthier.

— Je ne quitterai pas mon père, dussé-je en mourir! s'écria-t-elle en se soulevant sur son lit.

— Et moi je vous suivrai l'un et l'autre partout où vous irez! dit Bernard de sa voix mélancolique.

— Quoi! ma fille, s'écria Gonthier, aurais-tu la pensée de m'accompagner encore et me crois-tu assez égoïste, assez insensé pour le permettre? Non, non, pauvre enfant, tu as déjà trop souffert à cause de moi; j'ai commis une faute le jour où par faiblesse j'ai consenti à te faire partager mon exil... Non, Cornélie, ma chère Cornélie, tu dois rester ici; quand tu seras entièrement rétablie, nous nous rejoindrons sans retard. En attendant, il faut que nous nous séparions pour un peu de temps, et je te prie, je t'ordonne de consentir à cette séparation.

Mais Cornélie était douée naturellement, comme nous l'avons dit, d'une bonne dose d'exaltation et d'opiniâtreté; la fièvre qui la dévorait donnait peut-être encore à ces sentimens un nouveau degré d'énergie. Elle dit d'une voix ferme:

— Ne me parlez pas de séparation, mon père; elle serait pour moi le pire des maux, et si vous cherchiez à me tromper par une feinte, vous me jetteriez dans un désespoir plus périlleux que ce voyage même. Qu'est-ce après tout que ma maladie présente? Un peu de fièvre qui cessera bientôt, et qui me laissera toujours la force de voyager en cacolet. Cette bonne dame, qui a pris de moi tant de soin (et elle désigna Belsamet), me prépare une potion qui, d'ici à demain, m'aura entièrement guérie. Je partirai, mon père, je veux partir avec vous.

En même temps elle retomba épuisée sur son lit. Le centenaire se dirigea vers Belsamet, qui, lasse d'écouter une conversation à laquelle elle ne pouvait rien comprendre, s'était remise à extraire et à mélanger les sucs de diverses plantes.

— Est-il vrai, demanda Bertren à voix basse, que la vertu de ces simples puisse rendre immédiatement la santé à votre malade ?

— Sans doute, répondit la vieille en rechignant, à moins que ces Français ne soient d'une autre espèce que les bonnes gens de l'Andorre.

— Et ce filtre est-il prêt ? Je sais, Belsamet, combien vous êtes habile, et j'ai confiance en vous.

— Ecoutez, maître Duba, répliqua la veuve en hochant la tête, vous avez, je le suppose, un aussi grand désir que moi de voir ces étrangers quitter votre maison et le pays. Cependant je n'ose pas encore faire prendre cette potion à la demoiselle...

— Pourquoi donc ?

— Elle est d'une faiblesse extrême, et l'effet de mon remède sera si violent que je craindrais... J'aimerais mieux attendre à demain.

— Mais c'est demain qu'il faut qu'elle parte.

— Elle ne partira pas, dit en catalan une voix fortement accentuée.

Bertren et la vieille Andorrane se retournèrent avec étonnement. Isidoro était debout devant eux, la tête droite, l'œil enflammé, presque menaçant.

— Elle ne partira pas, répéta-t-il avec une sombre énergie, ou bien le jour où ces étrangers quitteront la maison de mon père, je la quitterai aussi et je n'y reviendrai jamais.

Bertren Duba, pour la seconde fois de la journée, venait de se heurter à une volonté inflexible dont jusque-là il n'avait pas même soupçonné l'existence. Cependant il essaya encore de faire valoir son autorité.

— Isidoro, malheureux jeune homme, dit-il avec force, d'où te vient tant de hardiesse que tu prétends m'imposer des conditions ? Quel sort ont jeté sur toi ces étrangers ? Vas-tu donc leur sacrifier le respect que tu dois aux ordres du grand conseil de l'Andorre et aux miens ?

Mais Isidoro ne courba pas le front sous les reproches du centenaire.

— Grand-père, répondit-il, vous êtes maître dans cette maison et ma voix ne peut s'élever qu'après la vôtre ; notre loi ne m'accorde aucun droit de maîtrise et de propriété avant que j'aie pris une femme, et il ne dépendra que de vous que je n'en prenne jamais. Je ne puis donc retenir ici par ma seule autorité les voyageurs que j'y ai introduits, et qui étaient mes hôtes avant de devenir les vôtres ; mais je puis au moins disposer de ma personne, et je vous jure, grand-père, continua-t-il en étendant la main d'un air solennel, que si vous les repoussez, je m'armerai de ma carabine et je les suivrai, pour les protéger et les défendre, en quelque endroit qu'ils aillent... Je quitterai avec eux mon pays, comme un pays inhospitalier et maudit, sans retourner la tête pour le voir une dernière fois, et le vieux nom des Duba pourra s'éteindre dans l'Andorre avec vous...

— Oh ! tu ne voudras pas, tu n'oseras pas faire cela ? balbutia Bertren. Et ton mariage et ta fiancée ?

— Ma fiancée ! elle est riche, elle est belle, elle trouvera un mari plus capable que moi de la rendre heureuse.

— Mais ce serait nous outrager d'une manière sanglante ! dit Belsamet hors d'elle-même. Que vous a fait ma pauvre Maria ?

— Ne venez-vous pas de dire que si la jeune Française prenait votre breuvage aujourd'hui, elle pourrait en mourir ? Que vous a-t-elle fait pour que vous risquiez sa vie par une fatale précipitation ?

— Isidoro, dit le vieux Bertren, je m'humilie devant toi, car je sais ce que vaut un serment... Qu'exiges-tu ?

— Que nos hôtes puissent encore rester trois jours ici, dit le jeune Duba après un moment de réflexion ; dans cet intervalle, ou bien ils auront rétabli leur santé, ou bien ils auront obtenu la permission de séjourner légalement dans l'Andorre.

— Et si je prends sur moi de les garder, tu ne penseras plus à abandonner un aïeul dont tu es la joie et l'espérance.

— Non.

— Tu épouseras Maria Belsamet au jour convenu.

— Oui, répondit Isidoro d'une voix si faible qu'on put à peine l'entendre.

Bertren Duba s'avança brusquement vers les Français, qui pendant cette conversation s'étaient entretenus à voix basse de leur côté.

— Messieurs, dit le centenaire avec effort, les instances de mon petit-fils Isidoro l'emportent sur toute autre considération ; d'ailleurs la jeune dame ne saurait partir demain sans le plus grand danger... veuillez donc rester encore trois jours chez moi : je supporterai les conséquences de ce retard, devant l'illustrissime conseil souverain.

Gonthier et Bernard remercièrent chaleureusement.

— C'est encore à monsieur Isidoro que nous devons cette faveur, dit Cornélie en jetant un regard plein de reconnaissance sur le jeune Andorran.

Une expression d'orgueil et de joie se peignit sur les traits d'Isidoro. Il dit à Bernard Alric :

— N'avez-vous pas affirmé, monsieur, que vous pouviez rentrer en France et que vous auriez assez de crédit pour obtenir du viguier français l'autorisation de résider dans l'Andorre ?

— Oui sans doute.

— Eh bien ! croyez-vous que, pour assurer la tranquillité de votre ami et de sa fille, vous aurez la force de voyager à cheval par des chemins difficiles ?

— Je ferais bien plus pour être utile à mes chers compagnons de voyage, dit le Ca-Goth.

— Alors écoutez-moi ; les passages des Pyrénées que nous avons parcourus il y a deux jours sont fermés sans doute maintenant ; mais le col de Puymoreins est libre encore. Je vais vous donner un guide exercé pour vous conduire à la frontière... Vous rentrerez en France, vous vous présenterez à l'illustre viguier français, M. de R..., qui réside en ce moment à Pamiers, dans l'Ariège ; vous emploierez tous les moyens pour obtenir de lui l'autorisation qu'exige le conseil souverain, et vous pourrez être de retour ici avant le délai de trois jours fixé par mon grand-père.

— Ce plan est parfait, dit le père Gonthier ; mais, mon pauvre Bernard, vous êtes encore bien faible pour entreprendre cette pénible excursion.

— Je suis prêt ! s'écria Bernard en se levant ; le temps est précieux, et je veux, si cela est possible, partir à l'instant même.

— Je vais donner les ordres, dit Isidoro en s'inclinant devant son aïeul, qui par un signe accorda l'autorisation nécessaire.

— Merci, monsieur Bernard, dit Cornélie affectueusement, nous allons contracter envers vous une nouvelle dette de reconnaissance !

— Mademoiselle, répondit Bernard en baissant d'un air de modestie mélancolique ses yeux bleus et humides, afin de mériter le bonheur qui m'est promis pour l'avenir, je ne puis, hélas ! vous donner que du dévouement...

Isidoro les regardait l'un et l'autre d'un air stupéfait.

— Quoi ! lui dit à voix basse le père Gonthier, qui remarqua son étonnement, ignorez-vous que Bernard Alric est le fiancé de ma fille ?

— Son fiancé ! s'écria le jeune Duba.

A cet éclat de voix, tous les yeux se fixèrent sur lui.

— Ah ! je vois ce que c'est, dit Gonthier en souriant ; les républicains de l'Andorre ne peuvent comprendre que j'aie promis ma fille à un homme dont la race était autrefois notée d'infamie dans ce pays.

Isidoro restait sombre et muet, les bras pendans, la tête penchée sur la poitrine.

— Elle l'aime ! pensait-il. — Puis, comme Bernard pressait doucement la main de Cornélie en signe d'adieu, il s'élança vers lui et l'entraîna avec violence, en disant d'une voix entrecoupée : — Venez !... mais venez donc !

VI

LES PRÉPARATIFS.

L'habitation des Duba était située, comme nous l'avons dit, en avant d'un hameau de quelque importance où demeuraient Belsamet et sa fille, la fiancée d'Isidoro. Ce hameau, qui se composait d'une douzaine de maisons dominées par le clocher de l'église paroissiale, s'élevait à quelque distance de la Tristanza, gave impétueux qui va se jeter dans un affluent de l'Ebre. A l'entour, de grands rochers de grès rouge menaçaient le passant de leurs pitons aériens, et, par-dessus ces pitons, on apercevait les hautes montagnes blanches de neige qui formaient comme une ceinture à la vallée. Cependant le paysage conservait les grâces sauvages qu'allait bientôt lui enlever l'hiver. Le sol était couvert de verdure ; des liéges chargés de feuillage ornaient encore les bords ravagés du torrent, et des forêts de sapins se détachaient en noir sur les teintes bleuâtres de l'horizon.

D'ordinaire ces campagnes étaient désertes et silencieuses ; cependant le soir du cinquième jour depuis l'arrivée de nos héros en Andorre, au moment où le soleil se couchait derrière les pics glacés de la Pla, elles présentaient un aspect inaccoutumé. La solitude s'était peuplée tout à coup ; les montagnards affluaient dans la vallée, les uns à pied, les autres à cheval ou à mulet, mais tous revêtus de leurs plus beaux habits, tous joyeux et bruyans. On n'a pas oublié que le lendemain devait être célébré le mariage d'Isidoro Duba avec Maria Belsamet, et, à voir le nombre considérable d'invités qui arrivaient dès la veille, on pouvait croire que tous les habitans de l'Andorre devaient se trouver à la fête.

Par la splendeur et l'immensité des préparatifs, Bertren Duba semblait avoir voulu que les noces de son petit-fils égalassent celles de Gamache le riche. C'était la même profusion, le même mépris pour la dépense ; c'était la même hospitalité large et franche à tous venans. Aussi la foule se composait-elle de gens de toutes les conditions connues dans l'Andorre. Les mineurs qui exploitent le fer de ces montagnes se faisaient reconnaître à leurs mains et à leurs visages bronzés, à leurscostumes de drap brun. Les pâtres, vêtus de rouge et de vert, étaient chamarrés de rubans et disparaissaient presque sous les quincailleries brillantes, que les Catalans paraissent aimer autant que les sauvages de la mer du Sud. Les contrebandiers, reconnaissables à leurs larges pantalons de velours, à leurs petites vestes bleues garnies de boutons de métal en forme de grelots, descendaient des hauteurs avec toute leur famille, la femme enveloppée dans son grand voile écarlate, les enfans complètement habillés, peut-être pour la première fois de leur vie. Les pistolets avaient disparu de la ceinture rouge de ces dignes *commerçans*, et s'ils portaient encore leur formidable carabine rayée, c'était uniquement pour en faire des décharges pacifiques en l'honneur des futurs époux. On s'appelait de montagne à montagne, on se reconnaissait de loin à des signes particuliers. Les Andorranes, femmes et jeunes filles, n'avaient plus cette éternelle quenouille qui est l'occupation de tous leurs instans. Du haut de leurs cacolets, elles jetaient de joyeux défis aux beaux danseurs qu'elles venaient à rencontrer. Des éclats de rire, des sons de hautbois et de flûte, des détonations suivies de grands cris, fatiguaient l'écho des rochers et dominaient le sourd murmure de la Tristanza. Toutefois, quand venait à passer quelque gros personnage vêtu à la mode de France et pourvu d'un chapeau rond différent du sombrero espagnol, on se taisait respectueusement, on se plaçait sur le bord du chemin ou du sentier, pour faire place à cet important voyageur, dont le costume pouvait rappeler celui d'un de nos marchands de bœufs. En effet ce *chapeau* (c'est ainsi que l'on nomme dans les montagnes le bourgeois campagnard) était le plus souvent un consul, un honorable baile ou tout au moins un membre de l'illustrissime conseil souverain, qui venait honorer de sa présence les noces du jeune Duba.

Mais le coup d'œil le plus brillant et le plus animé était celui que présentait l'habitation et le terrain avoisinant. Comme on avait prévu d'avance l'impossibilité de recevoir tant de personnes dans la maison, malgré son étendue, on terminait en ce moment un vaste hangar couvert en chaume qui devait servir à la fois de salle de banquet et de salle de danse. Ce hangar, construit en poutres de sapin fraîchement coupées, s'élevait à cinquante pas en avant de la maison, sur un emplacement qu'on avait battu vigoureusement de manière à former une aire unie et solide. Des orchestres rustiques s'élevaient à l'entour, ainsi que des fourneaux gigantesques où l'on devait faire rôtir des bœufs entiers. Déjà, au milieu des travailleurs, qui mettaient la dernière main à l'édifice improvisé, qui dressaient les longues tables du banquet, qui ornaient de feuillages les arceaux de la salle, s'agitait une foule curieuse et bruyante. Des parties de quilles, ce jeu si cher aux montagnards, s'étaient engagées sur divers points ; les mères jasaient, assises sur des poutres encore sans emploi qui jonchaient le sol ; les jeunes filles coquetaient avec des galans endimanchés, et les ménétriers donnaient des aubades en plaçant l'extrémité des hautbois et des galoubets presque sous le nez de celles qu'ils voulaient honorer.

La maison elle-même avait l'aspect d'un caravansérail à l'arrivée d'une caravane. Les vastes étables, dont on avait envoyé les habitans ordinaires chez les voisins ou dans les parcs des montagnes, regorgeaient de chevaux et de mulets étrangers, car les Duba, dans leur hospitalité féodale, hébergeaient à la fois bêtes et gens. C'était un piétinement, un brouhaha assourdissant dans la cour principale ; on entendait par momens les mugissemens des taureaux et les cris plaintifs des moutons que l'on égorgeait pour le banquet du lendemain. Dans la salle commune, Bertren, en habits de cérémonie, recevait ses hôtes les plus importans ; c'était que les graves personnages, que nous avons déjà désignés sous le nom de chapeaux, réunis sous la présidence du centenaire, parlaient politique en buvant du vin de Roussillon dans de véritables gobelets de verre. Quant aux hôtes d'une condition inférieure, après être venus saluer le maître du logis, ils se retiraient, comme indignes de figurer dans cette aristocratique société, et ils allaient se mêler aux groupes tumultueux du dehors.

A travers ces groupes se promenait, appuyée sur sa mère, la jolie Maria, la reine de cette fête. La pauvre enfant semblait folle d'orgueil et de joie ; elle saluait tout le monde, qui se pressait autour d'elle avec force complimens et souhaits de prospérité, elle remerciait en rougissant les ménétriers donneurs d'aubades, elle riait des coups de fusil que l'on tirait, pour comble d'honneur, presque à ses oreilles. Elle ne songeait en ce moment qu'au bonheur d'être la plus belle, la plus enviée, et cependant une sombre inquiétude était peinte sur le visage de sa mère. La vieille Belsamet répondait à peine par un mot distrait ou par un signe de tête aux félicitations de ses parens et de ses amis. Son regard triste se promenait sur les assistans, comme pour y chercher quelqu'un qui aurait dû se trouver au milieu d'eux et qui ne s'y trouvait pas... Depuis le matin, Isidoro Duba était parti pour la chasse au chamois.

Un peu à l'écart, sur un tertre destiné à supporter le lendemain le but du tir à la cible, Gonthier et sa fille Cornélie, assis à côté l'un de l'autre, examinaient avec intérêt chaque épisode de ce tableau animé. Ils avaient repris leur déguisement, afin de ne pas attirer l'attention; et cependant, soit que le nom et la qualité de l'ex-conventionnel fussent déjà connus, soit que la beauté remarquable de la jeune Française fît contraste avec les traits un peu rudes et hâlés des Andorranes, on se montrait de temps en temps les étrangers et, on chuchotait en les regardant, sans oser toutefois troubler leur solitude.

Cornélie, quoique un peu pâle et évidemment d'une grande faiblesse, avait surmonté la fâcheuse maladie qui se présentait naguère avec des caractères si alarmans. Cette maladie, provenant d'une fatigue excessive, se fût aggravée nécessairement par des fatigues nouvelles; mais elle avait cédé devant le repos et les soins les plus empressés; la potion de Belsamet, prise en temps convenable, avait arrêté la fièvre. Bref, depuis la veille, Cornélie pouvait se lever, et le désir de voir les apprêts de la fête, aussi bien que celui d'échapper à l'effroyable tumulte qui remplissait la maison, l'avait engagée à venir, accompagnée de son père, occuper ce petit poste d'observation.

Cornélie gardait le silence, bien que Gonthier lui adressât par intervalles les réflexions que la vue de cette scène lui inspirait. Les paroles frappaient l'oreille de la jeune fille, sans arriver jusqu'à son intelligence; ce fut seulement quand on prononça le nom d'Isidoro qu'elle tressaillit et qu'elle demanda distraitement:

— Isidoro! Que dites-vous, mon père, de ce jeune homme?

— Je dis, mon enfant, qu'il est bien étrange de ne pas voir ici Isidoro dans un pareil jour, et sans doute je ne suis pas seul à remarquer son absence. J'eusse pourtant voulu dire adieu à ce brave garçon avant notre départ, et je crains qu'au milieu de cette cohue il ne nous soit pas possible de lui parler.

— Mon père, demanda Cornélie en soupirant, il est donc sûr que nous partirons demain?

— Demain matin, ma fille, nous nous mettrons en route pour Urgel, en Espagne; le voyage ne sera que d'une journée, et j'espère qu'il ne te fatiguera pas trop. Le vieux Duba a déjà donné ses ordres en conséquence; Pédro, son factotum, nous accompagnera jusqu'à notre destination, et sera chargé par son maître de recommandations verbales. J'eusse voulu rester un jour ou deux de plus, pour attendre ce pauvre Bernard, qui ne tardera pas à revenir, et pour te donner le temps de reprendre un peu de force; mais cette fois on ne veut nous accorder aucun délai. Le conseil de l'Andorre est très sérieusement inquiet de ma présence sur son territoire; de sévères reproches ont été adressés au vieux Duba sur sa condescendance à mon égard; leur pauvre petite république de coquille de noix est si fragile, que je comprends parfaitement leurs alarmes. Enfin, mon enfant, puisque te voilà mieux, il n'existe plus d'objection sérieuse à notre départ. Tu as pris congé sans doute de cette jolie paysanne qui épouse le fils de notre hôte et de sa mère? Tu leur devais des remerciemens pour les soins qu'elles t'ont donnés.

— D'après vos conseils, je leur ai offert le peu de bijoux que j'emportais avec moi, et Maria les a reçus avec le plus grand plaisir, si j'en juge du moins par ses gestes et l'expression de ses traits, car nous n'avons pu échanger une seule parole. Quant à la mère, elle a paru n'accepter mes dons qu'avec une sorte de défiance; on eût dit qu'elle craignait pour elle et pour sa fille quelque maléfice.

— Cette femme, Cornélie, montre pour toi plus de zèle que d'affection. Ou je me trompe fort, ou elle a quelque motif secret pour désirer notre départ prochain... — Cornélie fit un geste d'indifférence. — Quoi qu'il en soit, reprit Gonthier, demain nous ne gênerons plus personne dans l'Andorre... En vérité, si ta santé ne me donnait aucune inquiétude, ou si je ne craignais pas que Bernard n'eût beaucoup de chemin à faire pour nous rejoindre, je quitterais ce pays sans regret. Ce vieux Duba est rempli de préjugés, et il m'a donné clairement à entendre qu'il ne nous accordait l'hospitalité que par force. Ce n'est pas là l'accueil que j'avais espéré en venant ici. Ce mot de république m'avait séduit, et je ne m'attendais pas à être reçu presque en ennemi...

— Ne parlez pas ainsi, mon père, dit Cornélie avec chaleur; oubliez-vous quels services immenses nous a rendus le petit-fils de notre hôte? oubliez-vous ce voyage pénible, et les preuves de dévouement sans bornes que nous a données Isidoro?

— Tu as raison, ma fille, nous avons réellement contracté des obligations infinies envers ce jeune homme; si nous sommes restés ici ces derniers jours, c'est à son influence seule que nous le devons. Mais as-tu remarqué comme moi que, pendant ces trois jours, Isidoro a semblé nous fuir, comme il fuit le reste du monde? Il passe son temps à chasser dans les montagnes, sans paraître songer qu'il se mariera demain et que tout le pays est convié à la fête.

— Évidemment, dit Cornélie en baissant la voix, il n'aime pas sa fiancée, qui est pourtant une douce et bonne créature. C'est seulement pour obéir aux mœurs du pays et aux désirs de son grand-père qu'il consent à épouser Maria.

— Qui se serait douté, reprit le père Gonthier d'un air pensif, que dans cette population de pâtres et de laboureurs on retrouverait ces monstrueux abus de droit d'aînesse, ces préjugés de caste, cet égoïsme de famille, qui ne devraient appartenir qu'aux civilisations décrépites? Voilà cet Isidoro, jeune homme de cœur et de sens, et qui pense à lui seul plus que la nation andorrane tout entière, obligé d'épouser une jeune fille qu'il n'aime pas, parce que, selon l'usage, les familles et les fortunes se conviennent, parce qu'un aïeul jaloux de voir perpétuer sa race exige ce sacrifice! Peut-être ce pauvre garçon renonce-t-il à une autre femme qu'il aime...

— Il en aime une autre? demanda Cornélie en attachant son œil noir sur celui de Gonthier, vous croyez qu'il aime une autre femme?

— Moi! ma fille, je l'ignore absolument, dit le vieillard avec étonnement.

Un silence embarrassé suivit ces paroles; comme il se prolongeait, Cornélie, peut-être pour échapper aux observations de son père, dont elle connaissait la perspicacité, reprit d'un air tranquille, en désignant du doigt trois individus déguenillés au milieu des Andorrans:

— Puisque notre départ est prochain, mon père, que parti comptez-vous prendre à l'égard de ces malheureux bohémiens?

C'étaient en effet Diégo et ses deux compagnons, qui, avec leur sans façon ordinaire, s'étaient mêlés aux invités. Diégo se promenait fièrement dans la foule, le bras en écharpe, ne paraissant plus s'inquiéter d'un mal qui, pour toute autre organisation que son organisation de granit, aurait eu les suites les plus graves. Il faisait le beau avec les Andorranes et les Andorrans, et il se conciliait l'affection des unes et des autres, en tirant de la simple inspection de leur main des horoscopes qui les faisaient rire aux éclats.

— Oui, oui, j'ai songé à ces bohémiens, reprit Gonthier; ils nous accompagneront à Urgel. Il y a beaucoup à redire dans leur conduite; mais nous ne devons pas oublier qu'ils nous ont été d'une grande utilité dans ces défilés remplis de neige, et peut-être sans leur secours le dévouement d'Isidoro eût-il été insuffisant. J'ai donc résolu de les récompenser de la manière qui leur sera le plus agréable. En causant hier avec ce Diégo, notre ancien guide, je suis parvenu à lui arracher la vérité au sujet des événements de notre voyage dans les Pyrénées. Selon son propre aveu, Diégo espérait que le passage serait impraticable pour nos montures, sinon pour nous, et, dans le cas où nous eussions été disposés à traiter à bon compte du prix de nos mulets devenus inutiles, ces compagnons étaient tous portés pour conclure le marché. Comme ces gitanos sont des maquignons experts, je leur ai promis, quand nous serions à Urgel, de leur abandonner ces animaux qu'ils ont tant convoités, et je les ai comblés de joie. Ils ont déjà formé à eux trois une société commerciale pour la vente de ces mulets, qui, disent-ils, doivent faire leur fortune... Nous sommes sûrs maintenant de leur fidélité pour le peu de temps que nous avons à passer ensemble. Plus j'étudie ces malheureux, plus je suis convaincu qu'en s'y prenant bien on pourrait les faire rentrer dans la condition commune, plus... mais tu ne m'écoutes pas... à quoi penses-tu donc, ma chère Cornélie?

La jeune fille tressaillit.

— Mais à rien! à rien, mon père!... Je regardais cette pauvre Maria, que vous voyez là-bas appuyée sur sa mère... Elle paraît si fière, si heureuse, et cependant...

— Et cependant son fiancé ne l'aime pas! N'est-ce pas là ce que tu voulais dire, ma fille? Oui, c'est une triste réflexion ; mais heureusement le jour où, après tant de traverses, tu seras unie à ce bon Bernard Alric, nul n'en pourra faire de pareilles ; car il t'aime, lui, et toi, j'en suis certain, tu l'aimeras aussi...

— Peut-être... je l'espère du moins, dit Cornélie en se détournant un peu pour cacher son embarras.

— N'est-ce qu'une espérance? reprit Gonthier en pesant chacune de ses paroles et en observant avec une minutieuse attention les traits de sa fille ; mais, mon enfant, si tu n'as pas encore pour Bernard toute l'affection que je désire, du moins n'éprouves-tu cette affection pour nul autre?

— Mon père, dit Cornélie de plus en plus troublée, vous savez assez quelle est ma franchise ; vous m'avez prémunie de bonne heure contre ces faiblesses et ces hésitations qui causent parfois de grands malheurs ; ne redoutez donc de moi aucune dissimulation dangereuse. Le jour où les sentimens que je crois pouvoir appeler reconnaissance, estime, simple amitié, me sembleront devenir des sentimens plus tendres, je vous le dirai à vous et à celui que vous m'avez choisi pour époux ; je vous prendrai l'un et l'autre pour juges et pour conseils...

— Explique-toi, mon enfant ; éprouverais-tu donc pour quelqu'un une préférence marquée?

— Mon père, interrompit la jeune fille avec vivacité en tressaillant, le voici!

— Qui donc? demanda Gonthier en regardant autour de lui ; Bernard, mon cher Bernard?

— Non, mon père, Isidoro!

Le vieillard se mordit les lèvres et regarda dans la direction indiquée. Isidoro venait en effet de se montrer au détour d'un sentier qui descendait des montagnes. Il avait à peu près le costume qu'il portait lorsque les voyageurs l'avaient rencontré dans les Pyrénées, et il revenait encore de la chasse ; mais cette fois aucun isard, aucun coq de bruyère n'était le trophée de son adresse. Sa carabine sur l'épaule, le jeune Andorran marchait avec lenteur, la tête baissée ; il semblait ne rien voir et ne rien entendre de ce qui se passait autour de lui.

Cependant, quand il fut à quelque distance de la maison, il s'arrêta brusquement. Il regarda d'un air étonné cette foule bruyante, et parut chercher dans sa mémoire la cause de ce rassemblement inaccoutumé devant sa demeure. Sans doute le souvenir de la vérité ne tarda pas à lui revenir, car il se retourna comme pour s'enfuir vers les montagnes. Mais, avant qu'il eût fait un pas, sa volonté changea encore ; cédant à des considérations nouvelles, il ramena précipitamment sa cape, afin de cacher ses traits, et il s'avança vers la maison, espérant peut-être, à la faveur du crépuscule, rentrer sans être aperçu.

Tout à coup un grand tumulte s'éleva parmi les Andorrans ; des imprécations, des juremens, des menaces se firent entendre, mêlés à des cris de détresse. Le bohémien Diégo se débattait avec effort contre de robustes monta-gnards qu'il avait sans doute offensés. C'était sur lui que les bras étaient levés, c'était à lui que s'adressaient les menaces, et déjà, malgré sa blessure, il avait reçu bon nombre de horions. A quelques pas, Maria tout en larmes se désolait, tandis que sa mère, le visage enflammé, parlait à la foule avec véhémence, et semblait désigner le pauvre gitano à la vengeance commune.

Diégo parvint enfin à se dégager de la mêlée, et il en profita pour fuir de toute sa vitesse ; mais les montagnards se mirent à le poursuivre. Le malheureux bohémien ne savait à quelle protection recourir quand il aperçut Gonthier et sa fille. Il dirigea sa course de leur côté, pendant que les furieux continuaient de lui donner la chasse en criant :

— Arrêtez l'infernal sorcier! le païen maudit! Assommez-le, l'oiseau de mauvais augure, le prophète de malheur! Au diable le gitano!

En voyant venir cette bande tumultueuse, Gonthier et Cornélie, ignorant de quoi il s'agissait, s'étaient levés avec inquiétude ; le bohémien, tout haletant, leur cria dans son mauvais français :

— Par pitié, maître, débarrassez-moi de ces enragés-là! Saint Jacques et saint Michel! je suis un bon chrétien, et, si vous m'abandonnez, ils vont m'assommer sans confession!

Par un sentiment d'humanité, Gonthier s'avança pour protéger son ancien guide ; mais il était douteux que ses prières et même celles de sa fille désarmassent la colère aveugle des Andorrans. Heureusement une robuste poitrine se plaça entre Diégo et les forcenés qui allaient l'atteindre, et Isidoro demanda d'un ton d'autorité :

— Laissez cet homme! que lui voulez-vous? que vous a-t-il fait?

Le ton, le geste et surtout la présence du jeune Duba produisirent un effet magique. Les montagnards s'arrêtèrent étonnés. Sur tous les visages, l'expression de la cordialité remplaça celle de la colère et de la haine.

— Ah! vous voilà, monsieur Isidoro! bonjour, monsieur Isidoro! dit un des plus animés en prenant un air respectueux ; il ne faut pas vous fâcher, voyez-vous, si nous corrigeons un peu ce chenapan-là, car c'est vous et votre fiancée qu'il a insultés par ses prophéties de malheur, dont Dieu nous préserve!

Il fit de la main droite un signe de croix, en même temps qu'il cherchait de l'autre à frapper le gitano. Celui-ci se plaça entre Gonthier et Isidoro ; et il s'écria en français, afin de ne pas être contredit dans sa défense :

— Par tous les saints du grand paradis, monsieur le Français, défendez-moi! ne les laissez pas m'approcher, señor Isidoro!... Ce n'est pas en mauvaise intention que j'ai dit la bonne aventure à la future mariée, ce n'est pas ma profession de tirer des sorts. Je voulais seulement faire plaisir à la jeune señora.

Pendant qu'il parlait, les criailleries et les menaces continuaient autour de lui. Bientôt Belsamet, accompagnée de sa fille, vint se mêler à la foule, et somma son gendre de ne pas s'opposer à la vengeance légitime des montagnards, « qui, disait-elle, voulaient renvoyer ce damné dans l'enfer, dont il était venu. »

Isidoro écoutait ces clameurs d'un air de fatigue et de dégoût. Évidemment il eût voulu beaucoup échapper à cette scène désagréable. Le père Gonthier cria d'une voix forte, sans songer qu'il ne serait pas compris :

— Allons donc, braves gens ; laissez ce pauvre diable, vous voyez bien qu'il est blessé...

Pendant ce temps, Cornélie murmurait à l'oreille d'Isidoro :

— De grâce, monsieur, ayez pitié de ce malheureux! ils vont le tuer!

Duba ne se retourna pas pour regarder la personne qui venait de parler ; mais il repoussa les assaillans avec rudesse, et leur dit brusquement en français à Diégo.

— De quoi s'agit-il? parle vite.

— Oh! de rien, mon bon señor, de rien en vérité. Seulement, j'ai révélé à la jeune fille que vous devez épouser ce que j'ai vu dans les lignes de sa main... Ce n'est pas ma profession de dire la bonne aventure; mais ma pauvre mère (que Dieu ait son âme!) passait dans sa tribu pour très habile en chiromancie, et elle m'a donné quelques leçons de cet art pour m'en faire une ressource au besoin. Aujourd'hui, désirant être agréable à votre fiancée, j'ai examiné sa main afin de lui annoncer un heureux mariage, de la richesse, une famille nombreuse... mais j'ai vu des choses qui ne me plaisaient pas dans sa destinée, et comme j'ai laissé bêtement échapper la vérité, tous ces braves chrétiens sont tombés sur moi comme sur un loup enragé.

— Eh bien! qu'as-tu vu? demanda Isidoro.

— Per Christo! j'ai vu... mais je ne sais si je dois vous le dire, car vous pourriez bien aussi... — Le jeune Duba frappa du pied avec impatience. — M'y voici, maître, puisque vous le voulez... J'ai donc examiné la main blanchette de la senora, et j'ai trouvé que *la ligne de mariage* était coupée dès son origine par la ligne de deuil et de mort... ce qui signifie que son mariage donnera lieu certainement à de grands malheurs.

Isidoro resta un moment immobile et sombre.

— Oui, tu as raison, dit-il avec égarement, c'est le malin esprit qui t'a révélé ce secret. De grands malheurs nous menacent tous, et peut-être... oui, si ce mariage se réalise, le désespoir et la mort s'abattront sur le toit des époux. Le sort a dit vrai... Mais pourquoi ce mariage se réaliserait-il? ne suis-je pas le maître?... On a surpris ma parole; on m'a extorqué des promesses que mon cœur ne ratifiait pas... Non, plus de mariage! plus de fête, plus de joie! Laissez-moi... tout ceci m'obsède, m'irrite, me pèse! Malheur à qui me parlera de mariage!

Il voulut écarter les Andorrans, qui attribuaient l'expression menaçante de son visage à l'indignation dont ils supposaient le jeune Duba animé contre Diego; mais une main légère toucha son épaule, et une voix douce lui dit à l'oreille:

— Calmez-vous, Isidoro! songez à votre père... à vos amis, à cette jeune fille qui sera déshonorée par cette rétractation que rien ne justifie.

— Isidoro, dit une autre voix non moins douce en langue catalane, qu'avez-vous donc aujourd'hui? vous ne vous apercevez même pas que je suis là... Je vous attendais pourtant avec bien de l'impatience, Isidoro.

C'était Maria Belsamet qui adressait ces touchans reproches à son fiancé.

Isidoro regarda lentement et en silence chacune des deux jeunes filles; elles se tenaient à sa droite et à sa gauche, comme le bon et le mauvais ange, l'une le sourire sur les lèvres, l'autre les yeux en pleurs; il se frappa le front en répétant avec violence:

— Jamais, jamais!

En ce moment, la foule s'entr'ouvrit et un nouveau personnage entra dans le cercle. Le vieux Bertren Duba, ignorant ce qui se passait, accourait au-devant de son petit-fils.

— Isidoro, dit-il avec bonté en l'embrassant, dans toute autre circonstance je te reprocherais ton inconcevable conduite, mais je ne veux pas aujourd'hui me montrer sévère envers toi. Seulement, ne tarde pas davantage à venir saluer les personnages importans qui sont assemblés chez nous. Tu vas trouver à la maison mon vieux confrère, l'illustre syndic Burgos, puis encore le consul Guillaume Mosquella, l'ami de ton pauvre père; enfin tout ce qu'il y a de plus riche et de plus influent dans l'Andorre. Viens, Isidoro. Mais... qu'y a-t-il donc? Le centenaire jusqu'alors n'avait pas remarqué l'air sombre d'Isidoro, la contenance inquiète de la plupart des assistans et les chuchotemens mystérieux de la foule. Comme le jeune Duba ne se rendait pas à l'invitation de Bertren, Belsamet crut devoir se mêler à la conversation, et dit en langue catalane:

— Eh bien! Isidoro, depuis quand donc les jeunes gens font-ils ainsi attendre les vieillards? Est-ce en France que l'on apprend de telles choses? Méprises-tu ton aïeul comme tu méprises ta fiancée et la famille de ta fiancée?

Cette voix insultante sembla vaincre les incertitudes d'Isidoro.

— Belsamet a raison, répondit-il en jetant autour de lui des regards farouches; grand-père, dites-lui que je ne mérite pas d'épouser sa fille et que j'y renonce.

— Toujours les mêmes hésitations! murmura Bertren avec douleur. Mais tu ne parles ainsi que par colère, Isidoro, continua-t-il en se rapprochant de son petit-fils; Belsamet t'irrite sans cesse par son humeur chagrine. Reviens à toi, mon Isidoro, et si tu as encore quelques craintes, nous en parlerons ce soir. Viens, viens... je te prouverai que tu ne peux reculer maintenant.

— Grand-père, dit Isidoro avec énergie, mais en s'exprimant toujours en français, si je paraissais devant vos amis, ce serait pour leur dire que je suis un indigne enfant de l'Andorre, que je voudrais pouvoir renier ma patrie... je suis un ingrat, un parjure, un méchant; je ne mérite plus que du mépris et de la haine!

Sans qu'on pût le retenir, il écarta la foule et courut vers la maison. Bertren Duba, d'abord étourdi du coup, appela Pédro, qui se tenait à quelque distance, et lui dit, dans une mortelle angoisse, en désignant Isidoro:

— Veille sur lui... empêche qu'il ne sorte. Retiens-le de force, s'il le faut, il s'enfuirait et tout serait perdu!

Pédro partit avec la rapidité de la flèche.

Cependant Belsamet et Maria, aussi bien que les Andorrans, ne pouvaient deviner la cause de la retraite précipitée du jeune Duba; une partie de la scène que nous venons de raconter avait été une énigme pour eux. Mais Gonthier et Cornélie, qui savaient la vérité, tentèrent d'adresser quelques consolations au centenaire dans ce moment affreux. Bertren les repoussa et leur dit d'un ton d'égarement:

— C'est vous, c'est vous seuls qui avez tout fait! Vous lui avez appris la désobéissance et le mépris du serment. Oh! maudit soit le jour où vous êtes venus dans ma maison pour y apporter le désespoir et la honte!... Cette jeune fille est la cause de tous nos maux.

— Serait-il vrai? s'écria Gonthier.

— Si je suis la cause involontaire du malheur qui vous arrive, dit Cornélie d'une voix ferme, je dois m'efforcer de le réparer... Monsieur Duba, si mon père et vous me le permettez, j'irai trouver votre petit-fils, et j'essayerai...

— Toi, ma fille?

— Mon père, on me suppose quelque influence sur ce malheureux jeune homme; je dois me servir de cette influence pour l'empêcher de se perdre.

— Eh bien, eh bien, hâtez-vous! dit le vieux Duba, le front couvert de sueur; si vous décidez Isidoro à seconder nos projets, si vous le rendez à lui-même, à sa patrie, à son honneur, je vous adorerai à genoux comme la sainte madone... Oui, oui, parlez-lui! Il me repousserait, moi; mais, vous, une femme, il ne vous refusera pas... il n'eût rien refusé à sa pauvre mère. Oui, oui, vous nous sauverez, n'est-ce pas?... Je viens d'apprendre que demain notre illustre viguier lui-même viendra pour assister à la noce; la famille Duba serait la fable du pays. Courons rejoindre Isidoro. Il faudra le supplier à mains jointes, il faudra pleurer... Je sais qu'il ne pourra résister aux larmes... surtout aux vôtres. Oh! mon Dieu! ayez pitié de nous! Allons, suivez-moi, je vais lui parler aussi.

— Excusez-moi, monsieur, dit Cornélie à voix basse, mais voici la seule personne qui doive être témoin de mon entrevue avec votre petit-fils.

Et elle désigna Maria Belsamet. Le centenaire approuva d'un signe cette résolution.

— Mais que diras-tu, ma fille, pour vaincre cette obstination insensée? demanda Gonthier.

— Ce que Dieu m'inspirera, mon père.

En même temps elle prit Maria par la main et l'entraîna vers la maison. La jolie Andorrane, ne sachant pas de quoi il s'agissait, lui adressait une foule de questions dans sa langue. Cornélie prononça le nom d'Isidoro, et ce mot suffit pour satisfaire la jeune fiancée. Elles s'avancèrent rapidement, se tenant toujours la main comme deux sœurs.

Avant de les suivre, Bertren donna quelques explications vagues à Belsamet pour la rassurer ; puis s'adressant aux curieux qui l'entouraient, il reprit d'une voix gaie, qui contrastait avec la pâleur de son visage :

— Allons, mes amis, amusez-vous bien pendant que nous présenterons aux notables de l'Andorre les futurs époux... Je veux que tout le monde soit heureux et content ! Prenez du plaisir ; tout ce que je possède est à vous !

Les acclamations et les sons d'instrumens recommencèrent de plus belle. Le centenaire s'appuya sur Gonthier, qui se trouvait par circonstance être son confident, et il lui dit avec amertume.

— Vous le voyez, monsieur, dans nos montagnes comme dans vos villes, il faut souvent feindre la joie, lors même qu'on a le cœur déchiré.

VII

LA RÉVÉLATION.

La chambre d'Isidoro était située au rez-de-chaussée, et séparée seulement de la salle d'assemblée par une porte de communication. Une autre issue donnait sur la grande cour, afin que le jeune homme pût sortir à toute heure de la nuit lorsqu'il allait à la chasse. Cette chambre était simple et nue comme celle de Bertren Duba lui-même. Un grand lit d'étoffe antique, une armoire de sapin, des siéges en bois, constituaient la partie nécessaire du mobilier. En fait d'ornemens, un aigle à tête blanche empaillé formait trophée avec des cornes d'isard, et la peau d'un ours brun qu'Isidoro avait tué, ainsi que l'aigle, dans les montagnes, servait de tapis de pied. Le long de la muraille on avait suspendu des poires à poudre de différentes formes, des fusils et des carabines de tous calibres, des cornets à bouquin enjolivés de toutes les incrustations imaginables, avec des embouchures d'argent. La physionomie de cet appartement trahissait aussi la supériorité intellectuelle d'Isidoro sur la plupart des habitans de l'Andorre ; des livres choisis, français et espagnols, étaient disposés avec ordre sur un rayon de sapin, et une écritoire, ainsi que des plumes et du papier, étaient placés sur une table commune pour un usage journalier. Nous savons en effet que le jeune Duba remplissait les fonctions de scribe au logis, et peut-être ne se trouvait-il pas vingt personnes dans toute la république, en comprenant le centenaire, qui fussent capables de lutter d'instruction avec lui.

Au moment où Isidoro quitta son aïeul, il n'avait aucun projet, aucun plan arrêté ; il cédait à une impulsion irrésistible, spontanée ; il s'était dirigé vers sa chambre machinalement, et par l'effet de l'habitude.

Ce fut seulement lorsqu'il se retrouva seul et lorsqu'il entendit dans la pièce voisine le murmure produit par la conversation de l'aristocratie andorrane, qu'il revint un peu à lui-même et qu'il put réfléchir sur sa position présente. Au premier coup d'œil il s'effraya de la série incalculable de maux qu'allait occasionner la rupture de son mariage. Ses hésitations, ses incertitudes lui revenaient en foule, et son caractère énergique d'autrefois ne pouvait plus, au milieu de ce chaos, se manifester que par une résolution désespérée, celle de fuir sur-le-champ. Le combat allait se présenter de nouveau sans doute ; Isidoro ne se sentait pas assez fort pour l'accepter.

NOUV. CHOISIES.

Il se promena quelques minutes dans la chambre, puis, se déterminant tout à coup, il réunit à la hâte les objets qu'il voulait emporter, sans savoir encore où il irait chercher un asile. Il choisit sa meilleure carabine, sa corne à poudre des grandes chasses ; il suspendit à son cou un chapelet d'ébène qui avait appartenu à sa mère ; puis, lorsque tout fut prêt, il s'arrêta et demeura immobile. Ce fut en ce moment que l'on frappa doucement à la porte du côté de la cour ; mais le tumulte qui s'élevait de la pièce voisine empêcha peut-être d'entendre ce faible bruit ; peut-être aussi le jeune Andorran était-il trop profondément absorbé dans ses réflexions pour répondre à cet appel. La porte s'ouvrit, et les deux jeunes filles entrèrent avec timidité.

La nuit approchait, et le demi-jour qui pénétrait encore dans la chambre, à travers les vitres de corne, ne permit pas d'abord à Cornélie et à Maria d'apercevoir Isidoro debout, le front appuyé contre la muraille, à l'autre extrémité de la pièce. Après un examen rapide, elles se regardèrent l'une et l'autre comme pour se dire : « Il n'y est pas ! » mais bientôt un gémissement leur apprit qu'elles se trompaient.

Toutes les deux éprouvèrent un vague sentiment de crainte. Elles n'osaient avancer et se pressaient mutuellement la main, comme pour s'exciter au courage. Cornélie comprenait maintenant la difficulté de la tâche qu'elle voulait accomplir, et peut-être se repentait-elle de n'avoir pas assez réfléchi aux moyens qu'elle emploierait pour vaincre l'obstination du jeune Andorran. Mais si elle eut la pensée de se retirer, cette pensée ne put bientôt plus se réaliser. Un bruit de pas rapides et saccadés se fit entendre tout à coup ; Isidoro parut dans la partie éclairée de la chambre, et demanda en langue catalane :

— Eh bien ! qu'y a-t-il ? que me veut-on ?

— C'est nous, Isidoro, répondit Maria.

Mais Isidoro ne lui adressa pas le moindre signe d'attention. Ses yeux restèrent fixés sur Cornélie, qui semblait fort embarrassée de sa contenance.

— Vous ? vous, mademoiselle ? dit enfin le jeune Duba, en français, avec une expression farouche ; avez-vous donc encore quelque service à me demander, quelque douloureux sacrifice à m'imposer, pour vous ou pour vos amis? Oh ! demandez-moi ma vie maintenant et je vous la donnerai sans regret !

— Monsieur Isidoro, répondit Cornélie tremblante, ce n'est pas de moi que je viens vous parler ; je n'ai déjà eu que trop souvent recours à votre dévouement, mais je viens réclamer justice pour votre fiancée. Vous ne trouverez pas mauvais, je l'espère, qu'une étrangère ose ainsi s'immiscer dans vos plus chers intérêts... Maria est maintenant ma compagne, mon amie ; vous permettrez bien à une jeune fille de défendre une autre jeune fille comme elle...

— Mais, s'écria impétueusement Isidoro, en me pressant de conclure un mariage qui m'est odieux, vous ne savez donc pas que c'est vous...

Il s'arrêta, la bouche entr'ouverte, comme si le souffle eût manqué tout à coup à sa poitrine. Cornélie baissa la tête en rougissant. Cependant, avec ce franc et simple montagnard qui n'était pas habitué aux demi-mots et aux à peu près de la société civilisée, il fallait aller droit au but. Cornélie n'hésita pas.

— Isidoro, dit-elle bien bas, j'ai deviné peut-être ce que vous ne m'avez pas dit, ce que vous ne deviez pas me dire...

— Quoi ! vous sauriez...

— Je sais qu'une imagination fougueuse peut aveugler sur des impossibilités, sur des obstacles insurmontables... Mon père et moi, nous avons contracté trop d'obligations envers vous et votre famille pour que la réserve imposée d'ordinaire à une jeune fille m'arrête dans un moment où cette réserve même doit causer de grands malheurs... Isidoro Duba, votre affection pour toute autre femme que votre fiancée est insensée, funeste, et va devenir coupable.

7

En parlant ainsi, Cornélie prit un siége avec assurance et s'assit à côté de Maria. Isidoro croyait rêver en voyant ainsi découvert le secret qu'il avait enfoui dans les replis de son cœur.

— Eh bien! c'est vrai, reprit-il avec rudesse, pourquoi nierais-je ce que vous avez deviné? Le pauvre montagnard s'est oublié jusqu'à lever les yeux... Mais que vous importe! Il ne vous a rien demandé, pas même de la pitié! Personne ne pourrait lui reprocher un mot, un regard; il sait souffrir et se taire. Que lui voulez-vous donc? Pourquoi pénétrer un secret qui lui appartient à lui seul? Mademoiselle, je suis un homme des montagnes; je n'entends rien au langage élégant, aux belles manières de vos grandes villes; mais la résolution que j'ai exprimée tout à l'heure devant mon aïeul et devant vous est irrévocable : ce mariage devient impossible, et je pars... Quant aux motifs de cette rupture, je n'en dois compte qu'à Dieu.

— Vous vous trompez, monsieur Isidoro, dit Cornélie avec véhémence, vous en devez compte encore à Maria, que vous avez choisie solennellement pour votre femme; à votre aïeul, dont vous êtes la joie et l'espérance; à tout le pays, que vous avez convié à la fête de demain.

— Je n'aime pas Maria, dit Isidoro, et je finirais par la haïr si ce mariage venait à se réaliser; les promesses que j'ai faites m'ont été surprises par les obsessions de mon père, arrachées par une nécessité que vous surtout, mademoiselle, n'avez pas le droit de me reprocher... Quant à ces gens qui se pressent autour de notre maison, est-ce moi qui les ai appelés? Ce soir j'ignorais encore la cause de leur réunion; depuis quelques jours on parle, on agit, on se meut autour de moi sans que j'entende et que je comprenne... Quant à mon grand-père, si son âge et sa qualité lui donnent le droit de censurer mes volontés, ils ne lui donnent pas celui de m'imposer les siennes... Le monde m'est odieux; je le quitte, je vais partir, je pars...

Il avait prononcé ces paroles avec une sorte d'enthousiasme fiévreux. Cornélie se leva brusquement, et dit d'un ton où entrait plus de douleur encore que de colère :

— Comment, monsieur Duba, me suis-je si cruellement trompée à votre égard? J'avais cru que l'intrépide et généreux jeune homme qui m'a sauvée d'une mort certaine, qui a lutté avec tant d'énergie pour défendre, contre le gouvernement de son pays et contre son respectable aïeul lui-même, les droits de l'hospitalité, ne pourrait pas ainsi, sans regrets et sans remords, briser les liens les plus sacrés, fouler aux pieds les plus impérieux devoirs. Vous venez de m'apprendre combien la reconnaissance peut quelquefois égarer le jugement.

Les sanglots lui coupèrent la parole. Certes Cornélie était loin de songer à l'effet que ses larmes devaient produire; cependant elles opérèrent un changement merveilleux sur le sombre et obstiné montagnard. Il rejeta loin de lui les différens objets dont il s'était chargé pour son départ, et il revint à Cornélie en s'écriant :

— Ces larmes, c'est pour moi que vous les versez, n'est-ce pas? pour moi seul?... Vous avez donc vu en moi autre chose qu'un homme sauvage et grossier dont on accepte les services quand ils sont nécessaires et que l'on méprise, que l'on repousse plus tard comme indigne d'attention et de souvenir? Vous pleurez!... et puis tout à l'heure vous parliez sans colère du secret que vous avez surpris !

— Isidoro, interrompit la jeune fille avec confusion, il n'est pas généreux d'interpréter cette circonstance contre moi. Oui, j'ai appris sans frémir votre fatal secret, mais avec une profonde tristesse!...

— Et pourquoi, mademoiselle, reprit Duba chaleureusement; tenez, supposez que j'aie eu déjà le courage de vous dire : « Je ne suis rien par moi-même, mais je vous aime. Si vous désirez dans celui qui doit être votre époux la noblesse de la naissance, ma race remonte à Charlemagne, dont un de mes aïeux était l'ami ; si vous désirez la fortune, je suis le plus riche parti de l'Andorre; si vous désirez la liberté de la montagne, vous serez la reine de ce pauvre pays; si vous préférez le luxe et les usages des villes, je saurai m'y ployer pour vous plaire. Enfin tout ce qu'un homme dévoué, courageux, fort, pourra faire pour mériter votre affection, je le tenterai pour vous? » Dites, mademoiselle, si Isidoro Duba vous avait parlé ainsi, l'eussiez-vous repoussé avec mépris?

— Non pas avec mépris, Isidoro; mais mon père a engagé sa parole avec une autre personne, et la parole de mon père m'est aussi sacrée que la mienne. Dans le cas dont il s'agit, je vous eusse répondu : « Des liens indissolubles nous retiennent tous les deux; nous ne pouvons sans égoïsme et sans lâcheté songer à rompre ces liens. Aucune affection ne saurait exister entre deux personnes forcées de se mépriser; il vaut mieux qu'elles méritent, par l'accomplissement de leurs devoirs mutuels, l'estime et le respect l'une de l'autre.

Isidoro se taisait ; évidemment les sentiments généreux n'étaient qu'assoupis dans son cœur. Cornélie s'aperçut de l'impression qu'elle produisait, et elle poursuivit avec plus de force :

— N'avez-vous pas entendu dire, Isidoro, que, à certaines époques de la vie, de grands et pénibles sacrifices étaient nécessaires, si l'on voulait jouir plus tard du calme et de la paix que donne une bonne conscience? Nous autres femmes, à qui la résignation est échue en partage, nous avons surtout à lutter contre nos désirs et nos instincts secrets; mais cette victoire, que nous remportons quelquefois, la croyez-vous indigne d'un homme énergique et fier? Y aurait-il moins de mérite et de courage à dompter une pensée coupable qu'à vaincre l'ours redoutable des Pyrénées? Isidoro, c'est un effort de ce genre que j'ose vous demander ; vous êtes assez généreux pour le comprendre, assez puissant pour l'accomplir... Je vous en conjure, renoncez aux funestes projets que vous avez conçus ce soir.

— Jamais! répliqua le jeune Andorran d'une voix altérée; j'ai le pressentiment de quelque grand malheur si je cède à vos instances! Le bohémien a raison, les présages sont sinistres.

— Et sur les folles prédictions de ce gitano, pour lequel vous montrez d'ordinaire tant de mépris, vous allez jouer votre existence? s'écria Cornélie. Isidoro, je vous avais cru supérieur aux grossiers préjugés de vos compatriotes, et votre instruction solide eût dû vous mettre à l'abri de ces croyances vulgaires. Mais vous ne songez donc pas que dans quelques instans peut-être vous allez changer en morne tristesse les cris de joie qui retentissent autour de votre demeure? Votre vieux père n'aura dépassé les bornes ordinaires de la vie humaine que pour regretter d'avoir si longtemps vécu ; cette pauvre fille qui est là devant vous, ignorant encore quel malheur la menace, sera mise au ban de ses compagnes par suite de votre refus non motivé, et condamnée à une existence misérable. Vous-même, Isidoro, vous jusqu'ici le chef et le modèle des jeunes gens de l'Andorre, vous allez être accablé de mépris, repoussé comme un parjure, maudit par votre aïeul, qui a cent ans passés. Et vous voulez braver tous ces maux réels parce qu'un vagabond vous a menacé de malheurs imaginaires? — Isidoro se couvrit le visage de ses deux mains pour cacher son trouble. Cornélie n'hésita pas à frapper le dernier coup : — Enfin, Isidoro, reprit-elle d'un ton suppliant, s'il m'est permis de parler de moi après tant de personnes chères, de grâce, ne me laissez pas quitter votre maison avec la pensée que j'ai contribué à votre perte! Ne me donnez pas pour toute ma vie le remords de penser que j'ai récompensé vos services par la ruine de votre famille, par votre déshonneur, que l'époque de mon séjour dans votre maison a été une époque fatale pour vous et pour les vôtres... Isidoro, sans doute je n'ai pas le droit de vous demander en mon nom ce sacrifice, mais accomplissez-le pour cette pauvre enfant, si pure, si naïve, qui ne doit pas apprendre encore à souffrir! Soyez bon, noble, généreux, comme vous l'avez toujours été... et moi, Isidoro, quoique éloignée de vous, je vous conserverai toujours mon estime, ma gratitude, mon affection.....

Cornélie s'arrêta; Isidoro était vaincu... Il pleurait.

— Mademoiselle, dit-il, vous l'emportez; je serai digne de cette estime et de cette affection dont vous me parlez; je me soumettrai complétement à votre volonté. Vous seule avez pu changer les résolutions de mon désespoir; je me sentais la force de lutter contre mon grand-père, contre le monde entier, mais ma force s'est brisée devant vos douces paroles. Vous seule pouvez d'un signe m'ôter et me rendre le courage... A mon tour, je vais vous demander une grâce... Si vous partez avant que cette union soit devenue indissoluble, peut-être un autre sentiment l'emportera-t-il sur le sentiment du devoir, et j'éprouverai quelque rechute... Je vous supplie donc de rester un jour encore... un seul jour!

Cornélie balança.

— Oui, répondit-elle enfin d'une voix faible.

Isidoro lui prit respectueusement la main et la baisa; mais Cornélie, se dégageant aussitôt, lui présenta Maria.

— Embrassez votre femme, dit-elle; je viens d'acquitter envers elle ma dette de reconnaissance.

Comme Isidoro déposait un baiser froid sur le front de la naïve enfant, Bertren Duba et Gonthier entrèrent si à propos dans la chambre, qu'on eût pu croire que les deux vieillards avaient attendu à la porte la fin de cette scène. L'attitude d'Isidoro et de Maria en dit assez au centenaire; aussi fut-ce d'abord vers Cornélie qu'il s'avança, avec une vivacité singulière :

— Vous avez réussi! murmura-t-il, oh! merci, mademoiselle! Que Dieu et les saints vous récompensent de votre heureuse intervention! — Puis se tournant vers son petit-fils : — Isidoro, mon cher Isidoro, continua-t-il avec une extrême émotion, tu nous es donc rendu! — Le premier moment d'attendrissement passé, il reprit avec sa gravité ordinaire : — Mon fils, tu as accordé aux instances de cette belle étrangère ce que tu as refusé aux prières de ton aïeul... Mais je te le pardonne. Maintenant, souviens-toi que les notables sont là, dans la pièce voisine, et que mon absence comme la tienne doit leur paraître inexplicable..... Allons, donne la main à ta fiancée..... et suis-moi.

Il se dirigeait déjà vers la porte de la grande salle, Isidoro le retint :

— Grand-père, dit-il avec fermeté, puisqu'*il faut* que ce mariage ait lieu, vous n'avez rien à me refuser dans un pareil moment; je vous prie donc de consentir à ce que nos hôtes demeurent dans la maison jusqu'après les noces.

— Isidoro, oublies-tu qu'une ruse seule a pu me déterminer contrairement aux ordres du conseil...

— Grand-pere, ne me demandez pas la raison de ce désir, mais je vous supplie d'y condescendre.

— Eh bien! nous allons en parler au syndic en attendant l'arrivée du viguier andorran; nous ferons valoir auprès d'eux la solennité de la fête.

Et il s'avança de nouveau vers la porte; mais Isidoro restait immobile, comme s'il eût hésité encore. Cornélie prit la main de Maria, la mit dans celle d'Isidoro, et les entraîna doucement l'un et l'autre, en murmurant à l'oreille du jeune Duba :

— Courage! courage!

Isidoro se laissait conduire machinalement. Comme il retournait la tête pour adresser une dernière parole à Cornélie, la porte s'ouvrit tout à coup et laissa voir la salle éclairée par un grand nombre de bougies de résine. Une foule de vieillards, de dignitaires, de chefs de famille, remplissait cette vaste pièce et formait des groupes animés. Au même instant la main de Bertren remplaça celle de Cornélie, entraînant Isidoro et sa fiancée au milieu de l'assemblée. Des vivats, des acclamations, un tumulte général, accueillirent les arrivans.

La porte s'était refermée, et Cornélie demeura seule avec son père dans l'obscurité. Elle écouta un moment le bruit confus que produisait la présentation des futurs époux; puis elle se rapprocha toute pâle et tremblante de son père, appuya sa tête sur l'épaule de Gonthier, et lui dit d'une voix étouffée :

— Mon père, emmenez-moi, de grâce!... donnez des ordres pour que nous partions ce soir ou demain avant le lever du jour.

— Pourquoi cela, ma fille? demanda Gonthier avec étonnement; n'as-tu pas entendu Isidoro solliciter de son aïeul un nouveau délai? Tu es encore si faible...

— Mon père, je ne pourrai jamais être témoin de ce mariage... je veux partir.

— Mais enfin, ma chère Cornélie, explique-moi...

— C'est que... je l'aime, mon père! murmura la jeune fille en fondant en larmes.

VIII

LA MALÉDICTION.

La plupart des invités, n'ayant pu trouver place dans la demeure des Duba, furent forcés de bivouaquer pendant la nuit sous le hangar destiné à servir de salle de banquet. Mais, à en juger par les chants et les danses qui se prolongèrent jusqu'au jour, le temps s'était passé gaiement pour eux, et ils n'avaient pas dû beaucoup regretter leur couche de peaux dans leurs maisons de marbre.

Ce fut surtout vers les neuf heures du matin, heure désignée pour la célébration de la cérémonie, que l'affluence devint prodigieuse. Les habitans du voisinage accouraient sans trop s'inquiéter s'ils avaient reçu une invitation spéciale, car on avait annoncé publiquement que tous ceux qui voudraient prendre part à la fête seraient les bienvenus. Aussi n'était-il personne à trois lieues à la ronde qui n'eût désiré d'assister au mariage d'Isidore Duba, l'héritier du droit carlovingien, le petit-fils du doyen d'Andorre, avec la belle Maria Belsamet, le dernier rejeton d'une famille presque aussi ancienne que celle des Duba. Cet événement devait faire pendant bien des années le sujet des conversations dans les vallées. D'ailleurs on voulait voir la contenance noble et fière du marié, la rougeur et les ajustemens précieux de la future; on voulait adresser leur vin pour prix des acclamations qu'on allait pousser, des bénédictions qu'on allait répandre.

Au milieu des groupes se promenait fièrement une bande de dix à douze gaillards robustes, vêtus à la catalane et armés jusqu'aux dents, qui semblaient inspirer plus de crainte que de sympathie aux autres assistans; à la tête de cette bande se trouvait un homme de haute taille, la carabine sur l'épaule, et portant un bras en écharpe. A ce signe on a reconnu sans doute notre ancienne connaissance Michaël Moro le contrebandier; il venait avec ses compagnons toucher le tribut promis par Bertren Duba. Du reste, dans ce concours immense, on ne voyait pas de femmes; elles se réunissaient au village, dans la maison de Belsamet, pour accompagner la future à l'église, pendant que les hommes, de leur côté, feraient cortége à Isidoro.

Le ciel même semblait avoir voulu favoriser cette fête villageoise; le soleil brillait avec cet éclat doux et pur qu'il conserve, même pendant l'arrière-saison, dans les contrées méridionales; aussi les apprêts du festin se continuaient-ils en plein air. Les tables du hangar étaient déjà chargées d'une longue file d'assiettes de bois et de cruches remplies de vin. Sur une table à part, destinée à l'aristocratie andorrane et aux futurs époux, le couvert était d'une belle porcelaine française avec des cuillères et fourchettes d'argent, luxe extraordinaire pour le pays. Autour de ce hangar flambaient des feux qui servaient à cuire les viandes de toute espèce. Un sanglier presque entier rôtissait devant un brasier de sapin ; les moutons, les poules et les oisons bouillonnaient dans de grandes chaudières. Il y avait des outres de vin à monceaux, des piles de pain de maïs qui s'élevaient jusqu'à la toiture de la salle. Mais nous nous arrêterons au milieu de cette description homérique, car on pourrait nous accuser d'avoir pillé Miguel Cervantès Saavedra.

Par contraste avec la joie bruyante du dehors, la vaste habitation de Bertren Duba, quoique remplie de monde, était calme et silencieuse. Le viguier andorran lui-même venait d'arriver avec plusieurs autres grands fonctionnaires de la république, et tous ces hôtes distingués étaient réunis en ce moment dans la salle commune, enjolivée de tentures et de guirlandes de feuillage. Le viguier, en costume militaire, avait l'épée au côté, et seul, sur le territoire de l'Andorre, il pouvait, avec son collègue le viguier de France, alors absent, porter une pareille arme. Autour de lui se groupaient les *honorables* bailes, ou juges civils, les syndics, les consuls des communes andorranes, les capitaines de milice avec leurs *damnés* ou lieutenans, et jamais peut-être tous les pouvoirs de l'Andorre ne s'étaient réunis ainsi pour faire honneur à une seule famille.

Aussi le vieux Bertren semblait-il transporté d'orgueil et de bonheur. Ses yeux pétillaient, ses narines se gonflaient, sa taille, un peu voûtée d'ordinaire, était redevenue droite comme au temps de sa jeunesse. Il revivait dans son petit-fils ; les hommages l'enivraient comme le bal enivre une jeune fille. Revêtu d'un habit noir à la française, il se promenait fièrement dans l'assemblée, recevant les complimens et les serremens de main. Isidoro l'accompagnait, morne et pensif, ne répondant que par un sourire mélancolique aux félicitations qu'on lui adressait. Mais on attribuait cette taciturnité au respect que devait naturellement éprouver un jeune homme au milieu de tant de vieillards et de hauts personnages.

N'eût été la finesse des étoffes, l'éclat des couleurs, n'eussent été quelques ornemens accessoires de toilette, le costume d'Isidoro ressemblait en tout à celui qu'il portait le jour où les voyageurs l'avaient rencontré dans les montagnes. Par un raffinement de politique, peut-être par suite de son attachement aux mœurs et aux usages de l'Andorre, le centenaire avait voulu que son petit-fils se mariât dans l'uniforme national. Aussi, comme nous l'avons dit, rien n'eût distingué de ce jour solennel le riche Isidoro Duba du dernier de ses pâtres, sauf les bas de soie et les souliers à boucles d'argent qui remplaçaient les spartilles et les guêtres de cuir, sauf les rubans qui ornaient son costume, sauf enfin l'épingle en diamant qui brillait à sa poitrine et qui était un présent du viguier lui-même.

Bertren Duba entraîna Isidoro dans un coin écarté, pendant les assistans causaient des affaires publiques de l'Andorre, et là, ne pouvant plus se contenir, il dit à son petit-fils, toujours silencieux et préoccupé :

— Ah ! mon Isidoro, quelle glorieuse journée ! Notre famille a-t-elle jamais reçu tant de marques de considération ? A-t-elle jamais été dans une position plus brillante et plus prospère, depuis le temps du grand Carl, maintenant que, par suite de ton mariage, elle n'est plus menacée de s'éteindre ? Dieu nous protége, Isidoro ; Dieu a voulu que je visse ce beau jour avant que je meure pour me donner un avant-goût des joies du paradis !

En parlant ainsi le vieillard avait peine à retenir des larmes d'attendrissement, et il serrait dans ses mains la main de son petit-fils.

— Puisse ce bonheur être de longue durée, grand-père ! répliqua Isidoro d'une voix triste. Mais, ajouta-t-il plus bas avec embarras, je n'ai pas vu encore ces Français qui m'ont promis d'assister...

— Ne t'inquiète pas d'eux, mon fils, dit le centenaire avec précipitation ; ils ne pouvaient se trouver avec les membres du conseil qui... Tu les verras au retour de l'église. D'ailleurs, continua-t-il d'un air animé, peux-tu donc songer à ces voyageurs, quand nous avons à recevoir tant de personnages importans venus ici à cause de toi ? Sais-tu, mon fils, qu'après une telle démonstration en notre faveur, il n'est pas d'honneur auquel tu ne puisses prétendre ? Ton mariage va te rendre apte aux charges publiques ; tu vas devenir membre de l'illustrissime conseil, consul, et plus tard, quand je reposerai depuis longtemps dans ma tombe, viguier de l'Andorre, peut-être...

Bertren promena autour de lui un regard triomphant, comme s'il eût défié l'avenir ; Isidoro répondit avec un malaise inexprimable :

— Grand-père, excusez-moi... Mais vous ne pouvez comprendre quel intérêt j'attache à ce que cet étranger et sa fille ne s'éloignent pas de moi en ce moment.

— Eh ! qu'importe cet étranger, qu'importe sa fille ! dit impétueusement le vieillard ; mais pour moi, quand je vivrais cent ans encore, le souvenir de la belle journée qui commence ne sortira plus de ma mémoire !... Isidoro, pourquoi faut-il que je paraisse comprendre ce bonheur mieux que toi ?

Le jeune Duba allait répondre, quand deux ou trois dignitaires andorrans se rapprochèrent de son aïeul et lui adressèrent la parole ; Isidoro profita de cette circonstance pour échapper à l'horrible gêne qu'il éprouvait depuis le matin, et sortit précipitamment.

Cependant l'heure fixée pour la bénédiction nuptiale arriva ; un bedeau, portant la verge à pomme d'argent, fut envoyé de l'église pour annoncer que le prêtre attendait et que le cortége des femmes s'était déjà mis en marche avec la fiancée.

A cette nouvelle les assistans se levèrent et se rangèrent suivant l'ordre de préséance. Le viguier et les syndics devaient marcher les premiers, comme chefs du gouvernement de l'Andorre ; la seconde place était réservée au vieux Bertren et au marié, auxquels, par une faveur insigne, on donnait ainsi le pas sur les membres de l'illustrissime conseil, les consuls et les bailes. Puis devaient venir les officiers publics subalternes, puis enfin les simples citoyens invités à la fête.

Or, pendant que chacun prenait ainsi sa place suivant la hiérarchie andorrane, Bertren Duba pâlit tout à coup : il venait de remarquer qu'Isidoro n'était pas dans la salle.

— Le malheureux va faire attendre tout le monde ! murmura-t-il avec effroi ; que pensera-t-on de lui ? — Il courut à la porte de la cour et appela trois ou quatre de ses pâtres. — Cherchez Isidoro ! leur dit-il d'une voix brève, allez vite, vite... dans sa chambre... partout... On l'attend.

A peine avait-il achevé de parler que les braves gens étaient déjà partis. Bertren s'empressa de rentrer.

— Que l'illustre viguier et tous mes honorables amis excusent mon petit-fils s'il est un peu en retard, dit-il le front baigné d'une sueur froide ; l'enfant a perdu la tête, et cela se comprend le jour de son mariage.

Quelques plaisanteries amicales et des paroles d'indulgence accueillirent ces excuses ; cependant certains vieillards austères avaient froncé le sourcil en apprenant qu'un jeune homme était cause du retard qu'on éprouvait. Au bout de quelques minutes, l'impatience gagna les plus tolérans ; Bertren allait et venait d'un air d'angoisse. Enfin, un de ceux qu'il avait envoyés à la recherche d'Isidoro parut à la porte et dit à voix basse :

— Nous ne l'avons pas trouvé.

— Cherchez, cherchez encore...

Il revint vers le viguier et les bailes, et dit avec un sourire forcé :

— Sans doute, messieurs, mon petit-fils, se croyant indigne de précéder cette illustre compagnie, se sera rendu d'un autre côté à l'église avec sa fiancée... Sa modestie seule est cause de tout le mal... Allons les rejoindre.

Il invita par un signe poli le viguier à ouvrir la marche, lui-même s'appuya sur le bras d'un vieillard presque aussi âgé que lui, et l'on partit.

Dans la cour attendait une troupe de musiciens qui devait marcher en avant. Les montagnards formaient la haie sur le passage du cortége, et quand le viguier parut, il fut salué par une décharge générale des carabines ; des vivats furent poussés tant en l'honneur des dignitaires de l'Andorre qu'en l'honneur des Duba ; en même temps la cloche du village était sonnée à grande volée.

Bertren cherchait avidement du regard dans cette foule compacte, mais Isidoro ne se montrait pas. De leur côté les invités semblaient plus curieux encore de voir Isidoro Duba que le viguier et tous les dignitaires de la république ; et comme il n'y avait là que le vieux Bertren et les garçons d'honneur chamarrés de rubans, un grand étonnement se peignait sur les visages :

— Où donc est Isidoro ? disait-on de toutes parts.

Quand ce nom, fréquemment répété, arrivait jusqu'aux oreilles de Bertren, celui-ci répondait, en s'efforçant de paraître calme.

— Isidoro, mes amis ? il est en avant... il nous attend à l'église !

Cette explication volait de bouche en bouche, et les acclamations continuaient.

Comme nous le savons, l'habitation de Duba se trouvait à une courte distance du village ; mais le centenaire eut le temps de souffrir mille morts pendant le trajet. Il était d'une pâleur livide, quoiqu'il cherchât à cacher son trouble à ceux qui l'entouraient. A la vue de l'église il frissonna, et, si son vieux compagnon ne l'eût soutenu, il lui eût été impossible d'avancer.

Cette église, de la construction la plus simple, était précédée d'une espèce de porche situé au-dessous du clocher ; la porte, ouverte à deux battans, laissait voir l'intérieur du temple jusqu'à l'autel du fond. La nef, suivant l'usage du pays, était partagée en deux parties égales par une balustrade en bois de sapin. Le côté gauche était réservé aux femmes et le côté droit aux hommes, car les deux sexes sont toujours séparés dans les églises pyrénéennes.

En arrivant sur la place, on fit une nouvelle décharge des armes à feu ; mais aucun homme ne se montrait sous le porche, excepté le sonneur, qui s'escrimait de son mieux pour l'honneur de la paroisse. En revanche, les femmes étaient à leur poste ; au milieu des costumes rouges et verts, qui étaient dans les couleurs se confondaient dans le demi-jour de l'intérieur de l'église, on pouvait distinguer déjà les voiles blancs des matrones et les serviettes blanches pliées en quatre que les Andorranes, jeunes et vieilles, se croient obligées de porter en équilibre sur la tête dans les solennités.

On entra au son de la musique dans la partie du temple rustique réservée aux hommes. Les assistans de classe inférieure se rangèrent modestement le long du bas côté, pendant que les personnages d'importance allaient occuper dans le chœur les bancs qui leur avaient été réservés. Le vieux Bertren semblait avoir subitement retrouvé ses forces ; il marchait si vite qu'il fut sur le point de manquer à l'étiquette en dépassant le viguier lui-même. Quand il atteignit le sanctuaire où se terminait la balustrade, il jeta un regard avide dans la partie de la nef où les femmes étaient dévotement agenouillées, puis dans le sanctuaire même où Maria, vêtue de velours et chargée de bijoux, attendait avec sa mère. Quand le cortége arriva, toutes les deux se retournèrent avec vivacité pour voir le fiancé : le fiancé n'y était pas.

Alors un murmure sourd s'éleva de toutes les parties de l'église. L'absence d'Isidoro devenait inconcevable. Tous les yeux étaient fixés sur Bertren ; mais personne, pas même le viguier, n'osait interroger le centenaire, dont on commençait à soupçonner les angoisses secrètes. Belsamet se crut le droit de montrer moins de réserve. Elle traversa l'imposante assemblée réunie dans le chœur, et, allant directement à Bertren, elle lui dit tout bas :

— Que signifie ceci, illustre Duba ? Où donc est votre petit-fils ? Pourquoi n'est-il pas ici ?

— Avant que le prêtre soit monté à l'autel, répondit le veillard à voix haute, mon petit-fils sera ici.

La matrone regagna sa place sans prononcer une parole. Quelques momens s'écoulèrent encore. On chuchotait ; l'impatience des assistans devenait visible. Bertren ne bougeait pas et regardait fixement une petite porte latérale plus rapprochée du chœur que celle de la nef. C'était une de ces portes qui dans les églises des Pyrénées, conservent encore aujourd'hui le nom de *porte des Ca-Goths;* elles servaient autrefois de passage aux lépreux et aux goîtreux. Même de nos jours, les montagnards éprouvent une grande répugnance à pénétrer par là dans une église, et cependant que n'eût pas donné Bertren pour voir maintenant son fils paraître à cette porte de parias ?

Enfin l'attente devint si vive qu'une réprobation générale allait éclater peut-être, quand un des pâtres envoyés à la recherche d'Isidoro parut tout à coup, et se dirigea vers son maître avec rapidité :

— Illustre Duba, dit-il à voix basse, il est parti...

— Qui donc ?

— En apprenant que les Français avaient quitté la maison ce matin avant le jour, il est entré dans une colère terrible... il a pris sa cape, et il est parti depuis plus d'une heure.

Bertren, au lieu de répondre, alla s'agenouiller au pied de l'autel, au moment même où le prêtre, en habits sacerdotaux, sortait de la sacristie pour commencer l'office divin. Il resta prosterné quelques secondes, puis, se redressant avec solennité, il se tourna vers la foule qui remplissait l'église, et dit d'une voix sonore :

— Soyez tous témoins du châtiment que va infliger à son fils un père cruellement offensé ! Isidoro Duba mérite notre haine et notre colère. Il abandonne sa fiancée pour suivre une femme étrangère ; il ne respecte pas mes cheveux blancs, il ment à ses promesses, il trahit ses sermens, il déshonore mon nom !... En présence de vous tous, habitans de l'Andorre, en présence de Dieu tout-puissant, je le maudis et je voue son nom au mépris de vous et de vos enfans !

En prononçant ces paroles, le vieillard tomba lourdement, et son front heurta l'angle de l'autel ; une large blessure s'était ouverte, et cependant le sang ne jaillit pas. Bertren Duba était mort.

Une agitation affreuse suivit cette catastrophe. On s'élança pour relever Bertren et lui donner des secours. En quelques secondes, le malheureux vieillard fut entouré d'une foule empressée où les personnages les plus éminens se coudoyaient avec les plus humbles pâtres. Un médecin qui se trouvait dans l'assemblée examina le corps et finit par s'éloigner en hochant tristement la tête. A son tour, le prêtre qui s'était préparé pour une toute autre cérémonie voulut administrer, s'il en était temps encore les derniers sacremens... Le prêtre n'eut qu'à prier sur un cadavre.

En reconnaissant qu'il ne restait plus aucun signe de vie chez le vénérable doyen de l'Andorre, ses amis et ses proches se livrèrent à une profonde douleur. Le viguier apprit à la foule la perte irréparable que venait de faire la république, et, en quelques paroles bien senties, il fit l'éloge du généreux citoyen qui, après une longue carrière, venait de succomber d'une manière si subite et si fatale. Des sanglots, des larmes, des prières ferventes accueillirent cette touchante oraison funèbre d'un homme qui, peu d'instans auparavant, était plein de vie et semblait parvenu au comble de la félicité humaine. C'était un père, un ami, un conseiller, un protecteur que perdait en lui chacun des assistans ; et, depuis plus d'un siècle peut-être, jamais désastre public n'avait tant affligé la population andorrane. Le prêtre récita un *De profundis* auquel tous ceux qui étaient dans l'église se joignirent avec la plus grande piété, puis la foule s'écoula lentement par les deux portes de la nef.

Au moment où Bertren tomba, après avoir proféré son terrible anathème contre son petit-fils, la fiancée avait poussé un cri de terreur, et s'était évanouie dans les bras de sa mère éperdue. Belsamet et les filles d'honneur la transportèrent hors de l'église, sur un banc de pierres; et lorsque la foule morne et désolée déboucha sur la place, la pauvre Maria n'avait pas encore repris ses sens. La vieille Belsamet, saisie tout à coup d'un accès de délire, écarta les femmes avec autorité, et montrant aux montagnards la jeune fille pâle et immobile, dont les cheveux blonds tombaient jusqu'à terre, elle s'écria d'une voix déchirante.

— Habitans de l'Andorre, vous tous, mes parens, mes amis, mes voisins, pas un de vous ne vengera-t-il l'injure faite à la fille de la veuve? Personne n'aura-t-il pitié de la pauvre Maria Belsamet, que son fiancé voue à l'infamie en l'abandonnant avec tant de lâcheté? — Un profond silence régna dans l'assemblée à ce violent appel; on regardait tristement la mère désolée, mais on baissait la tête et on ne répondait rien. Isidoro, malgré sa faute, était encore cher à ses compatriotes. On se rappelait qu'Isidoro était le plus loyal, le plus hardi, le plus adroit des jeunes gens de la contrée, et ses qualités le rendaient inviolable pour ceux mêmes qui blâmaient sa fuite avec le moins de réserve. Cependant une circonstance inattendue vint en aide à Belsamet. Comme la veuve achevait de parler, six montagnards sortirent de l'église, portant sur leurs bras entrelacés un corps humain enveloppé tout entier dans un manteau catalan. C'étaient les pâtres de Duba qui transportaient leur maître à sa maison, en attendant qu'il pût être inhumé avec la pompe convenable. Belsamet les arrêta, et, désignant d'une main sa fille évanouie, pendant qu'elle étendait l'autre main sur le cadavre, elle reprit avec plus de force : — Habitans de l'Andorre, si les larmes d'une veuve et l'outrage fait à une jeune fille innocente ne peuvent vous toucher, ne vengerez-vous pas la mort de l'illustre Bertren Duba, votre bienfaiteur à tous, l'homme le plus prudent, le plus sage, le plus vertueux qu'il y ait jamais eu dans nos souverainetés? N'y a-t-il donc plus chez nous ni courage, ni énergie, ni haine contre les méchans et les assassins. — Un sourd murmure roula un instant dans la foule et s'éteignit peu à peu. Les porteurs se remirent en marche avec leur précieux fardeau. Belsamet s'exhala en reproches et en blasphèmes contre la population andorrane tout entière. — Personne! disait-elle avec rage; personne pour lui rendre le mal qu'il nous a fait.

— Veuve Belsamet, dit une voix sévèrement le viguier qui sortait de l'église, bien que je comprenne votre douleur, je vous défends de parler de vengeance contre ce malheureux jeune homme. Dieu et le remords suffiront pour le punir; et, si je ne me trompe, cette punition sera terrible!

La mère s'inclina d'un air sombre, et le viguier s'éloigna pour donner les ordres exigés par les circonstances. Belsamet ne semblait plus s'occuper que de sa fille quand, à travers la foule qui se pressait encore autour d'elle, se glissa un homme qui lui dit à voix basse :

— Nous nous vengerons, Belsamet !

La veuve tressaillit et se retourna vivement : C'était Michaël Moro. Le contrebandier reprit avec un affreux sourire, en présentant sa main blessée.

— Le père est mort, sans avoir achevé de régler ce compte; maintenant il faut que je le règle avec le fils. Je puis faire vos affaires tout en faisant les miennes... mais que me donnerez-vous?

— Le double de ce que t'avait promis Duba, murmura la veuve.

— C'est bien... où pourrons-nous trouver le jeune diable?

— Je l'ignore encore, mais nous le saurons bientôt... Suis-moi !

IX

LES FUGITIFS.

Pendant que ces choses se passaient dans le hameau pyrénéen, Gonthier et Cornélie s'avançaient vers la ville d'Andorre, capitale de la république; d'où il devaient gagner le soir même la Seu-d'Urgel. Là, par les recommandations verbales qu'apportait Pédro de la part de Bertren, ils devaient trouver un asile sûr jusqu'à ce que les événemens politiques leur permissent de retourner dans leur patrie.

Il était midi environ, et les voyageurs marchaient depuis le matin. Aussi avaient-ils fait une grande partie de la route, et déjà ils commençaient à apercevoir dans l'éloignement la jolie ville d'Andorre avec ses maisons couvertes d'ardoises, son petit palais des viguiers et le clocher de son église métropolitaine. Le chemin ou plutôt le sentier qu'ils suivaient longeait la Tristanza, et, quoiqu'il fût très fréquenté, il ne présentait pas néanmoins toute la sécurité désirable. Quelquefois il attaquait hardiment le flanc d'une haute montagne qui se dressait devant lui, et il l'escaladait après mille détours; plus loin il se glissait entre deux précipices, ou s'enfonçait dans les sombres ravins creusés par le torrent auquel il disputait une partie de son lit de rocher. Aussi, bien qu'un pareil voyage ne présentât pas des dangers très redoutables, il fallait une attention constante pour avancer sans risque, et une distraction pouvait encore coûter la vie.

Mais, soit que les cavaliers et les montures se fussent familiarisés avec ces périlleuses excursions, soit que les principaux personnages de la petite caravane eussent, chacun à part soi, des sujets de réflexion sérieuse, on continuait d'avancer sans songer aux difficultés de la route. Pédro, le confident de Bertren, ouvrait la marche avec un autre Andorran chargé de l'assister dans les soins qu'il devait donner à Gonthier et à sa fille. Tous les deux, couverts de leur cape de laine, un bâton à la main, s'entretenaient à voix basse des brillantes fêtes auxquelles ils n'assisteraient pas, et leur mauvaise humeur était cause qu'ils semblaient s'occuper fort peu de leur mission. D'ailleurs, ne sachant le français ni l'un ni l'autre, ils ne pouvaient se faire entendre des voyageurs que par signes, chaque fois qu'il se présentait un obstacle à éviter ou une précaution à prendre.

Après eux venait Gonthier à cheval, côte à côte avec sa fille, qui voyageait dans son cacolet, suivant sa coutume. Tous les deux gardaient le silence; le père, grave et pensif, jetait de temps en temps un regard plein d'une affectueuse pitié sur Cornélie, pâle et muette. Puis venait Diégo, monté sur le cheval de Bernard, car sa blessure ne lui eût pas permis de faire à pied cette longue traite. Les autres bohémiens fermaient la marche, et de toute la troupe, les trois gitanos étaient certainement ceux qui, pour le moment, croyaient avoir le moins à se plaindre de la destinée. Ils discutaient avec complaisance les qualités des trois chevaux qui leur étaient promis et qu'ils considéraient déjà comme leur appartenant. Diégo ménageait soigneusement celui qu'il montait et il restait en arrière de Gonthier et de Cornélie, afin de causer avec ses co-associés du fonds social dont ils allaient bientôt pouvoir disposer. Dieu sait les spéculations qui furent proposées et discutées pendant cette mémorable matinée par les trois négocians!

Au moment où la vue subite d'Andorre attira l'attention des voyageurs, Gonthier, que le silence obstiné de sa fille attristait, lui dit avec douceur :

— Nous approchons de la ville, mon enfant. On nous a prié il est vrai de ne pas nous y arrêter; mais je n'hésiterais pas à le faire si tu éprouvais de la fatigue et si tu avais besoin d'un moment de repos...

— Merci, merci, mon excellent père, répondit Cornélie avec un sourire mélancolique, je me trouve assez bien pour continuer notre voyage jusqu'à la fin. Il me semble, au contraire, que plus nous nous éloignons de cette maison... où nous avons reçu l'hospitalité, plus je me sens de force et de courage... Mon père, ajouta-t-elle en rougissant et en couvrant ses yeux avec une de ses mains, qu'avez-vous pensé de moi après l'aveu qui m'est échappé devant vous ?

— J'ai pensé, mon enfant, dit Gonthier avec chaleur, que je devais remercier Dieu de t'avoir donné tant de raison, de sagesse et d'énergie; j'ai pensé que dans mon infortune je devais être le plus heureux et le plus fier de tous les pères, en voyant combien tu es au-dessus des faiblesses de ton sexe. Oui, ma Cornélie, ton sacrifice était digne d'un noble et vaillant cœur tel que le tien; tu voyais qu'une pareille affection, bien qu'elle fût mutuelle, ne pouvait avoir de résultats; elle froissait brusquement les projets de deux familles, et dans l'ordre moral elle était impossible. Tu n'as pas hésité un instant à couper le mal dans sa racine; tu as rendu ce jeune homme fougueux à ses devoirs, à sa famille, à sa patrie; sois sûre à ton tour que tu seras récompensée par la paix de l'âme de cette bonne action... Et moi, ma pauvre Cornélie, qui t'avais laissée lutter seule contre ce penchant secret! moi, qui n'avais rien vu, rien deviné! j'avais attribué à la simple reconnaissance l'intérêt que tu prenais au sort de ce jeune homme.

— Hier encore je l'attribuais moi-même à la même cause, mon père, dit Cornélie avec un peu de confusion ; mais quand je vis monsieur Duba céder enfin à mes instances, je sentis tout à coup dans mon cœur une affreuse douleur qui me révéla la vérité... Je venais d'éprouver mon pouvoir absolu sur Isidoro et je songeais que nous lui devions la vie...

— Il n'y a que trop d'excuses à cet attachement passager, dit Gonthier, qui cherchait d'abord à flatter les sentimens de sa fille afin de les maîtriser sûrement plus tard ; ce jeune homme possède d'éminentes qualités, quoique ces qualités soient plus en relief dans ce pays sauvage qu'elles ne pourraient l'être dans nos villes. Oui, je m'explique fort bien cet enthousiasme de jeune fille pour un enfant de la nature, brave et généreux, tel qu'Isidoro... mais sois assurée que tu ne te repentiras pas du passé. Ce n'est jamais impunément qu'on lutte contre certaines impossibilités, et le sentiment d'avoir agi avec raison et justice efface promptement des impressions que l'on croit profondes et durables. Cependant je suis fâché que ce bon Bernard Alric nous ait quittés...

Gonthier se tut, attendant sans doute qu'une observation de sa fille amenât tout naturellement l'éloge de son ami.

— Je vous comprends, dit Cornélie d'un air abattu; vous voulez me faire entendre que pour monsieur Bernard les impossibilités dont vous parliez n'existent pas. Mais, mon père, vous l'avouerai-je? depuis hier j'ai fait de cruelles découvertes. Jusqu'ici j'avais voulu me cacher à moi-même de secrètes répugnances qui prennent de jour en jour plus de force. Monsieur Bernard est un homme de cœur et de sens que j'estime et que j'aime. Cependant, malgré tous les services qu'il nous a rendus, malgré les qualités solides qui le distinguent, je ne puis éprouver pour lui cette affection vive, enthousiaste, que je suis susceptible de ressentir ; le préjugé de caste qui pèse sur lui m'irrite et me blesse. Quand Alric venait nous voir dans notre maison de Nîmes, j'ignorais encore la véritable portée de cette dénomination de Ca-Goth qu'on lui donne dans son pays natal, je n'imaginais pas l'odieuse réprobation dont on y frappe sa race; mais depuis que nous sommes arrivés dans ces montagnes, involontairement j'ai remarqué les gestes de mépris, les haussemens d'épaule, les paroles insultantes auxquels on l'accueille partout ; je crois encore entendre le cri que poussa l'autre jour un enfant, pendant que nous traversions avec Bernard un village pyrénéen : « Aux yeux bleus des Ca-Goths! » ce cri qui, m'a-t-on dit, retentissait au moyen âge sur le passage des parias dont Bernard est descendu... Que vous dirai-je, mon père? il m'est venu souvent dans la pensée (car mes aveux seront complets) que ce mariage projeté n'était pour vous qu'un défi jeté à l'injustice... Oh! ne m'adressez aucun reproche, car je me blâme moi-même de toute la force de ma raison. Vous n'avez songé qu'à mon bonheur, je le sais, et ce n'est pas votre faute si, en faisant choix de l'homme capable de l'assurer, vous avez trouvé l'occasion de fronder un préjugé. Je suis folle peut-être, mais je dois vous montrer avec franchise l'état de mon âme. J'éprouve pour monsieur Bernard les sentimens que je pourrais éprouver pour un frère; mais je ne l'aime pas autrement... et je crains de ne pouvoir l'aimer jamais d'une autre manière.

Une exclamation brève fut poussée derrière les voyageurs et leur fit tourner la tête. Un montagnard, enveloppé tout entier dans sa cape, le visage caché par un vaste sombrero, marchait tout près d'eux, sans qu'ils sussent comment il se trouvait là. Le bruit des pas des chevaux avait couvert le bruit de ses pas, et son cri inarticulé avait seul trahi sa présence.

— Quel est cet homme, mon père? demanda Cornélie à voix basse.

— C'est Pédro, notre guide, répondit Gonthier avec distraction.

— Mais, mon père, il a pu nous entendre, et...

— Il ne comprend pas un mot de français, mon enfant, il ne s'inquiète guère de nos propos... Mais tu veux m'échapper, continua-t-il en regardant sa fille en souriant; tu crains que je ne te démontre l'injustice de tes préventions à l'égard de ce pauvre Bernard...

— Ne discutons pas des sentimens que ni vous ni moi ne sommes maîtres de changer, mon père, dit la jeune fille avec mélancolie. Peut-être plus tard ces fâcheuses impressions s'effaceront-elles, et alors les projets que vous avez conçus pourront s'accomplir... Mais, je crains bien de ne jamais éprouver pour monsieur Alric cette affection que j'ai ressentie pour... un autre!

— Et cet autre, en ce moment, reçoit les sermens d'une femme dont il est aimé, et qu'il alliera de même, dit Gonthier avec fermeté. Dans un mois peut-être il t'aura oubliée de la famille que les convenances, le devoir, la volonté de sa femme lui auront donnée.

— Vous vous trompez, monsieur! s'écria-t-on impétueusement.

En même temps Isidoro (car c'était lui) entr'ouvrit son manteau et se montra dans son costume de noce, qu'il n'avait pas songé à quitter. Gonthier et Cornélie s'arrêtèrent et descendirent de cheval.

— Vous ici! s'écria Gonthier, vous, Isidoro Duba?

— Et... vous nous écoutiez! murmura Cornélie avec terreur ; de quel côté êtes-vous venu?

Isidoro désigna un de ces petits sentiers, fréquentés par les piétons, qui raccourcissent les distances dans les montagnes.

— J'ai tout entendu! reprit-il ; je sais maintenant, mademoiselle, pourquoi vous avez voulu partir.

— Que signifie tout ceci, monsieur? demanda Gonthier avec sévérité ; pourquoi avez-vous quitté votre fiancée, votre aïeul, vos amis? Que faites-vous ici? Que s'est-il passé? Que voulez-vous?

Isidoro ne sembla pas avoir entendu ces questions pressantes; ses yeux étincelans étaient attachés sur Cornélie.

— Il est donc vrai! dit-il d'une voix pénétrante ; ce que je n'avais osé espérer dans mes rêves les plus hardis s'est donc réalisé! Mademoiselle, en mon tour j'ai pu surprendre votre secret... Oh! c'est une inspiration du ciel qui m'a fait fuir cette foule importune et rompre cet odieux mariage, puisque j'ai pu surprendre un aveu qui me donnera du bonheur pour toute la vie!

— Quoi! monsieur Isidoro, s'écria Cornélie hors d'elle-même, ce mariage n'est donc pas accompli malgré vos promesses?...

— Vous n'avez pas tenu les vôtres! s'écria le jeune Duba avec véhémence, mais je ne dois plus m'en plaindre... Quand je me suis aperçu que vous étiez partis en secret, sans me laisser une consolation, une marque de souvenir, ma raison s'est perdue, mon courage s'est brisé; j'ai voulu vous voir encore un instant, vous protéger, vous défendre, ou du moins vous dire adieu... J'ai abandonné mon aïeul, ma fiancée, tous ces hôtes illustres qui étaient venus à la fête... Mais je ne regrette pas ce que j'ai perdu, car Dieu me réservait le plus grand, le plus inespéré de tous les bonheurs. Je suis libre, Cornélie, je suis libre et je sais que vous m'aimez!

L'accent, l'attitude d'Isidoro électrisèrent la jeune fille. Elle se jeta en pleurant dans les bras de Gonthier.

— Vous l'entendez, mon père? murmura-t-elle, ce malheureux jeune homme a tout sacrifié pour moi!

Isidoro comprit que de la réponse de Gonthier allait dépendre son sort; aussi se tourna-t-il vers le vieillard, et il lui dit d'un ton suppliant, quoique avec dignité :

— J'ai reconnu, monsieur, que vous étiez supérieur aux préjugés de vos compatriotes; ma qualité de pâtre et de fils de pâtre ne sera donc pas une raison de me repousser si, à d'autres égards, vous me jugez digne de votre fille. Je n'appartiens pas à une race de parias, comme monsieur Alric, et je vous ai donné assez de preuves de dévouement et de courage pour que mon caractère vous soit connu. Je ne parle pas de ma fortune, bien qu'aucune ici dans l'Andorre ne puisse m'en déposséder... je ne veux faire valoir auprès de vous que mon affection pour votre fille, mon désir ardent et sincère de la rendre heureuse.

— Cornélie, que dois-je répondre? demanda Gonthier d'une voix calme.

— Prononcez, mon père, dit la jeune fille sans lever les yeux.

— Eh bien! mon enfant, puisque tu as assez de confiance en ton père pour t'en remettre à lui du soin de ta destinée, je te sauverai de tes propres incertitudes; bientôt peut-être tu me remercieras de mon inflexibilité... Monsieur Isidoro, continua-t-il en se tournant vers le jeune Andorran, par la faute que vous venez de commettre en violant vos promesses, en jetant dans le désespoir votre vénérable aïeul, en outrageant une jeune fille qui méritait pourtant votre estime et votre respect, en reniant votre patrie et en bravant ceux qui la gouvernent, vous vous êtes rendu indigne de ma fille. Si vous étiez résigné noblement à votre sort, j'aurais pu du moins conserver de la pitié pour vos chagrins, de l'estime pour votre caractère, de l'admiration pour votre résignation; vous ne l'avez pas voulu. Vous parlez de votre courage, et vous êtes plus faible qu'un enfant. Les services que vous nous avez rendus ne peuvent s'effacer de notre mémoire, mais convient-il d'en demander une récompense qui ne vous est pas due. Quant au secret que vous venez de surprendre, écoutez-moi : vous deviez imiter la générosité de Cornélie, qui, malgré ses sentiments secrets, n'a pas voulu vous détourner de la voie tracée devant vous par l'honneur et le devoir. Maintenant vous n'avez plus à être fier de cette affection, car ma fille est forcée de vous mépriser...

— Mon père, mon père, dit Cornélie en sanglotant, de grâce, ne l'accablez pas!

Isidoro avait écouté d'un air sombre cette terrible réprimande; mais les dernières paroles de Cornélie le ranimèrent.

— Qu'importent les reproches d'un vieillard qui ne sait plus comprendre les passions de la jeunesse! dit-il en faisant un geste d'impatience; c'est à vous que je m'adresse, mademoiselle, c'est de vous seule que je veux apprendre mon sort... et, si vous y consentiez, je saurais bien vous arracher...

Cornélie avait jusque-là tenu son visage caché dans le sein de Gonthier; elle se redressa tout à coup, et, regardant Isidoro avec des yeux irrités, elle lui dit fièrement :

— Qui vous a donné le droit, monsieur, de supposer que les volontés de mon père ne sont pas des ordres pour moi, que je pourrais préférer à mon père une autre personne au monde, quelle qu'elle fût?

Isidoro chancela en poussant un sourd gémissement.

— Merci, ma digne fille! s'écria Gonthier; je t'avais bien jugée. Et maintenant, monsieur, ajouta-t-il en s'adressant à Isidoro, tout est fini entre nous; recevez nos remerciemens pour vos services passés et nos adieux. Il est temps peut-être encore de réparer les fautes que je viens de vous reprocher avec dureté, je l'avoue. Allez les réparer, monsieur; c'est le seul moyen d'acquérir de nouveaux droits à notre estime et à notre amitié.

— Je ne vous quitte plus, dit Isidoro d'une voix sourde.

— Au nom du ciel! monsieur Duba, reprit Cornélie qui se repentait déjà de la sévérité, souvenez-vous des sages résolutions d'hier au soir. Mon père a raison; peut-être est-il possible encore de renouer votre mariage... Partez, hâtez-vous!

— Nous ne bougerons pas tant que vous serez ici, dit Gonthier en frappant la terre du pied avec résolution, dussions-nous passer la nuit sur ce rocher...

— Permettez-moi du moins de vous conduire jusqu'à Urgel; les passages de certains défilés ne sont pas sûrs, et vous n'avez pas de défenseur.

— Un défenseur! s'écria Gonthier avec transport; en voici un qui nous arrive. C'est Dieu qui nous l'envoie en ce moment!

Il désignait du doigt un voyageur à cheval qui venait à eux, accompagné de Pédro et de deux autres montagnards. Le cavalier et la monture, épuisés de fatigue, paraissaient avoir fait une longue course. Il suffit d'un coup d'œil à Isidoro et à Cornélie pour reconnaître Bernard Alric, qui, ayant rencontré Pédro, lui avait fait rebrousser chemin.

A la vue de Gonthier et de sa fille, le Ca-Goth poussa un cri de joie et piqua son cheval, mais le pauvre animal fatigué n'avançait pas, et Bernard, pour arriver plus vite, mit pied à terre et courut vers son vieil ami. Gonthier lui ouvrit les bras; ils se tinrent un moment embrassés.

— Bonne nouvelle, monsieur Gonthier! s'écria le maître de forges; reprenez courage, mademoiselle Cornélie; mon voyage a réussi au delà de mes souhaits.

— Mon cher Bernard, que venez-vous nous annoncer?

Cornélie lui tendit la main et lui dit avec tristesse :

— Que pouvez-vous nous apprendre, Bernard, pour nous rendre heureux en ce moment?

— Mademoiselle, dit Alric avec vivacité, sans remarquer l'émotion de la jeune fille, votre respectable père a la faculté de rentrer en France quand il le voudra.

— Serait-il vrai?

— J'ai acquis la certitude que votre nom n'était pas porté sur la liste de proscription publiée par le gouvernement, et, en n'attirant pas l'attention sur vous, vous pourrez vivre en sûreté dans votre patrie. Si au contraire vous désirez séjourner dans l'Andorre, voici une autorisation qui lève toutes les difficultés; elle est signée du viguier français, qui j'ai vu à Pamiers; il vous protégera tant que vous résiderez dans ce pays.

Et il étalait avec orgueil un papier qui portait pour cachet les armes de l'Andorre. Gonthier lui adressa les remerciemens les plus empressés.

— Mais vous, mon pauvre Bernard, vous ne parlez pas de vous?... Vous semblez pourtant avoir bien souffert dans ce voyage. Comme vous êtes pâle! Vos habits sont encore humides de neige.

Ces observations s'adressaient à Cornélie, qui jeta en effet un coup d'œil sur Alric. Le pauvre jeune homme semblait n'avoir plus que le souffle. Malgré la joie naïve qu'ils exprimaient, ses traits portaient la trace d'une faiblesse alarmante. Il n'avait pas goûté un moment de sommeil depuis le jour de son départ.

— Oui, le col de Puymoreins était presque aussi dangereux que le port de la Cabane, dit-il en souriant, et nous nous en sommes tirés à grand'peine ; mais qu'importe, puisque tout a réussi, puisque j'ai pu cette fois être utile à mon digne ami et à ma fiancée !

Cornélie baissa les yeux avec embarras.

Pendant ce temps, une autre scène, non moins animée, avait lieu à quelques pas de là. Pédro et les montagnards, en rencontrant là leur jeune maître, qu'ils croyaient en ce moment dans son habitation présidant avec sa nouvelle épouse les fêtes de ses noces au milieu de tous les dignitaires de l'Andorre, avaient d'abord été frappés de stupeur. Puis devinant ce qui s'était passé, ils étaient tombés dans un affreux désespoir. Pédro surtout, qui savait combien un pareil événement avait dû désespérer le vieux Duba, ne mettait pas de bornes à sa douleur. Il s'était jeté à genoux devant Isidoro, le suppliant, au nom de tout ce qu'il y a de plus sacré, de revenir sur ses pas. Les autres montagnards joignirent leurs prières aux siennes ; la douleur de ces braves gens était digne de compassion. Cependant Isidoro semblait à peine s'apercevoir de leur présence ; il ne leur répondait pas un mot, et toute son attention se concentrait sur Cornélie et sur Bernard.

L'attendrissement de la jeune fille et ce titre de fiancée que lui avait donné Bernard semblèrent porter au comble l'affreuse jalousie qui le déchirait en secret. Il se rapprocha du groupe des voyageurs et se plaça d'un air sombre devant eux, sans prononcer une parole. Alric lui tendit cordialement la main :

— Bonjour, monsieur Isidoro, dit-il ; vous voyez que votre plan a entièrement réussi... Vous m'avez donné l'occasion d'être utile à deux personnes dont l'affection m'est plus chère que la vie...

— Et cette affection en êtes-vous sûr ? demanda rudement le montagnard ; trois jours d'absence peuvent changer bien des choses !

— Que voulez-vous dire, monsieur ?

— Ne comprenez-vous pas ? Celle que vous appeliez tout à l'heure encore votre fiancée ne l'est plus et ne peut plus l'être, parce qu'elle ne vous aime pas... Elle en aime un autre... interrogez-la elle-même !

— Ceci est infâme ! s'écria Gonthier.

— Ne voyez-vous pas ou que je le tue ou qu'il me tue ! murmura Isidoro. Elle en aime un autre, répéta-t-il en s'adressant à Bernard, et cet autre c'est moi...

— Serait-il vrai, mademoiselle ? demanda Bernard dans d'inexprimables angoisses ; oh ! ne me trompez pas, de grâce ! j'en mourrai peut-être, mais vous n'avez pas à craindre de reproches...

— Puisque je vous le dis, moi ! reprit Isidoro d'un air de défi.

— Vous vous trompez, monsieur, répliqua Cornélie avec force, en se plaçant entre les deux jeunes gens ; si monsieur Bernard n'a pas reçu ma promesse personnelle jusqu'à ce moment, je suis prête à remplir cette formalité... Monsieur Alric, je n'appartiendrai jamais à un autre que vous ; et si un moment d'erreur que je déplore a pu altérer mes sentiments pour vous, attendez tout d'un avenir prochain !

— Oh ! soyez bénie, mademoiselle, de vos consolantes paroles ! s'écria Bernard ; rien ne me coûtera pour mériter la précieuse récompense qui m'est promise ; je saurai prendre patience, s'il le faut, monsieur, de votre aveu, je ne dois pas désespérer de l'avenir ! — Puis se tournant vers Isidoro : — Monsieur Duba, reprit-il en le regardant fixement, que me disiez-vous donc tout à l'heure ? Je crois que vous avez menti !...

Isidoro fit un mouvement, mais Gonthier entraîna Bernard à quelque distance, tandis que Cornélie disait au jeune Duba :

— Est-ce là ce que vous m'aviez promis, monsieur Isidoro ? Votre imprudence seule m'a forcée de contracter des engagements qui maintenant sont indissolubles... Isidoro, le devoir nous appelle dans des directions opposées ; imitez ma résignation. Moi aussi, j'aurai sans doute encore

NOUV. CHOISIES.

de terribles épreuves à supporter ; laissez-moi du moins la pensée que vous n'étiez pas indigne de moi. Écoutez les prières de ces pauvres gens qui vous supplient de revenir sur vos pas... mon estime est à ce prix.

Isidoro balança une minute.

— Ce que vous me demandez me coûtera la vie peut-être, dit-il d'un ton bref et saccadé, mais je cède encore... Je mériterai du moins votre pitié. Je vais rejoindre ceux qui m'attendent là-bas, et, s'il en est temps encore, j'accomplirai le sacrifice tout entier... Seulement, j'exige que vous et votre père vous soyez présents à cette union, comme vous l'aviez promis. Maintenant vous n'avez plus rien à craindre des habitans de l'Andorre. A mon tour, mon obéissance est à ce prix.

— Mais nous retarderons votre marche !

— Je vais prendre par la traverse, tandis que vous reviendrez par le grand chemin, et sans doute j'arriverai longtemps avant vous.

— Eh bien ! dit Cornélie avec résolution, vous avez notre parole... Nous assisterons à cette réparation de tant de fautes ; précédez-nous.

Elle s'approcha vivement de Gonthier et du Ca-Goth pour les déterminer à cette démarche. Isidoro lui-même parut vouloir leur adresser la parole ; mais il se détourna brusquement en disant à Pédro et aux autres montagnards :

— Partons...

Et tous prirent un sentier âpre et dangereux qui conduisait directement au hameau, pendant que la petite caravane revenait sur ses pas, en suivant ce que l'on appelait le grand chemin. Les bohémiens étaient consternés ; ils voyaient dans cet incident la perte de leurs plus chères espérances.

X

LE MAUDIT.

Isidoro marcha lentement, tant qu'il put apercevoir ceux qu'il venait de quitter, et il retournait fréquemment la tête ; Cornélie, du haut de son cacolet, agitait son mouchoir blanc, comme pour l'encourager. Ce fut seulement lorsque la petite caravane eut disparu derrière une montagne que le jeune homme accéléra son pas, trop peu rapide encore au gré de ses compagnons. Ceux-ci ne prononçaient pas une parole pour se communiquer les pensées affligeantes qui occupaient leur esprit. Pédro surtout était en proie à une poignante douleur ; il avait l'air abattu, comme si la fatigue le fût déjà fait sentir à ses membres robustes. Cependant il ne perdait pas de vue son jeune maître, et épiait chacun de ses mouvemens. Si en ce moment Isidoro, par un de ces caprices bizarres auxquels son aveugle passion l'avait rendu sujet, eût voulu revenir en arrière, sans aucun doute le fidèle serviteur eût employé la force pour le ramener à l'habitation.

Pendant la plus grande partie du chemin, la campagne était déserte, signe certain que les Andorrans invités à la fête n'avaient pas encore quitté le village. Cette circonstance rendait déjà l'espérance aux montagnards et déridait un peu le front basané de Pédro. Mais bientôt la solitude se peupla, et à mesure que l'on avança l'espérance s'évanouit.

D'abord apparurent dans le lointain des points rouges et mobiles qui tranchaient sur la verdure des pâturages. Puis, aux rayons du soleil, alors dans tout son éclat, scintillèrent les plaques d'acier poli que les Andorrans portent sur leurs élégans sabots, et que le mouvement fait remarquer à une grande distance ; enfin l'on distingua des groupes entiers de montagnards et de montagnardes, les uns à

8

pied, les autres à cheval et en cacolet, s'éparpillant dans la campagne pour regagner leurs habitations.

Cette joie bruyante de la veille et du matin avait cessé ; on ne s'appelait plus de montagne à montagne, les cornets et les galoubets étaient muets ; plus de ces explosions de carabines qui, répercutées par les échos, produisaient un épouvantable fracas dans les rochers. Sur les pentes, au fond des ravins, dans les vallées, partout se montraient maintenant des groupes variés qui animaient le paysage ; mais le paysage n'en était pas moins silencieux et morne comme le désert. Dans cette multitude il ne se trouvait plus un pâtre assez hardi pour pousser un de ces hourras que les bergers pyrénéens échangent à tout propos, et on eût dit que la terre absorbait jusqu'au bruit des pas.

Ce calme, si opposé à la turbulence ordinaire de leurs compatriotes, alarma les compagnons d'Isidoro. Pédro, après avoir jeté un long et douloureux regard sur l'horizon, fit un signe de croix et dit à demi-voix, du ton d'une fervente prière :

— Que Saint-Antoine, Saint-Michel et la bonne Vierge veillent sur l'illustre Bertren Duba, notre maître, et sur sa respectable famille !

— Amen, répondirent dévotement les autres en portant leurs scapulaires à leurs lèvres.

Isidoro ne put se joindre à cette prière qu'il n'avait pas entendue.

Cependant ce petit groupe lui-même ne tarda pas à devenir l'objet de l'attention des montagnards. Seul il se dirigeait vers le village, auquel les autres tournaient le dos. Sur les hauteurs voisines, des rassemblemens se formaient, et on le désignait du doigt ; mais aucun appel, aucun salut n'arrivait jusqu'à lui de la part des Andorrans. Seulement des signes mystérieux étaient échangés entre les diverses coteries, et la curiosité semblait se propager de proche en proche ; évidemment Isidoro, malgré la distance, avait été reconnu.

Pédro eût bien voulu interroger ces gens, mais il était encore trop éloigné pour se faire entendre d'eux, et d'ailleurs les questions qu'il avait à leur adresser étaient trop importantes pour qu'il osât entamer une de ces conversations à tue-tête qui ont lieu parfois entre les pâtres désœuvrés des montagnes à une grande distance. Il attendit donc que plusieurs personnes de sa connaissance qui descendaient une hauteur voisine fussent près de lui ; on devait nécessairement se croiser, et Pédro comptait enfin avoir l'explication tant désirée ; il se trompait encore dans son calcul.

Un court espace seulement le séparait des Andorrans, lorsque ceux-ci s'arrêtèrent tout à coup ; après s'être consultés à voix basse, ils revinrent brusquement sur leurs pas et remontèrent la montagne pour éviter la rencontre. Pédro fut d'autant plus frappé de cet incident que ces gens faisaient aussi rebrousser chemin à ceux qui les suivaient, en leur montrant Isidoro et ses compagnons comme un groupe de pestiférés. Bientôt les quatre montagnards qui étaient en vue imitèrent cette manœuvre et se dirigèrent vers le village ; plusieurs même se mirent à courir, comme pour être les premiers à porter la nouvelle du retour d'Isidoro. Quelques-uns cependant continuèrent de s'éloigner de divers côtés, mais on semblait prendre grand soin de ne pas se trouver sur le passage des réprouvés. Ceux qui n'avaient ni le loisir ni la volonté de se rendre au village s'écartèrent de leur chemin, et attendirent sur des rochers voisins qu'ils pussent se remettre en marche sans risque de rencontrer le jeune Duba.

Ce fut à un de ceux-là que Pédro résolut de demander des renseignemens dont il avait besoin. L'individu auquel il s'adressa était un homme assez obèse, qui, n'ayant pu s'éloigner avec célérité, était resté à peu de distance du chemin et se cachait derrière le tronc d'un arbre à liége, espérant sans doute n'être pas aperçu ; mais un œil perçant l'avait suivi, et, en passant devant sa cachette, Pédro dit d'une voix suppliante :

— Carl Blanda, au nom de votre saint patron, pouvez-vous nous apprendre des nouvelles de l'illustre Bertren Duba ?

Le nom de son aïeul prononcé à voix haute parut enfin tirer Isidoro de son accablement. Il s'arrêta et attendit comme les autres la réponse qui allait être faite à cette question.

Carl, se voyant découvert, sortit de sa retraite et répondit brusquement :

— N'approchez pas l'enfant qui a été maudit ! Arrière le fils coupable et déshonoré !

Et il s'enfuit sans donner aucun autre éclaircissement.

— Maudit ! répéta Isidoro avec un sourire amer.

On se remit en marche, et, pendant le reste du chemin, l'occasion ne se présenta plus d'interroger les montagnards qui parcouraient le pays en tout sens. Dès qu'on tentait de les approcher, ils disparaissaient comme des ombres insaisissables. Du reste ils étaient aussi graves et aussi muets que des ombres, et, jusqu'à la fin du trajet, pas un accent de voix humaine n'arriva jusqu'aux voyageurs. Ce silence et cette foule produisaient le contraste le plus effrayant.

Cependant le village et l'habitation de Bertren Duba se montraient à quelque distance, et l'on voyait encore une grande troupe d'Andorrans s'agiter sur le terrain de la fête. Là, sans doute, la nouvelle du retour d'Isidoro était déjà parvenue, car tous les yeux se tournaient de son côté. Les curieux devenaient aussi plus nombreux et plus hardis à mesure que l'on approchait du village. Il en y avait qui, à cinquante pas des voyageurs, osaient traverser la route ; d'autres accouraient avec rapidité au-devant d'eux, comme pour les mieux voir, puis ils allaient rejoindre en courant leurs compagnons.

Duba et ses gens s'étaient engagés dans le labyrinthe de ces rochers de grès rouge qui précédaient le village et dont plusieurs même surplombaient les habitations. Ces rochers, pour la plupart taillés à pic et inabordables, formaient de petites gorges sombres au fond desquelles s'encaissait le chemin. Dans quelques crevasses, et sur des plates-formes praticables seulement pour un chamois, quelques-uns des éclaireurs les plus intrépides avaient trouvé place. Un enfant qui n'avait pu rejoindre ses parens, posté sans doute sur les hauteurs voisines, était pourtant assis au bord de la route.

— Enfant, lui demanda Pédro d'une voix caressante, peux-tu me dire ce qui s'est passé au village quand on s'est aperçu qu'Isidoro Duba était parti ?

Le jeune garçon répondit avec un embarras naïf.

— Isidoro Duba ! ma mère m'a dit qu'il ne fallait jamais prononcer ce nom sans faire un signe de croix, parce que c'est le nom d'un damné !...

Isidoro le regarda d'un air sombre.

— Les mères le répètent à leurs enfans, les enfans s'en souviendront quand ils seront vieillards ! murmura-t-il en délire ; la malédiction se transmettra à la postérité tant que notre nom existera. Mais le père, l'illustre Bertren ? reprit Pédro avec un effort douloureux.

— Ma mère m'a dit que l'illustre Bertren était au ciel, et qu'il fallait l'adorer comme un saint martyr... Elle a trempé un coin de son voile dans le sang de Bertren, au moment où il était étendu mort au pied de l'autel, et elle fera de ce voile une relique qui préservera notre maison du tonnerre et des maléfices.

— Il est mort, et c'est moi qui l'ai tué ! dit Isidoro en tombant sur ses deux genoux.

— Oui, il est mort par votre faute ! répétèrent les montagnards en s'éloignant d'Isidoro avec effroi et dégoût. Malédiction sur Isidoro Duba, l'assassin de son aïeul !

Isidoro s'affaissa sous cette écrasante réprobation de ses serviteurs fidèles ; l'enfant s'était enfui.

En ce moment, une voix menaçante se fit entendre au sommet d'un rocher voisin.

— Isidoro Duba ! disait-on.

Il ne répondit pas.

— Isidoro ! répéta-t-on avec plus de force.

LE VAL D'ANDORRE.

Le jeune homme se leva.

A l'extrémité du rocher, Michaël Moro était debout, sa carabine à la main.

— Regarde-moi, Isidoro, cria-t-il ; j'ai promis à ton aïeul Bertren Duba que je te frapperais en face... Tiens, je venge tout l'Andorre à la fois !

Un coup de carabine retentit. Isidoro pouvait peut-être par un mouvement rapide éviter la balle ; mais il parut au contraire présenter sa poitrine au meurtrier. Percé d'outre en outre, il tomba à la renverse, en criant avec une étrange expression de bonheur :

— Oh ! merci, Michaël Moro ! la mort est la bienvenue !

En ce moment une foule nombreuse débouchait du côté du village. Le viguier et quelques autres personnages importans, ayant appris le retour d'Isidoro, venaient au-devant de lui, et ils avaient été témoins de cette affreuse catastrophe.

— Courez, courez, dit le viguier avec énergie à ceux qui l'entouraient, arrêtez le misérable qui vient d'assassiner ce malheureux jeune homme sous nos yeux... tirez sur lui comme sur une bête féroce, si vous ne pouvez vous emparer de sa personne !

Les Andorrans s'élancèrent pour exécuter cet ordre, mais que pouvaient-ils faire ? La plupart étaient sans armes, et ceux qui avaient encore leurs carabines n'avaient pas songé à se munir de balles en venant à une fête. Bientôt on aperçut dans le lointain Michaël Moro qui, après être descendu du rocher par un autre côté, retournait dans les montagnes où il devait être inattaquable. Sa bande, qui l'avait attendu à quelque distance, venait de le rejoindre pour le protéger. Les contrebandiers, comme nous le savons, étaient bien armés, disposés au combat ; aussi n'eurent-ils pas de peine à regagner leurs repaires, malgré la poursuite de quelques amis zélés de la famille Duba.

Cependant Isidoro Duba restait étendu à terre entouré de ses compagnons, dont cet affreux événement venait de réveiller l'ancienne affection. Il reconnut le viguier, et lui dit avec douceur :

— Ne me plaignez pas et ne songez pas à punir celui qui vient de me frapper... La mort est un bienfait pour moi !

Le viguier lui pressa la main.

— Vous vivrez, mon enfant, lui dit-il avec émotion ; votre blessure ne saurait être mortelle.

On appela le chirurgien, qui peu d'heures auparavant avait donné des soins malheureusement inutiles à Bertren Duba. Il examina la blessure du jeune Andorran ; mais, après un moment de silence, il se leva et regarda le viguier d'un air significatif.

— Je comprends, dit Isidoro, qui, malgré ses souffrances, avait en ce moment une incroyable présence d'esprit. Michaël Moro n'a pu se tromper ; il a frappé juste, et j'en remercie Dieu... Illustre viguier, veuillez ordonner qu'on me transporte sur-le-champ dans la maison de mes pères... Peut-être aurais-je assez de temps pour réparer celles de mes fautes qui sont encore réparables.

Ce fut seulement une heure après cet événement que Gonthier, Bernard et Cornélie arrivèrent au village. Sous le hangar qui devait servir de salle de banquet, et sur la place environnante, se trouvaient seulement des groupes de femmes tristes et silencieuses ; mais dans la cour de la maison la foule était telle que les arrivans durent mettre pied à terre près l'entrée, et laisser leurs montures à la garde des bohémiens.

Tout ce monde n'était pas réuni en cet endroit dans un simple but de curiosité. Les regards étaient tournés vers les fenêtres de la salle commune, qui demeuraient ouvertes. La plupart des assistans étaient à genoux, d'autres disaient leur chapelet avec ferveur.

Un murmure sourd accueillit les étrangers. Les visages prirent l'expression de la haine et de la colère ; quelques poings vigoureux se fermèrent convulsivement. La population andorrane attribuait aux voyageurs tous les malheurs arrivés à la famille Duba, malheurs dont Pédro, envoyé au-devant d'eux, leur avait déjà donné connaissance.

Mais ces signes de fermentation dangereuse disparurent bientôt ; un vieillard vénérable, qui semblait jouir d'une certaine autorité, les réprima d'un geste ; puis s'approchant des nouveaux venus, il leur dit à voix basse et en français, avec l'accent d'une profonde douleur :

— Vous êtes attendus avec une grande impatience... Votre présence doit adoucir les derniers instans de cet infortuné jeune homme... Suivez-moi.

En même temps il écarta la foule et se dirigea vers la porte de la maison. Cornélie n'eût pu marcher si elle n'eût pas été soutenue par son père et son fiancé ; la douleur avait brisé toutes ses forces physiques et morales. Enfin, après beaucoup de peine, ils atteignirent la salle commune, où une scène imposante frappa leurs regards.

Cette salle, aussi bien que la cour, regorgeait de monde. Vers le centre, on avait élevé à la hâte deux espèces de lits de parade ; sur l'un d'eux on voyait étendu le vieux Bertren, encore revêtu de son costume de cérémonie. Ses traits nullement défigurés par la mort, conservaient une expression de gravité solennelle et de majesté divine ; on eût dit qu'il approuvait par un sourire le sacrifice qui s'accomplissait devant lui. Sur le second lit on reconnaissait Isidoro pâle et déjà immobile comme son aïeul. Entre le mort et le mourant était Maria à genoux, parée de ses ajustemens de noce. En face des lits avait été dressé un autel, sur lequel le desservant de la paroisse, revêtu de ses ornemens sacerdotaux, célébrait une messe de mariage. Tout à l'entour se tenaient le viguier, les syndics, les consuls et les autorités andorranes. Le reste de l'espace était occupé par les serviteurs et les cliens de la famille Duba. Des gémissemens, des soupirs se mêlaient à la voix grave et sonore de l'officiant.

Les voyageurs, précédés par leur vieux guide, entrèrent avec émotion et respect, et vinrent s'agenouiller au dernier rang. Mais Isodoro, qui avait remarqué leur présence, leur fit signe d'approcher de son lit ; puis la cérémonie du mariage s'acheva dans le plus profond et le plus solennel recueillement.

Quand les deux fiancés eurent reçu la bénédiction nuptiale, Isidoro retint dans sa main celle de Maria, que venait d'y placer le prêtre, et il dit d'une voix faible mais distincte, au milieu du silence de l'assemblée :

— Maria Belsamet, j'ai rempli en présence de mon malheureux aïeul, en présence des plus honorables chefs de l'Andorre, la promesse qui vous a été faite en mon nom par l'illustre Bertren Duba... Maria Belsamet, vous êtes maintenant ma femme... Je vous laisse mon nom, mes serviteurs, ma fortune... Maria Belsamet, je vous demande encore pardon du mal que je vous ai fait !

— Je vous pardonne, Isidoro, je vous pardonne ! s'écria la pauvre fille en tombant à demi morte devant le lit.

— Et vous, reprit Isidoro se tournant vers les autres assistans, illustre viguier, honorables bailes, vous tous amis de mon père et les miens, vous avez été témoins de ma faute, soyez témoins du châtiment et de la réparation... Mon aïeul m'a maudit, vous du moins ne me maudissez pas !

Une explosion de sanglots accueillit ces touchantes paroles.

— Et moi, Isidoro, et moi ! demanda une voix creuse à côté de lui, me pardonnerez-vous aussi ? C'est moi qui...

— Antonia Belsamet, répondit le moribond avec un

sourire, allez en paix... Vous seule avez eu pitié de moi !
— Puis il fit un signe à Cornélie d'approcher, et lui dit en français dans un dernier effort de volonté : — Eh bien ! Cornélie, êtes-vous contente?... Souvenez-vous de moi... Adieu...

Il poussa un profond soupir ; l'assemblée tout entière s'était levée pour écouter ce qu'il allait dire... Il ne parla plus, et Cornélie s'évanouit à côté de Maria.

Trois jours après, Gonthier et sa fille étaient rentrés en France. Cornélie épousa Bernard Alric ; mais elle se souvint toute sa vie d'Isidoro Duba.

Si quelque voyageur songeait à visiter la vallée d'Andorre, espérant encore y trouver ces mœurs simples et patriarcales que nous avons voulu peindre, il pourrait éprouver un cruel mécompte. Trente ans ont changé bien des choses dans la république pyrénéenne, comme ailleurs, et mieux vaudrait peut-être s'en tenir à la lecture de cette simple histoire que d'aller se heurter contre la réalité.

FIN DU VAL D'ANDORRE.

TABLE DES CHAPITRES CONTENUS DANS CET OUVRAGE.

I. — Le guide. 23	VI. — Les préparatifs. 45
II. — La tempête. 26	VII. — La révélation. 49
III. — Le patriarche. 32	VIII. — La malédiction. 51
IV. — Le miquelet. 38	IX. — Les fugitifs. 54
V. — La malade. 42	X. — Le maudit. 57

FIN DE LA TABLE DU VAL D'ANDORRE.

LA CROIX DE L'AFFUT

I

Dans la partie montueuse et pittoresque de la Marche qui touche à l'Auvergne, un voyageur suivait à pied un de ces chemins difficiles, boueux, solitaires, connus seulement des gens du pays, et qui semblent particuliers au midi de la France. On était au cœur de l'été, et malgré la double haie de ronces et de sureaux qui bordait la route, malgré les châtaigniers touffus qui projetaient sur elle par intervalle leur ombre immobile, un soleil brûlant tombait d'aplomb sur le voyageur et ajoutait encore à la fatigue qui semblait l'accabler. Plusieurs fois il s'arrêta avec hésitation, cherchant du regard dans la campagne environnante un paysan dont il pût obtenir quelques renseignemens ; mais par cette chaleur dévorante la campagne était déserte, ou si quelques moissonneurs étaient répandus dans les champs, ils dormaient sans doute à l'ombre des buissons, attendant un moment moins pénible pour continuer leur travail.

On était à cette époque de calme intérieur où Bonaparte, nommé consul à vie, venait de rouvrir les portes de la France à tant de nobles qu'en avait chassés la Terreur. Il n'était pas rare alors de rencontrer, dans les lieux les plus solitaires et les plus inconnus de chaque province, des émigrés en toutes sortes d'équipages, regagnant qui son château féodal démantelé par la bande noire, qui son petit manoir à demi brûlé par les anciens vassaux, qui sa tour héréditaire vendue à un ancien valet et payée en assignats. Et le voyageur dont nous parlons pouvait, malgré son extrême jeunesse, raisonnablement passer pour un de ces nobles et mélancoliques visiteurs. Il avait tout au plus vingt ans, mais il était robuste et bien fait. Il portait un habit de couleur sombre, évidemment de coupe étrangère, une veste chamois, une culotte d'étoffe légère ; des bottes montantes, dont la couleur primitive était cachée sous une couche de poussière, complétaient ce costume simple et peu fait pour attirer les regards sur celui qui en était porteur. Il n'était chargé d'aucun bagage, ce qui faisait supposer qu'il avait laissé ses effets dans quelque ville voisine ; seulement deux pistolets, dont la poignée d'argent ciselé se montrait quand il entr'ouvrait son habit pour respirer, prouvait qu'il pensait avoir quelque chose à défendre dans ce lieu solitaire.

Malgré cet extérieur si simple, il avait un air de distinction qui inspirait le respect. Son visage, un peu maigre et presque sans barbe, avait cette blancheur aristocratique qui indique un homme bien né ; ses yeux bleus étaient pleins de feu et d'éclat, surtout lorsque quelque pensée inconnue et dont lui seul avait le secret venait les animer tout à coup. Parfois il marchait lentement, la tête baissée, laissant traîner avec distraction son bâton de voyage sur les fougères et les ajoncs qui bordaient le chemin ; puis il s'avançait à grands pas, cherchant à percer du regard les massifs de bois et de feuillage qui lui bornaient l'horizon.

Cependant ces longues hésitations semblèrent cesser tout à coup quand il fut arrivé au sommet de la colline boisée aux flancs de laquelle le chemin s'élevait en serpentant. De ce point un nouveau paysage s'étendait à perte de vue. C'était une riche vallée occupée en partie par un vaste étang, dont les eaux bleues reflétaient en mille endroits les rayons ardens du soleil. Ce lac était borné en face du voyageur par les collines mêmes qui formaient l'enceinte immense de ce bassin naturel ; mais à droite et à gauche il disparaissait, après des détours infinis, derrière des massifs d'arbres qui en masquaient les deux extrémités, en sorte qu'on eût dit un grand fleuve immobile. Le reste du vallon était fertile et bien cultivé ; des prairies étalaient leurs tapis de fraîche verdure sur les bords du lac ; un peu plus haut, des moissons d'un jaune d'or ondulaient au souffle léger et intermittent d'un vent tiède ; et les collines, avec leurs couronnemens de chênes et de châtaigniers d'un vert sombre, formaient le fond du tableau.

L'étranger s'arrêta, et une profonde émotion s'empara de tout son être. Cette fois il avait retrouvé une nature amie, un paysage connu, qui lui rappelait sans doute de bien chers souvenirs. S'appuyant d'une main sur son bâton de voyage, de l'autre abritant ses yeux pour se garantir du soleil, il chercha avidement du regard, en aval de l'étang, les flèches d'un vieux château qui s'élevaient au-dessus du feuillage. Son cœur battit avec violence, son haleine devint courte et précipitée ; puis deux larmes jaillirent de ses yeux, et il tomba à genoux, les bras tendus vers le vieux manoir, en s'écriant avec une exaltation mystique :

— Merci, mon Dieu ! c'est vous qui avez conservé le toit de mes pères, le château où je suis né !

Il resta un moment immobile, la face prosternée contre terre et comme absorbé par une prière muette, mais cette contemplation dura peu. Bientôt il se leva et dirigea son regard vers l'autre bout de la vallée. Un joli village aux maisons blanches, et qui baignait son pied dans le lac azuré, la bornait de ce côté. Il était dominé par un grand édifice moderne aussi, dont il semblait être une dépendance, et qui, sans avoir rien de l'orgueilleuse élévation du vieux manoir féodal, attestait néanmoins la richesse et l'influence de ses propriétaires. A cette vue, la physionomie du voyageur prit une expression nouvelle. Une haine implacable brilla dans ses yeux levés tout à l'heure vers le ciel; ses dents se serrèrent, et une imprécation étouffée sortit de sa poitrine.

Enfin, pour la troisième fois, l'attention de l'inconnu parut changer d'objet. Il plongea son regard vers le centre de la vallée, et pendant un instant il scruta avec angoisse chaque pli du terrain, chaque bouquet de verdure, chaque accident du sol, comme s'il eût cherché en ce lieu solitaire quelque objet connu qui devait s'y trouver et qu'il ne voyait pas. Il avança, puis il recula de quelques pas, pour être sûr que ce qu'il cherchait ne pouvait échapper à ses regards; et enfin, bien convaincu de l'inutilité de ses efforts, il descendit précipitamment la colline, en se dirigeant vers un homme qu'il avait vu immobile sur le bord de l'étang.

Cependant, à mesure qu'il approchait de ce nouveau personnage, le jeune voyageur comprenait mieux sans doute la nécessité de la prudence; et malgré la rapidité de sa course, le chemin était assez long pour qu'il eût le temps de réfléchir sur les conséquences de ce qu'il allait dire et faire. Aussi peu à peu il modéra son impétuosité première, et avant même qu'il eût atteint la plaine, sa physionomie avait repris son calme ordinaire, et sa marche, toute rapide qu'elle était encore, n'avait rien d'égaré ni d'étrange qui pût exciter l'étonnement et peut-être le soupçon.

Mais tous ces mouvemens avaient échappé au personnage dont nous avons parlé et qui semblait fort occupé de ses propres affaires. Il marchait à demi courbé, comme s'il eût cherché quelque chose sur la vase, et bientôt il ne fut pas difficile au jeune voyageur de reconnaître dans l'individu avec lequel il désirait se mettre en communication un de ces gardes champêtres communaux dont l'institution était toute récente à cette époque. C'était un homme d'une trentaine d'années, à la physionomie paisible et avenante. Il portait un habit vert à la française, et sur son bras brillait la plaque d'argent, insigne redouté par les braconniers et les voleurs de bois. Un chapeau galonné et orné d'une immense cocarde tricolore couvrait son chef. Ses cheveux étaient poudrés, et d'énormes cadenettes et une queue volumineuse retombaient sur ses épaules. Enfin il avait sous le bras un fusil doublé, et un couteau de chasse était suspendu à son côté d'une manière toute belliqueuse.

On a deviné assez l'histoire du jeune voyageur pour comprendre sa répugnance à se mettre en rapport avec aucun agent, si infime qu'il fût, de l'autorité nouvelle. Aussi hésita-t-il un moment avant d'approcher; il s'enhardit cependant, et faisant un peu de bruit pour attirer de son côté l'attention du garde, il demanda poliment en élevant la voix :

— Pouvez-vous me dire, monsieur, où est la *croix de l'Affût?*

A cette question inattendue, le garde se retourna vivement; puis il répondit en jetant un regard rapide et soupçonneux sur le questionneur :

— La croix de l'Affût, monsieur! et que pourriez-vous aller faire à la croix de l'Affût? Si vous vous rendez à Blangy, ajouta-t-il en désignant le vieux manoir qui s'élevait au bout de la vallée, prenez ici à gauche, et vous y serez dans une petite demi-heure, quoique je ne pense pas que vous trouviez personne au château pour vous faire les honneurs de la pauvre vieille demeure; si vous voulez allez au Domaine, c'est ce joli village que vous voyez là-bas, je puis vous assurer qu'un étranger y est toujours bien reçu, soit qu'il descende à l'auberge du Coq-Rouge, soit qu'il aille demander l'hospitalité à la famille Rupert, la plus riche et la plus considérée du pays, maintenant que le dernier héritier des Blangy est en émigration et ne reviendra peut-être jamais; pour ce qui regarde la croix de l'Affût, il faut qu'on vous ait donné de faux renseignemens, car elle ne se trouve sur aucun chemin frayé, et je ne vois pas dans quel but on irait la chercher au milieu des broussailles et des marais où elle est inconnue et oubliée aujourd'hui.

Le jeune voyageur avait écouté cette longue réponse du garde champêtre avec une émotion qui s'était trahie plusieurs fois sur son visage. Quand elle fut finie, il répliqua d'un ton mélancolique et sévère à la fois :

— Et quand je n'aurais d'autre but que de m'agenouiller devant cette croix pour demander à Dieu des consolations et du courage, croyez-vous, l'ami, que ce ne serait pas là un motif suffisant pour la rechercher?

Le garde l'examina un moment en silence.

— Devant d'autre que moi, dit-il, les paroles que vous venez de prononcer auraient pu être imprudentes, mais je vois ce que c'est; vous êtes un de ces émigrés qui ont reçu de si sévères leçons d'humilité depuis quelques années, et, j'en conviens, vous avez assez perdu dans l'ordre de choses actuel pour qu'on vous laisse au moins la liberté de vous plaindre. Eh bien! eh bien! n'en parlons plus; et puisque vous désirez, monsieur, aller à la croix de l'Affût, je vais vous y conduire moi-même, aussitôt que j'aurai achevé d'examiner ces empreintes que vous voyez là.

Le voyageur s'inclina froidement en signe de remerciement, et en même temps il abaissa son regard vers les traces qui excitaient si vivement l'attention du garde. Le pied de quelque animal aquatique s'était profondément imprimé sur la vase autour d'une grosse pierre placée à quelques pieds de l'étang, et sur laquelle se trouvaient des écailles et des arêtes de poisson.

— C'est une loutre qui a passé par là, dit le garde en hochant la tête, et le maudit animal a fait curée des plus belle carpes de l'étang; mais patience! si je ne me trompe la nuit prochaine j'aurai ma revanche. La loutre reviendra sur cette pierre et je l'attendrai à l'affût; pour peu que la lune soit claire et que mon fusil ne fasse pas long feu, l'étang sera délivré de ce fléau. Allons, monsieur, ajouta-t-il en se redressant et en jetant son fusil sur l'épaule pour partir, j'aime à obliger tout le monde, qu'on soit ci-devant ou bon citoyen; venez donc, et je vais vous montrer l'endroit que vous me demandez.

Ils se mirent en marche côte à côte, en suivant les sinuosités de l'étang. Le garde ne pouvait s'empêcher de jeter de temps en temps un coup d'œil de curiosité sur son compagnon, qui, de son côté peut-être, eût désiré lui adresser beaucoup de questions qu'une sorte de défiance retenait sur ses lèvres. Ils s'avancèrent ainsi pendant un moment sans qu'aucun des deux promeneurs prononçât une parole. Ce fut le garde qui rompit la glace le premier.

— Vous êtes sans doute du pays, car il me semblerait impossible que vous eussiez pu parvenir jusqu'ici sans guide et par d'affreux chemins de traverse, si vous n'aviez connu les faux-fuyans de la chasse, comme on dit en termes de chasse...

L'émigré, puisque tel était le titre qu'il s'était laissé donner, parut embarrassé à cette question un peu trop directe.

— Oui, je suis venu ici il y a longtemps... dans mon enfance; mais...

— Et vous savez sans doute à la suite de quel sinistre événement a été élevée, il y a quinze ans, la croix de l'Affût?

— Mais c'était, je crois, à la suite d'une querelle de chasse entre deux voisins, répondit l'étranger en cherchant à prendre un ton d'indifférence.

Le garde champêtre s'arrêta tout à coup, et posant doucement le doigt sur l'épaule de son jeune compagnon, comme pour l'engager à s'arrêter aussi, il lui dit en le regardant en face :

— Eh bien ! monsieur, vous me croirez si vous voulez, mais j'aurais juré que nul autre que le ci-devant jeune comte de Blangy, s'il vivait encore, ne pouvait songer aujourd'hui à la croix de l'Affût.

L'émigré supporta le regard inquisiteur du garde avec un calme imperturbable ; pas un signe d'émotion ne se trahit sur son visage, et il répondit avec une indifférence capable de déconcerter les soupçons les mieux fondés :

— Le comte de Blangy ! le propriétaire du château que vous venez de me montrer ! que peut-il y avoir de commun entre lui et la croix dont nous parlions tout à l'heure ?

Cette complète ignorance sur un monument que l'émigré semblait rechercher avec tant d'intérêt, eût peut-être excité la défiance de toute autre personne moins simple et moins franche que l'honnête forestier. Mais le voyageur avait mis tant de naturel dans le ton de sa réplique, qu'il ne put rester au garde un doute sur la fausseté des soupçons qui sans doute avaient traversé son esprit.

— Allons, reprit-il en continuant sa route, je vois que je me suis trompé ! Vous ne connaissez pas cette triste histoire de la croix de l'Affût.

— Pourquoi ne me la conteriez-vous pas en quelques mots, pendant que nous marchons, dit le jeune voyageur.

Le garde champêtre réfléchit un moment.

— Je n'aime pas à revenir sur de pareils souvenirs déjà loin de nous, reprit-il ; et cependant je satisferai votre curiosité. Peu de personnes se rappellent aujourd'hui cette déplorable aventure, excepté celles qui y sont particulièrement intéressées, et voilà pourquoi, lorsque vous m'avez questionné... mais je me suis trompé.

« Vous saurez donc, monsieur, poursuivit-il en baissant les yeux comme s'il eût craint d'être écouté, que de temps immémorial un procès était pendant, devant le parlement de Bordeaux, entre les ci-devant seigneurs de Blangy, dont nous avons laissé le château derrière nous, et les propriétaires du Domaine, cette belle habitation qui domine le village. Les seigneurs de Blangy prétendaient que les terres du Domaine étant roturières, les maîtres n'avaient pas droit de chasse sur leurs propres biens, tandis qu'eux, chefs d'un fief noble, pouvaient y poursuivre le gibier qui s'était levé sur leurs possessions. Vous sentez ce qu'une pareille prétention avait de vexatoire pour les propriétaires du Domaine : aussi s'y étaient-ils opposés de toutes leurs forces, et la sentence allait être rendue sur les droits respectifs des deux voisins, quand la querelle s'envenima et se termina tout à coup d'une manière sanglante.

» Monsieur Rupert, qui habitait alors et qui habite encore le Domaine, est un homme ferme, intrépide, qui ne cède rien au rang ni à la naissance, lorsqu'il croit être dans les limites de la légalité. S'appuyant sur quelques vieux titres, et d'ailleurs voyant que la révolution avançait à grands pas et que le temps n'était plus favorable aux exactions de la noblesse, il se mit à chasser sur ses terres, et prétendit empêcher le comte de Blangy de poursuivre son gibier sur les dépendances du Domaine. Il était encouragé dans sa résistance par mon père, garde-chasse, et qui, comme moi portait le nom de Guichard. »

— Guichard ! interrompit brusquement l'étranger.

— C'est un nom comme un autre, reprit le garde tranquillement, sans faire attention à cette interruption, et si ce n'est pas un nom bien sonore, je puis dire au moins que c'est celui d'un bon patriote et d'un honnête homme.

» Je ne sais pas précisément quelle était à cette époque la cause de la haine de mon père contre le comte Arsène de Blangy, qui était alors le chef de cette famille ; je sais seulement que le comte, ayant plusieurs fois rencontré mon père, l'avait injurié et même maltraité en disant que monsieur Rupert n'avait pas le droit d'entretenir un garde-chasse, que par conséquent mon père n'était qu'un braconnier, qu'il traiterait comme tel la première fois qu'il le rencontrerait dans la campagne. En apprenant ces menaces faites à un homme pour qui il avait une vive affection, monsieur Rupert écrivit une lettre très vive au comte Arsène, et voilà où en étaient les choses au moment de la catastrophe.

» A l'endroit où est placée aujourd'hui la croix de l'Affût était un petit taillis très abondant en lapins sauvages et qui appartenait à monsieur Rupert. Le comte Arsène aimait quelquefois à venir la nuit se mettre à l'affût en cet endroit, et il emportait toujours quelque pièce de gibier. Vainement monsieur Rupert s'était plaint par lettres de cette chasse qui dépeuplait sa garenne ; le comte répondait qu'il ne tirait que le gibier levé sur ses propriétés, et qu'il ne connaissait personne le pouvoir de restreindre les droits de son fief. Monsieur Rupert intenta un nouveau procès au seigneur de Blangy, et recommanda à mon père de faire une garde continuelle autour de la garenne, afin de saisir le comte en faute si cela était possible, lorsqu'il viendrait se mettre en embuscade jusqu'à l'entrée des terriers: mon père avait trop de haine contre le grand seigneur pour ne pas remplir exactement cette mission.

» Un soir, il vint annoncer à son maître qu'il avait entrevu monsieur de Blangy se dirigeant vers le taillis, comme il en avait pris l'habitude ; monsieur Rupert devint furieux ; il saisit son fusil et accompagna son garde-chasse. Mais bientôt, dans l'intention d'observer plus attentivement le comte, ils suivirent deux routes différentes qui aboutissaient toutes les deux à la garenne.

» A partir de ce moment, nul ne put comprendre ce qui se passa. La nuit était calme, et un beau clair de lune éclairait la campagne. Mon père m'a raconté bien des fois qu'arrivé à quelque distance de la garenne, il entendit tout à coup au milieu du silence deux détonations, dont la dernière fut suivie d'un long cri de douleur. Il se précipita en avant, ne doutant pas qu'il ne fût arrivé quelque grand malheur. Au moment où il approchait des terriers, monsieur Rupert, aussi effrayé que lui, arrivait d'un autre côté. Ils se questionnèrent mutuellement ; aucun d'eux ne savait quel événement venait d'avoir lieu. L'ombre des arbres était si épaisse qu'ils ne pouvaient rien distinguer autour d'eux. Tout à coup des gémissemens faibles les attirèrent vers une clairière où le comte se mettait quelquefois à l'affût, et là ils aperçurent monsieur de Blangy étendu sur le gazon, la tête fracassée par une balle. A ses pieds était son fusil déchargé et un lapin chaud encore qu'il venait de tuer. L'assassin du comte avait disparu. »

Ici l'émigré interrompit encore le garde champêtre en murmurant d'un air égaré :

— C'était lui ! n'est-ce pas que c'était lui ?..

— Que voulez-vous dire, monsieur ? dit Guichard en jetant un regard froid sur son interlocuteur. Penseriez-vous que monsieur Rupert ait été l'auteur de ce lâche assassinat ? Il est vrai que tout ce qui s'est passé pendant cette nuit affreuse a toujours été couvert d'une voile impénétrable qui ne sera peut-être jamais levé ; mais je ne puis permettre qu'on soupçonne monsieur Rupert, aujourd'hui maire de cette commune, d'une pareille trahison...

— Cependant, si je ne me trompe, un procès fut commencé contre lui, et...

— J'ai toujours pensé, reprit le garde avec défiance, que vous en saviez plus long que vous ne disiez sur tout ceci. Eh bien ! oui, monsieur, monsieur Rupert fut arrêté ; le chevalier de Blangy, frère de celui qui a péri si malheureusement, lui intenta un procès criminel, tant en son nom qu'au nom du jeune Armand de Blangy, fils unique du défunt, et âgé alors de douze ans. Mais malgré l'acharnement du chevalier, qui avait juré alors de venger la mort de son frère, il fut relâché faute de preuves. Bientôt la révolution arriva ; le chevalier de Blangy et son pupille furent obligés d'émigrer ; et, depuis ce temps, monsieur Rupert, sous la sauvegarde des lois nouvelles, n'a plus été été inquiété dans la jouissance de ses propriétés.

— Et l'assassin est resté impuni ! acheva l'émigré en poussant un profond soupir.

Évidemment ces dernières paroles ne plaisaient pas au garde champêtre, et s'il eût été d'un naturel moins débonnaire, peut-être y eût-il trouvé quelque sujet de querelle, mais il se contenta de garder un silence contraint, sans cependant cesser d'observer les mouvemens du mystérieux étranger.

Bientôt ils arrivèrent à un endroit solitaire, éloigné d'une quarantaine de pas du chemin, et qu'il fallait parfaitement connaître pour le retrouver dans les massifs de feuillage sous lequel il était caché. Au milieu d'une petite clairière tapissée de potentilles, de liserons, de fraisiers et d'autres plantes grimpantes, et entourée de grands arbres, s'élevait un monument simple, en maçonnerie, soigneusement entretenu et surmonté d'une croix de fer dorée, aussi brillante que si elle ne venait que d'être posée. Ce lieu avait quelque chose de religieux et de sauvage qui inspirait à la fois la mélancolie et le respect.

— Voici la croix de l'Affût, dit le garde. Ce monument a été élevé par l'ordre de monsieur Rupert, à l'endroit même où il trouva le corps du comte de Blangy, pendant la nuit funeste dont je vous ai parlé. Il est vrai que les arbres qui abritaient la garenne ont grandi, comme vous voyez, ce qui fait que la croix, n'étant plus en vue des passans, est tout à fait oubliée aujourd'hui; mais quant au monument lui-même, on est attentif à réparer toutes les dégradations que le temps lui fait subir. La croix, qui avait été renversée par les paysans pendant la Terreur, a été remplacée dernièrement par ordre de monsieur Rupert, et, quoi qu'on en dise, ce n'est pas là la conduite d'un homme qui se sent coupable : on ne cherche pas ainsi à éterniser le souvenir d'un crime.

L'émigré ne l'écoutait pas; il s'était prosterné dévotement devant la croix, et des larmes abondantes sillonnaient ses joues. Guichard s'éloigna de quelques pas, par égard pour cette douleur pieuse, mais il ne perdait pas de vue cet inconnu, dont les démarches et les paroles avaient été si étranges jusque-là, et dont l'émotion profonde en présence de ce monument réveillait ses premiers soupçons.

Tous les deux gardèrent un moment le silence. Tout à coup le jeune homme sembla s'apercevoir qu'il n'était pas seul; il se leva, et, s'approchant du garde-chasse, il lui dit en lui présentant une pièce d'or :

— Mon ami, je vous remercie de m'avoir conduit jusqu'ici; voici pour vous, et maintenant laissez-moi, de grâce.

Guichard resta immobile, et, sans prendre ce qu'on lui offrait il répondit avec un sourire légèrement ironique :

— A cette action seule on vous reconnaîtrait pour un ci-devant noble, monsieur : vous en êtes toujours à penser qu'avec une pièce d'or on peut faire obéir un pauvre diable tel que moi. Mais aujourd'hui tout est bien changé en France, sachez-le; je suis un officier ministériel, moi qui vous parle, et quand je rencontre dans la campagne un inconnu rôdant hors du chemin frayé, j'ai le droit de lui demander qui il est...

— Vous trouvez que je n'ai pas donné assez? dit l'inconnu avec dédain en portant la main à la poche de sa veste.

Guichard rougit de colère.

— Ah ! vous me poussez à bout, eh bien ! monsieur, malgré vous je saurai qui vous êtes, car je vous somme de me montrer à l'instant même votre passe-port, à moins que vous ne préfériez me suivre chez monsieur Rupert, le maire de cette commune, et là vous vous expliquerez vous-même...

Ce nom de Rupert parut produire plus d'effet encore sur l'étranger que les menaces du garde champêtre. Il hésita un moment; puis, tirant tout à coup des papiers de sa poche, il dit avec assurance :

— Allons, monsieur, puisqu'il faut que mon nom et mon rang soient connus de ce pays, je m'exécuterai de bonne grâce. Voyez si tout est en règle.

Guichard examina attentivement les pièces qu'on lui présentait, et donna bientôt les signes du plus grand étonnement.

— Quoi! vous êtes le ci-devant baron de Mérignac, dont les terres sont à quelques lieues d'ici, du côté de la montagne?

— Je suis le baron de Mérignac, dit l'émigré avec calme; mon père était l'ami du comte Arsène, qui a été assassiné dans cet endroit, et souvent, dans mon enfance, je suis venu ici avec le jeune de Blangy. Comprenez-vous maintenant, monsieur, quel intérêt j'avais à venir prier sur cette tombe qui me rappelle tant de souvenirs?

Le garde continua de lire avec l'attention la plus minutieuse le passe-port de l'émigré. Bientôt il le rendit à son propriétaire en disant avec politesse.

— Oui, oui, tout est en règle, monsieur; le signalement est exact, je m'étais trompé!... mais j'avais mes raisons particulières, voyez-vous, pour chercher à savoir à tout prix si vous n'étiez pas... Enfin, excusez mon erreur. Cependant, monsieur, j'oserai vous demander, si vous êtes l'ami de la famille Blangy, si vous pouvez m'apprendre ce qu'est devenu monsieur Armand, le seul qui existe peut-être encore de cette famille; car le ci-devant chevalier est bien vieux...

— Vos lois nouvelles peuvent-elles encore me forcer de répondre à cette question? demanda l'émigré avec hauteur.

— Non, monsieur; mais...

— Alors, laissez-moi, je n'ai rien à répondre.

— Ils sont incorrigibles ! murmura Guichard en baissant la tête et en faisant un mouvement pour s'éloigner.

Le baron de Mérignac, puisque tel était le nom qui paraissait appartenir à l'émigré, s'était retourné vers le monument qui avait été le but de son pèlerinage, et ne songeait déjà plus au garde champêtre, quand un bruit inattendu, qui se fit entendre dans le chemin à quelque distance, lui fit retourner la tête. A travers les arbres et les buissons se montraient par intervalles un jeune homme et une jeune dame, tous deux à cheval, et descendant au grand galop, avec la témérité de deux étourdis, une colline voisine. Bientôt ils furent si près de la croix que de là on pouvait distinguer, par une échappée de vue, leur costume et jusqu'à leurs traits. La jeune personne était vêtue d'une de ces longues robes flottantes qui, à cette époque, remplaçaient les amazones et qui n'en étaient pas moins gracieuses. Son voile de gaze, rejeté en arrière dans la rapidité de sa course, laissait voir une figure fraîche et rieuse de bourgeoise campagnarde, exempte d'inquiétudes et de soucis. Elle montait un joli petit cheval blanc plein de feu, qui semblait tout fier de son fardeau et glissait avec la rapidité du souffle sur le penchant de la colline. A côté d'elle galopait, comme compagnon plutôt que comme protecteur, un beau militaire en uniforme d'officier de cavalerie; il semblait prendre plaisir à voir le petit cheval de la jeune fille précéder le magnifique anglais de race qu'il montait, et dont il retenait sans affectation la bride, pour laisser à la jeune écuyère la satisfaction d'une victoire; et, tout en avançant avec une inconcevable rapidité, les deux jeunes gens riaient, se défiaient joyeusement, comme si cette course effrénée n'était qu'un jeu auquel l'un et l'autre trouvaient un égal plaisir.

Sitôt qu'ils aperçurent le garde champêtre, qui regagnait le chemin après avoir quitté l'étranger, ils se dirigèrent de son côté, de manière à se trouver sur son passage; Guichard, qui comprit leur intention, doubla le pas, et au bout d'un instant il se trouva en face des deux étourdis.

— Eh bien ! Guichard, cria gaiement le jeune militaire, quelles nouvelles m'apportez-vous de cette maudite loutre ?

— D'excellentes, capitaine, répondit le garde d'un ton affectueux et respectueux à la fois; j'ai trouvé du *pied* sur la vase et des *laissées* sur la pierre que vous connaissez.

Ce soir, si vous le voulez, nous sommes sûrs de tuer la bête à l'affût.

— C'est cela, mon bon Guichard, une chasse de nuit ! J'aime cela, moi. Vous viendrez me prendre à l'heure convenable.

— Oui, capitaine.

— Allons, dit la jeune fille en s'agitant avec impatience sur son petit cheval et en faisant une jolie moue boudeuse, tu vas rester encore toute la nuit dehors et t'exposer peut-être...

— Holà ! mademoiselle ma sœur, dit le militaire avec un sourire amicalement moqueur, ceci ne vous regarde plus. Mes excursions avec Guichard ne sont pas de votre compétence, jusqu'à ce que je vous aie appris à tirer agréablement un lièvre ; et c'est un talent que je compte vous donner avant mon départ pour l'armée, si vous avez quelques dispositions à devenir une Diane chasseresse. En attendant, n'oublions pas, je te prie, que j'ai insulté ton pauvre petit avorton de cheval en l'appelant roquet, et que tu as fait vœu de le conduire au galop, tout d'une traite, jusqu'au village.

— Et je tiens la gageure, répliqua la jeune fille d'un air piqué. Puis, ramassant les rênes et donnant un léger coup de houssine à sa monture : — En route, Bucéphale, dit-elle d'un ton caressant ; montre que tu n'es pas un roquet, comme le dit cet insolent d'Octave ; il y va de ton honneur, mon ami !

Le joli petit animal fit une courbette, comme s'il eût compris les paroles de sa maîtresse, et partit comme un trait.

— Adieu, monsieur Guichard, s'écria la jeune écuyère.

— A ce soir, mon brave, dit son frère en s'élançant à sa suite.

Et tous les deux s'évanouirent à un angle du chemin, comme une gracieuse apparition.

Le garde champêtre, un sourire d'admiration sur les lèvres, resta immobile encore un moment, les yeux fixés vers l'endroit où le frère et la sœur venaient de disparaître. Puis, rejetant son fusil en bandoulière, il allait reprendre lentement le chemin du village, quand tout à coup il se sentit frapper sur l'épaule. C'était le baron de Mérignac, qu'il avait déjà oublié.

— Qui sont les personnes avec qui vous causiez tout à l'heure ? demanda l'émigré d'une voix brève.

Le garde le regarda avec fierté.

— Et si à mon tour je refusais de répondre à votre question comme tout à l'heure vous avez refusé de répondre à la mienne ?

— Je vous en prie.

— Il faut que vous teniez bien à avoir une réponse pour que vous adressiez à un jacobin tel que moi une demande sur un ton pareil, dit le garde champêtre d'un air soupçonneux ; vous n'étiez pas si poli tout à l'heure, mais qu'importe ! ce que vous demandez n'est pas un secret ; ce jeune militaire est le capitaine Octave Rupert, qui est venu trouver un congé auprès de son père.

— Et cette jeune fille...

— Mademoiselle Caroline, sa sœur, la plus belle, la plus aimable et la plus riche demoiselle qu'il y ait à vingt lieues à la ronde. Monsieur Rupert aime ses deux enfans comme la prunelle de ses yeux.

Le baron devint sombre et rêveur, et resta un moment sans répondre.

— Est-ce tout ce que vous avez à me demander ?

— Oui.

Et machinalement le baron tendit encore à Guichard la pièce d'or qu'il avait déjà refusée.

— Voici pour vos peines et pour le temps que je vous ai fait perdre.

Comme la première fois, le garde repoussa ce qu'on lui offrait.

— Il y a eu un temps, monsieur, dit-il sèchement, où j'eusse été forcé d'accepter votre don, et de paraître très reconnaissant d'avoir reçu une aumône de votre main ; aujourd'hui ces temps-là sont passés. C'est le tour des pauvres de se montrer généreux envers les ci-devant et les riches. Mon temps et ma peine, je vous les donne pour rien.

Il s'éloigna sans même jeter un regard sur le baron.

II

Il était environ neuf heures du soir, et le soleil était couché depuis longtemps, lorsque le capitaine Rupert et le garde champêtre, tous deux le fusil sous le bras, sortirent du village pour se rendre à l'affût sur le bord de l'étang. Une lune brillante éclairait leur marche ; l'air était doux et d'une transparence favorable à la chasse nocturne qui allait commencer. On dormait déjà dans le village, excepté dans la principale habitation, occupée par la famille Rupert, et dont une des fenêtres était vivement éclairée, comme si on eût attendu là le retour du jeune militaire. Tout était calme dans la vallée, et n'eussent été les aboiemens lointains de quelques chiens hargneux qui s'éveillaient au bruit de la marche des deux chasseurs, n'eussent été les coassemens de quelques grenouilles dans les joncs et les nénuphars de l'étang, les chants faibles et monotones des grillons cachés dans les hautes herbes, la campagne eût été plongée dans un profond silence.

Sans doute la splendeur mélancolique du paysage avait éveillé dans le cœur d'Octave quelques-unes de ces idées graves dont ne peut se défendre parfois l'imagination la plus frivole. Il marchait tout pensif à côté de son compagnon, qui se taisait par respect, et ils avaient parcouru déjà une partie de la sombre avenue qu'ils devaient suivre, sans qu'une parole eût été échangée entre eux.

Cependant ce mutisme et cette rêverie n'étaient pas assez dans le caractère du jeune Rupert pour qu'il pût s'y abandonner longtemps. Bientôt il releva la tête, comme un étourdi qui vient de se prendre en flagrant délit de réflexion, et il dit à son compagnon avec sa gaieté ordinaire :

— Ah çà ! Guichard, êtes-vous bien sûr au moins que nous tirerons cette loutre ce soir ? Savez-vous qu'on ne dormira pas au Domaine qu'on ne m'ait vu rentrer ! Lorsque je suis dans la nuit, mon père et ma pauvre mère aveugle sont toujours dans des transes mortelles, et, quant à Caroline, je ne suis pas bien sûr de ne pas la voir venir à notre recherche, pour peu que nous tardions à revenir. Aussi, si nous ne devions pas en finir ce soir avec cette maudite bête, j'aimerais mieux m'échapper demain.

— Toujours impatient, capitaine. Notez cependant que je vous ai pas promis que nous tuerions la loutre ce soir ; ceci dépend de Dieu et de la justesse de notre coup d'œil. Mais je vous ai assuré que nous la tirerions, et nous la tirerons, sur ma parole ! Je connais bien les habitudes de cet animal, voyez-vous, et quand on a trouvé sur une pierre du rivage des arêtes de poisson et des débris d'écrevisses tels que ceux que j'ai observés aujourd'hui à quelque distance de la croix de l'Affût...

— La croix de l'Affût ! répéta Octave en tressaillant. Puis jetant autour de lui un regard empreint d'une sorte d'inquiétude vague : — Je ne sais pourquoi, Guichard, le nom de cet endroit m'est ce soir plus particulièrement désagréable que de coutume. N'est-ce pas près de là que vous avez rencontré aujourd'hui ce voyageur, ci-devant baron de Mérignac, dont vous m'avez parlé ?

— Oui, capitaine, et je puis dire qu'à en juger par son ton et ses manières, celui-ci est le plus baron qu'aucun autre de France qui ait porté ce titre depuis mille ans. Celui-ci d'une hauteur, d'une insolence...

— Il faut leur pardonner beaucoup, Guichard, car aujourd'hui il ne leur reste plus guère que leur orgueil et leurs souvenirs du passé. Et vous n'avez pu deviner les motifs de la présence de cet étranger en cet endroit? Vous n'avez pu savoir...

— Et que peut-on apprendre, dit le garde avec impatience, d'un homme qui veut vous payer chacune de vos réponses au poids de l'or, et qui vous tourne le dos quand on l'interroge? J'avais une question à lui faire, moi qui vous parle; ces Mérignac étaient, à ce qu'il paraît, amis de la famille de Blangy, et ce voyageur pouvait me donner un renseignement précieux dans une affaire qui est de la plus haute importance pour moi; mais je n'ai pas pu tirer de lui un mot agréable. Il allait, il venait, il murmurait des mots que je ne pouvais comprendre, puis il me regardait avec des yeux qui n'avaient rien d'engageant.

— Tout ceci est bien étrange, dit le capitaine en secouant la tête; et cependant j'ai regret que vous ne m'ayez pas prévenu plus tôt, afin que je parle moi-même à ce Mérignac. — Puis se rapprochant mystérieusement de Guichard, après avoir fait encore quelques pas dans l'obscurité : — Et ne m'avez-vous pas dit aussi, continua-t-il en baissant la voix, que ce baron paraissait ajouter foi aux bruits injurieux qui ont couru sur mon père au sujet de la croix de l'Affût?

— Oui; mais ses paroles étaient si obscures, si vagues !

— Cette idée me tourmente cruellement, dit le capitaine avec tristesse; je ne puis songer sans un véritable serrement de cœur que mon père, si bon, si franc, si généreux, est soupçonné d'un crime, même par un inconnu, par un passant, et je donnerais tout au monde pour prouver à cet étranger combien la calomnie qui a touché mon excellent père est injuste et méchante. Mais, comme vous le dites, il n'est pas difficile à deviner quelle est la source de ces préventions : les Blangy lui auront répété toutes leurs odieuses accusations... Mais n'importe, Guichard, si vous le revoyez jamais dans le voisinage, prévenez-moi ; je tiens à dissiper à tout prix ses malheureux soupçons.

Guichard fit un signe d'assentiment, et tous les deux se turent. Ils suivaient l'avenue que le frère et la sœur avaient parcourue à cheval le jour même. Cette avenue, si fraîche et si verte pendant l'ardeur du soleil, était si noire à cette heure de nuit, que les deux chasseurs avaient besoin de toute leur expérience des localités pour ne pas se heurter à chaque instant aux troncs d'arbres et aux buissons qui la bordaient. Un pâle rayon de lune, qui se glissait parfois à travers le feuillage, et le scintillement passager des eaux de l'étang à quelque distance, suffisaient pour leur indiquer la route qu'ils avaient à suivre. Le moindre bruissement d'une feuille sèche avait du retentissement dans cette immobilité de la nature. En arrivant à la hauteur de la croix de l'Affût, le capitaine s'arrêta tout à coup.

— N'avez-vous rien entendu? demanda-t-il à voix basse.

— Rien, sur mon âme ! répondit le garde en prêtant l'oreille.

— Il m'avait semblé reconnaître un bruit de pas, comme si l'on nous eût suivis.

— Vous vous êtes trompé, capitaine; vous avez entendu sans doute le battement d'ailes de quelque merle dont nous avons troublé le sommeil ; mais qu'avez-vous donc ce soir? vous êtes timide comme le serait mademoiselle Caroline à votre place.

Octave jeta un regard ferme du côté où devait se trouver la croix de l'Affût.

— Vous me connaissez, Guichard, dit-il d'une voix légèrement altérée, et vous savez si je suis un homme timide; eh bien ! je ne sais pourquoi je n'aime pas à me trouver en cet endroit à pareille heure. — Ils firent encore quelques pas; le capitaine reprit d'un ton plus gai :

— Je suis véritablement un fou, mon bon Guichard, et vous devez me trouver bien ridicule. Mais laissons là ces fadaises, et ne songeons qu'à notre chasse. Si je ne me trompe, nous sommes près de l'endroit où nous devons nous placer en embuscade.

— Parlez bas ; nous y voici. Avez-vous mis un guidon blanc à votre fusil, afin de mieux viser dans l'obscurité?

— Sans doute.

— Eh bien ! postons-nous en silence, et tout ira bien.

L'endroit où se trouvaient en ce moment les deux chasseurs était une petite anse formée par un des bras de l'étang. Derrière eux, à vingt pas environ, était l'avenue, et à droite et à gauche s'étendaient des rangées de saules, d'osiers et d'aulnes qui, mêlés aux joncs, aux iris et aux autres plantes aquatiques dont le pied se baignait dans le lac, formaient une sorte de haie impénétrable. L'anse seule était dégarnie de feuillage et de verdure, et le regard pouvait glisser au loin sur la surface unie et argentée de l'étang. A trois pas environ de la pointe la plus avancée de ce petit golfe était posée sur le sable la pierre près de laquelle Guichard avait reconnu le matin les traces de la loutre.

Les deux chasseurs virent d'un coup d'œil les dispositions qu'ils devaient prendre pour se poster avantageusement. Le garde indiqua du geste au jeune militaire un saule rabougri.

— Cachez-vous derrière cet arbre, dit-il à voix basse; c'est la meilleure place, et vous serez sous le vent de la bête. Moi, je me posterai plus haut, et nous croiserons nos feux. Ne quittez pas la pierre de vue un seul instant, et surtout du silence ; aussitôt que la loutre paraîtra, feu de vos deux coups, car, si vous ne faisiez que la blesser, elle retournerait à l'eau et serait perdue pour nous. Or je tiens à sa fourrure, moi, comme votre père tient aux poissons de son étang. Attention au moindre bruit.

Gustave répondit par un signe de tête, et alla avec précaution prendre la place qui lui avait été assignée derrière le saule. Guichard se glissa en rampant dans le fourré, de l'autre côté de la crique, et bientôt tout retomba dans un profond silence.

Le capitaine était caché au regard du gibier qui pouvait venir de l'étang, mais de tous les autres côtés on pouvait le voir distinctement au clair de lune, debout, appuyé sur son arme, l'oreille au guet comme une sentinelle perdue. Quoique son attention parût se porter le plus fréquemment vers la pièce d'eau, il se retournait parfois avec une espèce d'inquiétude vers les chênes de l'avenue, dont le feuillage tombait presque jusqu'à terre. Dans cette direction, il entendait comme un frôlement léger, comme le bruit d'une respiration entrecoupée et pénible, mais ces sons étaient si faibles qu'il ne pouvait reconnaître s'ils étaient produits par quelque erreur de son imagination ou s'ils étaient une réalité. Cependant un craquement particulier qui se manifesta du même côté vint ajouter à l'effroi vague qu'il éprouvait; on eût dit le coup sec que produit un fusil lorsqu'on l'arme au moment de tirer. Guichard avait pris une direction opposée, ce ne pouvait donc être lui... Le capitaine allait peut-être courir vers ces arbres mystérieux pour voir s'ils ne cachaient pas derrière leur épaisse verdure quelque danger pressant, lorsque des sons plus caractérisés se firent entendre dans le lac. L'oreille exercée du jeune chasseur reconnut le bruit que fait la loutre lorsqu'elle agite l'eau pour pêcher avant de venir se reposer sur le rivage. C'était le moment le plus important de la chasse; le militaire, préoccupé par ce nouvel incident, rejeta ses soupçons sur le compte d'une puérile frayeur, et, se baissant lentement sans perdre de vue la surface du lac, il se tint prêt à faire feu aussitôt que le gibier serait en vue.

Or, pendant qu'il attendait avec tant de calme l'arrivée du paisible animal, à quelques pas derrière lui, dans ce massif de feuillage dont son regard n'avait pu sonder la ténébreuse profondeur, un homme se tenait immobile, l'ajustant avec un pistolet, le doigt sur la détente, prêt à tirer. Et cet homme, dans le fond de son cœur, adressait à un être invisible cette prière :

— Mon père, conduisez ma main ! que je frappe le fils de votre assassin, comme vous avez été frappé vous-même ici, dans une chasse à l'affût, au milieu de la nuit !

Cependant sa main tremblait; il se passa quelques secondes pendant lesquelles la vie du jeune militaire ne dépendait que d'un mouvement convulsif. Mais l'inconnu eut un remords; tout à coup il rabattit son arme et murmura bien bas:

— Non, ce serait trop lâche; essayons d'une autre vengeance, plus lente mais plus sûre.

Et en même temps, comme pour ne pas s'exposer à une tentation nouvelle, il jeta loin de lui son pistolet, qui alla tomber dans les eaux tranquilles du lac.

A ce bruit, Octave fut sur le point de courir vers l'avenue; mais au même instant deux coups de fusil, suivis bientôt de cris de triomphe, se firent entendre du côté où Guichard s'était posté.

— Sonnez la curée! la bête est morte, s'écria le garde en sortant des marécages. Ma foi! capitaine, ça n'est pas ma faute si vous n'avez pas eu l'honneur de loger vos chevrotines dans le ventre de cette gaillarde-là. Je l'ai laissée dix secondes à votre disposition; je ne l'ai prise qu'en voyant que vous n'en vouliez pas.

En même temps il montrait un bel animal, de la grosseur d'un renard environ, brun, luisant en dessus, blanc en dessous; sa tête avait été brisée par le plomb, sur la pierre même où il était venu manger une magnifique carpe, qui frétillait sur le rivage.

— Voilà qui est noblement frappé, dit Octave en soulevant avec distraction le corps de la loutre toute sanglante, mais je ne vous eusse pas laissé la victoire si je n'avais pas entendu derrière moi...

— Bien tiré, monsieur, dit une voix nouvelle tout près d'eux. C'est en vérité un bel animal que vous avez tué là...

Les deux chasseurs se retournèrent avec étonnement, et le garde reconnut le personnage qu'il avait conduit le matin à la croix de l'Affût. Mais cette fois il y avait dans son ton et ses manières quelque chose d'affable et de gracieux. Un sourire poli effleurait ses lèvres; sa contenance était noble et prévenante.

— Vous ici, monsieur, et à cette heure! demanda le garde.

— Le ci-devant baron de Mérignac! s'écria Octave, qui devina du premier coup d'œil quel était le nouveau-venu.

Le baron fit de la tête un signe amical.

— Je vois, dit-il, que mon incognito a déjà été trahi; mais puisque le capitaine sait mon nom et ma qualité de voyageur, j'espère qu'il me pardonnera la petite victoire de chasseur que je viens involontairement de lui faire perdre. Attardé dans cette campagne, et ne connaissant pas précisément la route du village où je pourrais trouver un gîte pour cette nuit, je cherchais du regard quelqu'un qui pût me donner les renseignemens dont j'avais besoin, lorsque je vous ai vus passer dans le lointain. Je vous ai suivis aussi promptement que me le permettait l'obscurité, afin de vous demander le chemin que j'avais à prendre, et j'allais vous accoster, lorsque je me suis aperçu que déjà vous étiez en chassé et que ma présence pouvait en compromettre le succès. J'ai donc attendu là, à quelques pas, qu'il me fût possible de vous aborder sans paraître important; mais ma discrétion n'a pas été aussi heureuse que je l'eusse désiré. Involontairement j'ai fait quelque bruit, une pierre a roulé sous mes pieds jusqu'à l'étang, et tous ces petits événemens, dont je pensais pardon au capitaine Rupert, ont été cause que tout l'honneur de cette chasse n'a pas été pour lui.

Ces explications semblaient si naturelles et étaient données avec tant d'aisance, que le capitaine sentit s'éloigner subitement toutes les appréhensions vagues qu'il avait éprouvées quelques instans auparavant. Guichard était stupéfait du ton d'urbanité parfaite de cet homme bizarre qui, le jour même, s'était montré envers lui si hautain et si peu communicatif.

— Vous n'avez pas d'excuses à me faire, monsieur, répondit Octave; il est vrai que je ne sais quelle folie m'avait passé dans la tête en écoutant le bruit inexplicable qui se faisait entendre derrière moi, et que, sans cette préoccupation, Guichard, que voici, n'eût pas sitôt chanté victoire; mais ce petit mécompte sera bien agréablement compensé si je puis vous être utile en quelque chose. Vous le voyez, continua-t-il en désignant du doigt le gibier étendu à ses pieds, notre chasse est finie, et il ne nous reste plus qu'à regagner le village. Si donc vous voulez nous donner la peine de nous accompagner...

— Volontiers, capitaine, et merci du service que vous me rendez le plaisir de passer un moment en votre compagnie.

La conversation une fois engagée sur ce ton de politesse amicale ne devait pas se terminer de sitôt. Le jeune Rupert, élevé dans une ville voisine, avait reçu une éducation aussi soignée que l'avaient permis les troubles révolutionnaires. D'ailleurs il était militaire, et à cette époque glorieuse où nos armées faisaient tant de prodiges, un jeune et bel officier était accueilli honorablement dans le monde poli. De son côté, l'émigré avait appartenu à une de ces classes privilégiées à qui la noblesse des manières, le charme insinuant du langage, semblaient avoir été départis par le sort en même temps que les honneurs et les richesses, et quelle que fût la différence apparente des goûts et des idées de ces deux jeunes gens, leur jeunesse, autant sans doute que la volonté secrète de l'un et de l'autre, tendait à établir entre eux une sorte de familiarité. D'ailleurs on sait déjà dans quel intérêt cher et sacré le jeune militaire avait désiré voir celui qui avait manifesté de funestes préventions contre son père.

On sait que Guichard lui-même avait quelque raison secrète de se rapprocher du baron; aussi, malgré ses griefs contre lui, imita-t-il l'empressement du capitaine à rendre service à l'émigré. On s'était remis en marche depuis un moment, et on avait gagné de nouveau cette sombre et tranquille avenue dont nous avons déjà parlé bien des fois. Octave avait passé sa façon son bras sous celui du baron, afin de lui faire éviter plus sûrement les obstacles qui pouvaient se trouver sur la route. Le garde, son gibier triomphalement placé sur l'épaule, les précédait de quelques pas, comme pour sonder le terrain, et, tout en avançant, il n'était pas si exclusivement occupé de sa tâche qu'il ne prêtât une vive attention aux discours des jeunes gens.

La conversation continuait, et chacun de son côté mettait tant de réserve dans les expressions dont il se servait, que le plus léger dissentiment n'avait pu encore s'élever entre eux. Cependant, en passant près de la croix de l'Affût, Octave jeta un regard à la dérobée sur son compagnon; celui-ci resta calme et impassible. Le capitaine s'enhardit.

— Y aurait-il de l'indiscrétion, monsieur, dit-il enfin, à vous demander quel intérêt a pu vous attirer et vous retenir si tard dans un endroit qu'un accident funeste a rendu célèbre dans ce pays? Je ne puis croire que le désir seul de faire un pèlerinage vous ait conduit ici...

L'ombre des arbres était si épaisse en ce moment, qu'il était impossible de voir l'expression des traits de l'étranger à cette question pressante; mais sa voix était calme et sans aucune espèce d'altération lorsqu'il répondit:

— Votre vie a été trop heureuse jusqu'ici, capitaine, pour que vous sachiez tout ce que la religion a de doux et de consolant pour les malheureux. Si, comme moi, vous aviez été dépouillé de vos biens, de vos honneurs héréditaires; si vous aviez perdu vos parens et vos amis les plus chers, si vous aviez passé huit ans sur une terre étrangère, vous auriez compris, comme moi, avec quelle foi et quel sentiment de bonheur on se prosterne devant une croix de la terre natale. Mais je ne veux pas vous tromper, et je vous dirai qu'à ces sentimens s'est joint un autre intérêt qui m'a poussé à chercher la croix de l'Affût. Un ami, mort dans l'exil, m'avait fait promettre que je viendrais pleurer et prier devant ce monument...

— Et cet ami était ?...
— Le chevalier de Blangy.
— Le chevalier de Blangy ! s'écria Octave ; le plus implacable ennemi de ma famille depuis la mort si malheureuse du comte Arsène ! Ah ! monsieur, cet homme nous a bien fait du mal en répandant sur mon excellent père des bruits injurieux et qu'il savait de toute fausseté.
— Dieu le jugera, monsieur, répondit l'émigré d'un ton laconique et froid.
Il se tut, et on n'entendit pendant un moment que le bruit des promeneurs sur les feuilles sèches. Le capitaine reprit avec hésitation :
— Vous me parlez du chevalier de Blangy, monsieur de Mérignac, et vous ne me dites rien de son neveu et pupille le comte Armand, que j'ai connu enfant avant les funestes querelles qui se sont élevées entre sa famille et la mienne. A titre de voisin et d'ancien ami, je puis bien vous demander des nouvelles de ce jeune homme, que je n'ai pas vu pourtant depuis plus de quinze ans. Ne reviendra-t-il pas, aujourd'hui qu'il le peut sans danger, habiter ce château dont il est désormais le seul maître ? Dans quel pays s'est-il établi depuis son émigration ? Peut-on espérer...
— J'ignore ce qu'est devenu le jeune comte.
— Il est donc mort ! s'écria le garde, qui prêtait la plus vive attention à ce qui se disait ; c'était un enfant si faible, si maladif, qu'il n'est pas impossible...
— Mort ! répéta l'émigré ; mais quel motif pouvez-vous avoir, mon ami, de vous informer si ce jeune homme est mort ou vivant ?
— C'est ce que je ne pourrais dire qu'à lui seul, répondit timidement le garde, qui, malgré son franc-parler révolutionnaire, sentait une espèce de confusion de s'être mêlé à la conversation de personnes d'un rang plus élevé que le sien.
— Si vos craintes au sujet du comte de Blangy se trouvaient justifiées, dit le capitaine avec un accent de regret véritable, ce serait un grand malheur et que je déplorerais toute ma vie. J'ai bien souvent désiré de voir le jeune comte, maintenant que lui et moi nous avons l'âge de raison. Je sais que la haine de son oncle le chevalier lui a exagéré bien des choses, et je donnerais beaucoup pour pouvoir causer avec lui, ne fût-ce qu'un instant. C'était, si je m'en souviens bien, un enfant au caractère droit et généreux, qui a dû devenir un homme de cœur et de sens ; je suis sûr que nous nous fussions entendus.
— Ne désespérez pas d'avoir plus tard cette satisfaction, capitaine Rupert, dit l'émigré de son ton sec et poli, qui cette fois renfermait une intention secrète ; Dieu a peut-être conservé la vie à ce jeune homme afin qu'il répare toutes les injustices dont vous parlez. Espérez qu'il reviendra.
Cependant la petite troupe était sortie de l'avenue et se trouvait à une très courte distance du village. Aucun bruit ne se faisait entendre à l'entour, excepté le murmure sourd d'un petit ruisseau, qui de ce côté se jetait dans le lac, et les cris argentins de quelques chauves-souris qui battaient l'air tiède de leurs ailes cotonneuses. Il était adossé à l'une de ces collines qui entouraient la vallée et dont les crêtes arrondies se dessinaient en noir sur l'azur sombre du ciel, en sorte que la brise même de la nuit ne pouvait agiter le feuillage des arbres du voisinage. Le capitaine s'arrêta tout à coup.
— Monsieur de Mérignac, dit-il à l'émigré, il est bien tard, et les lits d'une pauvre auberge de campagne seront bien durs pour vous qui êtes habitué au luxe et à l'élégance. Permettez-moi de vous conduire à la maison de mon père ; le peu de temps que j'ai passé dans votre société m'a donné le plus vif désir de me lier plus intimement avec vous ; prouvez-moi que ma brusquerie un peu militaire n'a produit aucune fâcheuse impression sur vous, et acceptez chez nous l'hospitalité pour cette nuit...
— Vous vous trompez, capitaine, dit le baron qui parut se relâcher en ce moment de la réserve qui avait régné jusque-là dans ses paroles, vous vous trompez si vous pensez qu'un homme qui a erré pendant de longues années dans toute l'Europe n'a pas eu quelquefois des lits trop durs, de mauvais gîtes et de plus mauvaises nuits ; cependant je ne suis pas indifférent au bien-être, et, pour vous prouver combien j'apprécie votre franche et amicale invitation, j'accepte sans me faire prier. Je serai heureux à mon tour que vous voyiez dans ma facilité à céder à votre invitation une preuve de la sympathie que j'éprouve déjà pour vous.
— Et vous êtes payé de retour, je vous jure, dit gaiement le jeune et loyal militaire, qui voyait déjà un ami dans un hôte d'importance, afin qu'on ne soit pas surpris à sa vue. — Il ajouta à l'oreille de Guichard, comme s'il eût donné quelque ordre secret : — Vous voyez combien peu le baron croit aux calomnies inventées contre mon père, puisqu'il accepte l'hospitalité chez nous.
Le garde secoua la tête d'un air mécontent ; mais, sentant bien que ce n'était pas là le moment d'exprimer l'opinion qu'il pouvait avoir à part lui sur ce sujet, il allait doubler le pas pour précéder les deux jeunes gens à l'habitation, quand une ombre légère et gracieuse apparut tout à coup à l'entrée du village. Au même instant une voix douce demanda aux arrivans :
— Est-ce toi, mon frère ?
— Oui, c'est nous, ma belle petite sœur...
Et au même instant la jeune fille s'élança vers celui qui venait de répondre.
— Méchant ! s'écria-t-elle, voilà plus d'une heure que nous avons entendu vos coups de fusil, et nous étions tous dans une inquiétude mortelle de ne pas vous voir revenir. On t'attend, viens vite... la pauvre maman elle-même a voulu veiller...
Elle se tut tout à coup. Alors seulement elle venait de s'apercevoir qu'un étranger accompagnait son frère et le garde champêtre. Elle le regarda d'un air effaré pendant quelques secondes. Puis, sans ajouter un mot, elle poussa un cri de surprise et s'enfuit de toute sa vitesse vers la maison.
— Eh bien, eh bien ! où vas-tu donc, petite folle ? cria son frère.
Mais l'enfant continua de s'enfuir en bondissant comme une jeune biche effarouchée, et bientôt elle disparut derrière les premières maisons du village.
— Elle est charmante, dit le baron émerveillé de tant de grâce naturelle et de candeur ; mais comment la laissez-vous ainsi venir seule, la nuit, au-devant de vous ?
— Elle est aimée et respectée ici comme une sainte et bien plus qu'une sainte, aujourd'hui qu'on est un peu rouillé sur la religion, dit le capitaine avec orgueil ; il n'est pas un paysan à trois lieues à la ronde qui osât insulter cette petite Caroline, ou la *demoiselle* comme on l'appelle, et personne qui ne se fit tuer pour la défendre. D'ailleurs elle vous a donné un échantillon de sa légèreté, sinon de son courage ; j'espère, monsieur le baron, que vous lui pardonnerez cette timidité un peu sauvage, quand vous la connaîtrez mieux. C'est la fleur, le diamant de la contrée...
Octave, emporté par son admiration fraternelle, eût continué cet éloge peut-être, si en ce moment il ne se fussent trouvés en face même de la maison de son père. Un jeune peuplier planté devant la porte indiquait la demeure du maire de la commune, et quelques pieds d'animaux et des oiseaux écartelés, cloués sur la porte même, la demeure d'un chasseur. C'était un édifice de quelque importance, soigneusement blanchi, et dont l'air de simplicité bourgeoise laissait pourtant deviner, sans l'afficher, l'opulence de ses propriétaires. On voyait au premier coup d'œil que le constructeur s'était plus préoccupé du bien-être et de l'agrément de ceux qui devaient habiter cette maison que du soin d'exciter par la grandeur et l'élévation

des murs l'admiration du passant. Cet édifice était déjà un échantillon de ces constructions simples et uniformes qui remplaceront bientôt les châteaux féodaux sur toute la surface de la France.

Quelques réflexions pénibles vinrent peut-être à ce sujet à l'esprit de l'émigré, pour qui la France révolutionnée était encore si nouvelle. Mais on ne lui laissa pas le temps de s'y arrêter. L'éveil avait été donné par Caroline et le garde, en sorte qu'au moment où les deux jeunes gens pénétrèrent dans la cour herbeuse qui précédait la maison, un vieillard de haute taille, au maintien digne, sans fierté, était debout sur le seuil de la porte, assisté d'une grosse fille de campagne qui élevait une lampe pour éclairer les arrivans.

— Monsieur le baron, dit Octave en montrant le vieillard qui était venu le recevoir, voici mon père.

A ce nom, le baron tressaillit, il devint pâle et fut sur le point de reculer d'un pas, par un sentiment instinctif d'horreur. Mais cette émotion s'effaça rapidement, comme par l'effet d'une volonté opiniâtre et énergique, et, reprenant son calme ordinaire, il répondit avec une exquise politesse au compliment que monsieur Rupert adressait à son hôte et au nouvel ami de son fils. Seulement, il ne sembla pas remarquer que le vieillard, dans sa simplicité campagnarde, lui avait tendu la main.

Ils entrèrent dans une espèce de salon d'été où toute la famille Rupert se trouvait réunie en ce moment. Cette pièce avait le caractère de simplicité et d'aisance qu'annonçait l'extérieur de la maison. Un enduit de stuc, brillant et poli comme du marbre, en revêtait les murailles, ornées seulement de quelques tableaux de famille. Les meubles n'étaient qu'en noyer soigneusement frotté, mais ils avaient la forme la plus moderne et la plus commode. Les fauteuils, en roseau tressé, offraient cette fraîcheur si recherchée en été quand le soleil paraît vouloir dessécher la campagne. Au fond de l'appartement, une fenêtre, encadrée et voilée à demi par un cep de vigne sur les feuilles duquel venaient se jouer les reflets de la lampe, était ouverte sur un vaste jardin et laissait arriver dans le salon des bouffées de l'air tiède et embaumé du soir. A l'un des côtés de cette fenêtre était assise, dans une vaste bergère, une vieille femme jaune et ridée, mais dont la physionomie avait cette expression de calme et de douce quiétude que donne une existence monotone et exempte de chagrins. Seulement ses yeux saillans et fixes avaient quelque chose de triste et de mystérieux qui attirait d'abord l'attention. En effet, madame Rupert, car c'était elle, était devenue aveugle depuis quelques années, par suite des infirmités de la vieillesse. Elle tricotait machinalement un bas, suivant l'habitude traditionnelle des ménagères de campagne, ce qui ne l'empêchait pas de prêter, comme tous les aveugles, une vive attention à ce qui se passait autour d'elle. De l'autre côté de la fenêtre, et comme pour faire contraste, la jolie Caroline était debout, les yeux baissés, toute rose de pudeur et de timidité.

Au moment où Mérignac entra, suivi de monsieur Rupert et d'Octave, la jeune fille avertit sa mère à demi-voix, et s'inclina légèrement avec un délicieux mélange d'embarras et de grâce. La vieille femme se leva, et, laissant tomber son ouvrage, elle se tourna du côté où elle supposait que devait se trouver l'étranger, en disant d'une voix pure, qui faisait contraste avec son visage flétri :

— Que notre hôte excuse une pauvre vieille aveugle qui ne peut plus faire les honneurs de sa maison, et qu'il n'en soit pas moins le bienvenu au Domaine !

Après cette courte allocution, elle retomba dans son fauteuil, qu'elle ne quittait jamais, et reprenant son ouvrage, elle parut se replonger dans sa paisible indifférence, habituée qu'elle était à laisser ses enfans la suppléer auprès des étrangers.

Pendant les apprêts d'un souper comfortable qui allait être servi dans le salon même, le baron pouvait examiner en détail cette belle famille au milieu de laquelle il se trouvait si inopinément introduit. Elle présentait presque tous les âges de la vie, depuis l'extrême jeunesse jusqu'à la décrépitude. D'abord cette vieille mère, pauvre femme simple et sans orgueil, dont toute l'existence obscure s'était passée au fond de cette campagne retirée, dans les occupations du ménage, n'ayant jamais cherché le bonheur en dehors de son mari et de ses enfans, et qui maintenant, affaiblie et infirme, se survivant à elle-même, attendait paisiblement entre son mari et ses enfans ; puis ce vieillard, robuste encore, calme après une vie laborieuse, et sur le front duquel, malgré les bruits divers qui avaient couru dans une funeste circonstance de sa vie, on ne voyait aucune trace de remords ; puis ce beau militaire, dans toute la force de l'âge, si fier, si joyeux, si franc, au teint bruni par le soleil d'Egypte, et qui avait tant d'avenir à cette époque de puissance militaire ; puis enfin cette suave jeune fille de vingt ans, si timide, si légère, si naïve, avec sa robe blanche, ses yeux bleus, ses tresses blondes et son sourire candide. Ce groupe, composé de tant de personnes de goûts et de mœurs opposés en apparence, formait un tout si harmonieux, un ensemble si complet, que dans ce joli salon où il était réuni, les cheveux blancs de la mère donnaient une poésie de plus aux tresses blondes de la jeune fille, les rides du vieillard à la figure noble et martiale du jeune officier ; et l'homme le moins accessible aux émotions douces eût pensé, en voyant cette heureuse famille, que ce serait un épouvantable crime de troubler ces paisibles existences.

Cependant quand l'émigré eut étudié chaque détail de ce touchant tableau, son front se plissa, sa main se ferma convulsivement, et son regard jeta un éclair, comme si quelque horrible pensée avait traversé sa tête en ce moment ; cependant il se contint, parce qu'il s'était aperçu qu'une personne, de l'autre bout de la salle, tenait son regard attaché sur lui. C'était le garde champêtre, auquel personne n'avait encore fait attention, et qui attendait qu'on lui donnât congé.

Le baron parut embarrassé.

— Comment, monsieur Rupert, dit-il au maître du logis, ne songez-vous pas à récompenser votre garde-chasse, qui vous a fait ce soir un si beau cadeau ? Tuer un maudit animal qui dépeuplait votre étang...

Guichard s'avança de quelques pas :

— Je ne suis pas plus le garde-chasse de monsieur Rupert que celui des autres propriétaires de la commune, dit-il ; c'est la commune qui me paye, et je ne connais pas d'autre maître qu'elle. Cependant, ajouta-t-il avec une intention marquée, vous avez raison, monsieur ; c'est surtout pour monsieur Rupert que je veille et que je veillerai toujours, soyez-en sûr. Pour ce qui est d'une récompense, je n'en ai pas besoin ; il me suffit de savoir que j'ai été utile à monsieur Rupert.

Puis il s'inclina et sortit, après avoir lancé au baron un regard de défi.

— Je l'ai blessé aujourd'hui en lui offrant de l'argent, dit l'émigré en se mordant les lèvres ; cet homme est fier comme un républicain...

— Dites comme un honnête homme, monsieur, répliqua le vieillard avec simplicité.

On servit le souper, et la conversation devint enjouée et générale. Le baron fit tous ses efforts pour plaire à ses hôtes, et il réussit au delà de ses souhaits ; monsieur Rupert lui-même, qui avait un peu de la raideur et de la défiance de la vieillesse, semblait trouver un grand charme dans sa société. Avant la fin du souper, Octave avait déjà fait promettre à son hôte qu'il passerait quelques jours au Domaine ; et cette promesse combla de joie toute la famille Rupert.

Cependant, quand le soir le baron se trouva seul dans la chambre qui lui avait été destinée, il quitta l'air riant et poli qu'il avait gardé toute la soirée, comme un acteur qui sortirait de remplir un rôle long et difficile. Il resta plus d'une heure immobile, la tête cachée dans ses mains, et quand il sortit de cette profonde méditation, il dit avec un soupir : « Cette vengeance me coûtera bien cher !... »

III

Plusieurs semaines s'étaient écoulées déjà depuis l'arrivée du baron de Mérignac au Domaine, et rien n'annonçait qu'il dût quitter sitôt la famille Rupert. Les manières âpres et orgueilleuses dont le garde champêtre avait eu un échantillon avaient disparu complétement, et il semblait que l'étranger eût pris à tâche de se concilier l'affection de tous les habitans de la maison, ne leur parlant que de ce qu'ils connaissaient le mieux, indulgent pour leur ignorance, prévenant, souple, insinuant, mettant habilement de côté tous les préjugés de caste qui eussent pu les choquer, glissant toujours avec art sur les sujets qui eussent amené des dissentimens entre lui et eux ; expert et judicieux avec le vieillard, attentif et respectueux avec la vieille mère, cordial et sans façon avec le capitaine, galant et empressé avec la jeune fille, il était impossible de désirer plus de qualités réunies dans la même personne pour plaire à tant de personnes. Aussi le baron avait-il complétement réussi dans ses projets de se faire aimer de toute cette famille, à laquelle il était déjà devenu nécessaire. Chaque jour il voulait partir, ou du moins il le feignait, et chaque jour les instances de ses nouveaux amis lui arrachaient une nouvelle promesse de séjourner au Domaine encore un peu de temps.

Cependant bientôt il ne fut pas difficile de s'apercevoir que le baron avait à part lui un puissant motif de rester. Mademoiselle Rupert avait fait une vive impression sur lui. Quelquefois, pour retourner près d'elle, il abandonnait Octave en pleine chasse, au moment où le lièvre allait être lancé ; pour répondre aux questions frivoles de l'enfant, il semblait par momens ne pas entendre les questions du vieillard ou les récits de la pauvre aveugle. C'était une suite continuelle d'attentions délicates et de galanteries bien capables d'enorgueillir une jeune fille campagnarde, de la part d'un beau cavalier fait pour briller dans le monde, riche sans doute, et dont le titre nobiliaire, quoique discrédité alors, n'en avait pas moins un charme secret pour une plébéienne. Aussi la petite personne semblait-elle toute fière de cette distinction que lui accordait le baron, et, avec sa simplicité et sa candeur ordinaires, elle lui laissa voir, aussi bien qu'à ses parens et à son frère, qu'elle était heureuse de pareils hommages ; pour elle le mot amour n'avait pas d'autre signification que le mot mariage ; et l'idée d'un obstacle, d'une arrière-pensée ou d'une faute ne pouvait entrer dans cette âme virginale et pure.

L'œil clairvoyant de monsieur Rupert s'aperçut dès les commencemens des efforts de l'émigré pour plaire à sa fille, et du tendre retour dont le payait la naïve enfant ; mais, chose étrange dans un homme qui avait tant d'expérience, il ne vit rien dans cette affection mutuelle des deux jeunes gens qui pût éveiller ses inquiétudes paternelles. Monsieur Rupert était un de ces hommes confians qui, après avoir assisté comme spectateurs et quelquefois comme acteurs au bouleversement révolutionnaire, croyaient naïvement au commencement de ce siècle à l'impossibilité d'une réaction et de la résurrection de certaines choses réputées mortes à jamais. La distinction nobiliaire lui semblait effacée sans espérance de retour, et il croyait que sa fille, à lui, maire de sa commune et homme influent dans sa province, sa fille, riche et bien élevée, était digne d'un homme titré autrefois, quelle que fût sa fortune aujourd'hui, quel que fût l'éclat de ses qualités personnelles. Une union entre Caroline et le baron de Mérignac ne lui semblait donc pas assez désassortie pour qu'il interposât brusquement son autorité ; il se contentait d'observer en silence les progrès d'une passion qui n'a-

vait pas dépassé jusque-là des bornes raisonnables, et la bonne opinion qu'il avait de son hôte lui faisait supposer qu'il recevrait prochainement de lui des ouvertures après lesquelles il serait toujours temps de prendre un parti.

Mais en même temps que le chef de la famille tolérait ainsi tacitement une liaison innocente, une autre personne, sans y être appelée, s'était chargée d'éclairer les démarches du baron de Mérignac. Malgré les changemens opérés dans les allures et le langage du jeune noble, le garde champêtre, sincèrement attaché à la famille Rupert, dont il était presque le commensal, avait conçu des soupçons vagues qu'il s'était promis d'approfondir sans prendre de confident. D'ailleurs les motifs secrets qu'il avait de s'assurer du nom véritable et de la position de l'étranger existaient toujours ; aussi n'y avait-il pas de ruses qu'il n'employât pour découvrir le secret qu'on semblait lui cacher. Le lendemain de son arrivée au Domaine, le baron avait envoyé un exprès à la ville voisine avec une lettre qui devait être remise à une personne de son service. Guichard interrogea le paysan qui avait été chargé de porter cette lettre ; celui-ci répondit qu'elle était adressée à un étranger dont le prénom seul était marqué et qui semblait être un domestique de confiance ; Guichard examina l'adresse de la lettre que l'homme de la ville en voyait avec des effets à l'émigré ; elle portait la suscription : *Au baron de Mérignac.* Tout paraissait donc simple et naturel.

Alors commença l'application d'un système de police occulte dont un homme d'une volonté ferme pouvait seul être capable. Tout ce que le garde pouvait recueillir de renseignemens sur le baron de Mérignac était soigneusement conservé dans sa mémoire. L'émigré n'écrivait pas une lettre, ne recevait pas une réponse que Guichard n'en eût examiné l'adresse et interrogé le porteur. Il cherchait aussi à questionner l'hôte de la famille Rupert, et ne laissait jamais échapper une occasion de se trouver un moment avec lui. Si une partie de chasse était montée avec le capitaine, le baron était sûr de trouver à trente pas de la maison le garde champêtre, qui s'obstinait à les conduire dans les endroits les plus giboyeux du voisinage ; si Mérignac donnait le bras à Caroline et restait un peu en arrière pendant que toute la famille se promenait dans l'avenue, il était sûr, en tournant la tête, de voir Guichard, en apparence fort occupé à examiner un arbre endommagé par le vent ou les maraudeurs de bois. Une pareille inquisition devait amener nécessairement le garde à la connaissance de la vérité.

Le vingtième jour environ après l'arrivée du baron au Domaine, le capitaine était parti à cheval, dès le lever du soleil, pour se rendre à la ville, où l'appelait une affaire importante, et monsieur Rupert était sorti à pied, son bâton à la main, pour faire sa tournée ordinaire dans ses propriétés, et encourager les travailleurs par sa présence. Le baron était donc resté seul avec les deux dames à l'habitation.

Le temps était beau, et le déjeuner avait été servi dans le jardin, sous une tonnelle de vigne dont l'épais ombrage promettait un abri contre la chaleur. D'ailleurs on recevait des émanations fraîches et parfumées du lac voisin, que l'on voyait, au-dessus de la haie d'aubépine servant de clôture, s'étendre à l'horizon. Le jardin lui-même était tout parsemé d'arbres, et dans le feuillage chantaient quelques mésanges à tête noire en becquetant les fruits déjà vermeils. De temps en temps de légers nuages blancs, qui flottaient dans l'azur du ciel, venaient amortir les rayons déjà ardens du soleil.

Le déjeuner était fini depuis longtemps, mais aucun de ceux qui y avaient pris part n'avait songé à quitter cet endroit délicieux. La vieille aveugle, après qu'on eut enlevé le guéridon léger sur lequel avait été servi un simple et frugal repas, s'était enfoncée dans son fauteuil avec une sorte de béatitude, le visage tourné vers le riche paysage qui s'étendait devant elle, comme si elle eût pu encore l'admirer, Caroline était assise à ses pieds sur un escabeau rustique, et s'occupait à broder des manchettes destinées à son père. Le baron s'était discrètement retiré à vingt pas environ de ce petit groupe, à l'autre bout de la tonnelle, et on eût pu le croire entièrement absorbé par la lecture d'un journal arrivé le matin, si un regard triste et inquiet, jeté de temps en temps du côté des dames, n'eût fait penser qu'elles étaient seules l'objet de ses réflexions.

Cependant la chaleur augmentait de moment en moment, et l'effet de cette température tiède, combiné avec le son monotone d'une vieille ballade que fredonnait la jeune fille, tendait de plus en plus à endormir la bonne madame Rupert, qui avait déjà penché la tête sur son épaule d'une manière significative. Or, ce n'était pas le compte de la jolie espiègle, qui, se voyant délaissée par le baron, éprouvait en ce moment un invincible besoin de babiller avec sa mère. Aussi elle interrompit tout à coup son chant, et se baissa bruyamment pour prendre ses ciseaux à broderie, en demandant, d'une voix caressante qui faisait contraste avec l'intention évidente de son mouvement :

— Bonne maman, est-ce que vous dormez ?

La vieille aveugle tressaillit, se redressa, et répondit avec un petit soupir qui à lui seul démentait ce qu'elle allait dire :

— Mais non, ma petite, je t'écoute...

L'enfant fut impitoyable ; elle avança sa jolie figure mutine, embrassa sa mère, ce qui avait pour but véritable de chasser les velléités de sommeil dont la bonne dame aurait pu être atteinte, et, reprenant son ouvrage, elle continua avec un petit air de gravité, en jetant du côté du baron un regard furtif :

— C'est que, maman, je voudrais te consulter sur une nouvelle folie que mon frère s'est mise dans la tête et dont il m'a parlé hier au soir.

— Vas-tu maintenant t'occuper de toutes les folies de ton frère ? demanda la vieille aveugle en étouffant un léger bâillement avec résignation ; tu auras trop à faire...

— C'est que celle-ci est si bizarre, si extraordinaire !... Croiriez-vous qu'Octave m'a parlé hier, mais très sérieusement, de me marier avant son départ...

Ici un nouveau regard, plus furtif encore que le premier, fut dirigé du côté de l'émigré ; et la curiosité vague que la jeune fille avait pu mettre dans cette action suffit pour la faire rougir et lui faire baisser les yeux sur son ouvrage.

— Te marier ! s'écria la mère, émue cette fois ; mais tu ne veux pas me quitter, Caroline ! Je ne veux pas que tu me quittes ; il me reste si peu de temps à vivre...

— Allons, ne vous inquiétez pas si vite, dit la jeune fille en lui donnant cette fois un baiser bien franc et sans arrière-pensée ; vous savez bien que je ne vous quitterai jamais. Mais mon frère, cet étourdi, paraît tenir particulièrement à ce projet. « Vois-tu, sœur, me disait-il avec cette grosse voix que vous lui connaissez, je pars dans deux mois pour le régiment, et tout annonce que la guerre va éclater bientôt. Je ne serais pas fâché de te savoir mariée avant mon départ, car si quelque boulet de canon... »

Caroline s'arrêta tout à coup ; elle frémissait, et sa mère était devenue plus pâle que de coutume.

— Non ! non ! reprit la pauvre aveugle avec terreur, vous ne pouvez m'abandonner ainsi, me manquer tous les deux à la fois, mes enfans !

— Allons ! je suis aussi folle qu'il est fou lui-même, dit la jeune fille en se levant pour faire diversion à ses idées tristes. Nous sommes tous si heureux dans le présent, pourquoi songer à l'avenir ?

— Tu as raison, ma fille, dit la mère presque en souriant ; puis elle reprit : — Mais t'a-t-il dit au moins celui qu'il te destinait ?

— Je l'ignore, fit l'enfant avec une insouciance apparente et en pliant son ouvrage ; c'est sans doute quelque officier comme lui, un de ses compagnons d'armes, comme il les appelle ; ou peut-être monsieur Lemaître, le maire de la commune de Gravignac, ou bien ce jeune étourneau de Stainville, qui est toujours coiffé à la victime afin qu'on le prenne pour un émigré..... Qui sait quelle idée bouffonne a pu se loger dans la tête de Gustave ! Mais, ma mère, interrompit-elle, je m'aperçois que mon babillage vous empêche de dormir comme vous paraissiez en avoir envie ; moi je vais arroser mes fleurs pendant que la chaleur n'est pas encore trop vive ; essayez de prendre un peu de repos...

— Reste près de moi, ma petite ! soupira la mère.

Mais Caroline ne l'entendit pas ; elle déposa un baiser rapide sur le front de madame Rupert, et s'élança vers la maison. En passant elle jeta un coup d'œil sur le baron de Mérignac, qui la salua d'un air froid, comme s'il n'eût rien entendu.

Caroline revint bientôt avec un petit arrosoir, et se dirigea vers un parterre situé à l'extrémité du jardin. Elle commença à verser lentement un peu d'eau sur quelques plantes desséchées ; mais au bout d'un moment il fut évident que cette occupation ne lui plaisait déjà plus. Quelques plis légers ridaient son front blanc, et ses gestes, si souples d'ordinaire, avaient quelque chose de saccadé qui témoignait d'un mécontentement intérieur. Elle remplissait depuis quelques minutes ses devoirs de jardinière, quand un mouvement faux de son arrosoir fit tomber quelques gouttes d'eau sur son pied délicat. Cette fois elle ne put modérer son impatience, elle poussa un petit cri de colibri en colère, et laissa tomber l'arrosoir sur les bordures de buis qui s'arrondissaient autour des plates-bandes.

Mais au même instant un bruit léger lui fit tourner la tête. Le baron de Mérignac était à quelques pas d'elle, le bras appuyé sur le grillage de bois peint en vert qui séparait le parterre du jardin potager, et il l'observait en silence. Caroline surprise fit un mouvement pour s'enfuir. Mérignac s'avança de quelques pas.

— Mademoiselle, lui demanda-t-il d'un ton grave, pourriez-vous m'accorder un moment d'entretien ?

La jeune fille voulut sourire et répondre avec son enjouement ordinaire ; mais l'air solennel de l'émigré lui imposa. Le baron avait quitté pour la première fois devant elle ce masque gracieux et souriant avec lequel il l'abordait toujours ; pour la première fois il se montrait avec cette expression sombre et méditative qui était le véritable caractère de ses traits. Caroline fut épouvantée de ce changement, et elle ne put que balbutier :

— Un entretien ! à moi, monsieur le baron ?

Sans répondre, Mérignac lui prit la main et l'entraîna vers un cabinet de clématites et de chèvrefeuille où ils ne pouvaient être entendus de personne. Puis il désigna du geste une place sur un banc de gazon, et il reprit d'un ton bas et mélancolique :

— J'aurais dû peut-être m'éloigner pour toujours, mademoiselle, sans vous rien révéler d'un affreux mystère que vous n'avez pas même soupçonné, mais bientôt peut-être la vérité sera connue, et j'ai voulu m'assurer que vous au moins, vous dont l'âme est si généreuse, vous m'excuseriez encore lorsque d'autres m'auraient condamné. — Caroline regardait l'émigré avec la même terreur, sans comprendre ses paroles. — Caroline, reprit-il, quelque simple et naïve que soit une jeune fille, elle ne peut se faire illusion sur les sentiments qu'elle inspire ; vous savez donc que je vous aime ; depuis quelques jours mes regards, mes actions, mes paroles, vous ont sans doute fait comprendre, et cet amour ne finira qu'avec ma vie...

Le baron fit une nouvelle pause, comme pour se recueillir. Mademoiselle Rupert, les yeux baissés, jouait distraitement avec les plis de son tablier de taffetas, et, voyant que le silence se prolongeait :

— Monsieur le baron, dit-elle timidement, peut-être cet aveu eût-il dû être fait à d'autres personnes avant de venir à moi ; je ne sais...

— Oui, j'aurais dû m'adresser d'abord à votre excellent frère, n'est-ce pas, ce bon et loyal jeune homme qui s'est dévoué pour moi, qui m'a appelé son ami avec une si généreuse imprudence, moi qu'il ne connaissait pas, mais qu'il croyait bon et loyal comme lui ! j'aurais dû m'adresser à votre mère si bienveillante, à votre père... Mais ne parlons pas ici de votre père, car je ne veux plus maudire, je veux pardonner à cause de vous. Oui, cette voie si directe et si franche m'est interdite à moi; il faudrait pour que je pusse la prendre qu'il ne s'élevât pas entre vous et moi une barrière infranchissable, un obstacle que rien ne saurait surmonter; il faudrait encore que j'osasse convenir que moi qui m'étais glissé comme un ami au sein de votre famille, avec un titre qui n'était pas à moi...

La jeune fille se leva toute tremblante.

— Quoi ! vous n'êtes pas...

— Je ne suis pas le baron de Mérignac; ce nom et ce titre appartenaient à un pauvre jeune homme, un ancien ami, mort en exil à Vienne il y a quelques mois. En rentrant en France, je fus chargé de rapporter ses papiers à sa famille, et dans ses papiers je trouvai un passe-port que l'infortuné avait obtenu peu de temps avant sa mort. A mon arrivée ici, je nourrissais depuis longtemps d'épouvantables projets de vengeance que je comptais bientôt mettre à exécution. Il me vint à la pensée qu'en prenant le nom et le titre de mon ancien camarade, je m'assurais le moyen de ne pas être découvert avant d'avoir préparé ma vengeance..... Caroline, cette première imposture a déjà éveillé dans mon âme, naturellement droite et noble, bien des regrets amers, et j'ai vu enfin combien la haine m'avait fait tomber bas...

La jeune fille frémissait : dans tout ce que venait de lui dire l'émigré elle n'avait compris qu'une chose.

— Vous n'êtes pas le baron de Mérignac, s'écria-t-elle d'une voix altérée; mais alors, au nom du ciel, qui êtes-vous ?

— Qu'importe mon rang! Je ne suis pour vous maintenant qu'un malheureux qui vous aime et qui ne pourra jamais être uni à vous.

— Jamais ! répéta Caroline.

Cette naïve jeune fille, éloignée du monde et des séductions, avait senti à la vue du jeune et brillant étranger un enthousiasme profond, un amour grand et pur comme un premier amour; elle avait nourri peut-être des espérances d'avenir et de bonheur, et on devine la sensation pénible qu'elle dut éprouver à cet aveu. Où elle ne voyait que des fleurs quelques momens auparavant, s'ouvrait tout à coup un abîme dont son œil n'osait mesurer la profondeur; où elle ne voyait qu'un chemin large et facile s'élevait tout à coup un mur à pic infranchissable. Elle pencha sa tête sur sa poitrine et elle garda le silence sans pouvoir pleurer. L'émigré voulut lui prendre la main, mais elle la retira vivement.

— Vous me méprisez, mademoiselle, dit-il avec amertume, et pourtant vous ne savez pas encore combien j'ai mérité ce mépris ; vous ne savez pas quels horribles projets j'avais conçus en entrant dans cette maison. Caroline, ajouta-t-il avec une expression déchirante en se rapprochant d'elle, il faut beaucoup pardonner à un orphelin aigri par l'infortune, qu'on avait cultivé la haine, dont on avait fait continuellement saigner la plaie déjà ancienne afin de le pousser, homme fait, à venger l'injure qu'il avait reçue tout enfant. Eh bien ! votre seule présence, le seul parfum d'innocence et de candeur qui s'exhale autour de vous, a fait de moi un nouvel homme. Ce rôle que j'avais pris m'a semblé indigne, flétrissant, infâme, dès qu'il a fallu le jouer devant vous ; ma colère s'est éteinte dans mon cœur et vous voyant si généreuse, j'ai pardonné à tous, même à un grand coupable, à cause de vous, de vous seule qui m'avez sanctifié...

— Monsieur, vos paroles sont obscures, et pourtant je tremble d'en comprendre le sens... Vous qui parlez de vengeance envers ma famille, vous êtes...

— Ne prononcez pas mon nom ici, dit l'émigré avec un mouvement rapide de la main, comme pour retenir les paroles sur les lèvres de la jeune fille; mon nom me rappellerait des souvenirs que j'ai voulu étouffer. Je vous l'ai dit, Caroline, je m'éloigne aujourd'hui, et vous ne me reverrez peut-être jamais. Ce que mes paroles ont d'obscur aujourd'hui ne tardera pas sans doute à s'éclaircir ; et alors, Caroline, quand on me maudira, quand on me prodiguera les plus flétrissantes injures, dites-vous que l'avez rendu bon ; dites-vous que cet homme avait juré de venger le sang de son père assassiné, et que pour vous seule il a laissé crier le sang innocent; dites-vous que cet homme, en quelque lieu du monde qu'il aille cacher ses souffrances, vous aime de toute la force de son âme...

— Oh! assez! assez! soupira la jeune fille en chancelant, comme si elle allait s'évanouir.

Le baron s'avança pour la soutenir; mais en ce moment la voix du garde champêtre se fit entendre à quelque distance. L'émigré se leva rapidement et alla au-devant de l'importun, afin qu'on ne vît pas dans quel état de trouble se trouvait mademoiselle Rupert. Guichard, de son côté, pressa le pas et s'approcha du jeune homme, comme si c'eût été lui qu'il cherchait, et il dit avec un sourire ironique:

— M. Rupert demande à M. Armand de Blangy un moment d'entretien.

L'émigré saisit vivement le bras du garde et le serra avec violence.

— Le comte de Blangy ! répéta-t-il ; malheureux ! que dites-vous ?

Guichard se débarrassa par un geste brusque et sans façon ; puis, se posant fièrement devant son interlocuteur :

— Oui, monsieur le comte, j'en suis sûr à présent... et vous ne contredirez pas sans doute cette lettre qu'un messager imprudent m'a remise pour vous...

En même temps il lui présenta une lettre dont la suscription était : « A monsieur le comte de Blangy, présentement chez monsieur Rupert, au Domaine. » Le comte, car c'était lui, se mordit les lèvres et regarda fixement le garde.

— Que t'ai-je fait, à toi ? dit-il d'un ton menaçant ; que me veux-tu ? que t'importe mon véritable nom ?

— Vous le saurez demain, monsieur le comte. Demain je saurai moi-même comment je dois agir envers le comte de Blangy. En attendant, n'oubliez pas que monsieur Rupert a des choses importantes à vous dire sur-le-champ.

— Sait-il qui je suis ?

— Il vous le dira lui-même, répliqua le garde en se dirigeant vers la porte du jardin.

L'émigré se retourna du côté du cabinet de verdure; Caroline avait déjà disparu, et était allée sans doute réfléchir, dans quelque coin écarté, aux étranges révélations qu'elle venait d'entendre. Il hésita un moment, puis il s'achemina vers le salon où l'attendait monsieur Rupert.

V

Ce petit salon, que nous connaissons déjà et dans lequel se réunissaient d'ordinaire les habitans du Domaine, servait aussi de cabinet de réception à monsieur Rupert, comme maire de sa commune. Il n'était pas besoin d'un brillant appareil municipal dans ce village inconnu, éloigné de toute grande route : aussi tout le matériel de la mairie consistait-il en un secrétaire de bois de noyer, plus propre que neuf, qu'on étalait pompeusement au milieu du salon pendant le jour, et que le soir on reléguait dans le coin le plus obscur de l'appartement, et en un petit placard fermant à clef et contenant tous les papiers relatifs aux affaires de la commune. Rien n'était plus simple, et pourtant on citait monsieur Rupert pour son luxe municipal à plusieurs lieues à la ronde, à une époque où les mairies de campagne n'étaient encore souvent que des fermes, et où les maires venaient en sabots examiner les passe-ports qu'ils ne savaient pas lire.

Au moment où le ci-devant comte Armand de Blangy, car nous lui donnerons désormais son véritable nom, entra dans le salon, monsieur Rupert était assis à son bureau, comme s'il eût dû remplir en ce moment quelqu'un des devoirs que lui imposaient ses fonctions d'officier public; et, la main appuyée sur son front, il semblait en proie aux plus pénibles réflexions. A la manière grave et froide dont il salua l'émigré, celui-ci dut penser sur-le-champ que Guichard avait parlé. En effet, le premier mot que prononça monsieur Rupert fut le véritable nom de son hôte.

— Monsieur Armand de Blangy, dit-il d'une voix sévère, le maire de cette commune vous a fait venir ici pour vous demander compte du faux que vous avez commis en présentant à un agent de la force publique un passe-port qui n'était pas le vôtre. Savez-vous, monsieur, combien les lois sont sévères sur les délits de ce genre, et quelles peines sont portées contre ceux qui s'en rendent coupables? — Le comte ne répondit que par un sourire méprisant et en haussant les épaules. Mais le vieillard le regarda d'un air imposant. — Les temps ne sont plus où des citoyens privilégiés pouvaient rire des lois de leur pays et braver impunément ceux qui étaient investis de l'autorité légale. Songez-y, monsieur, ce n'est pas ici monsieur Rupert qui vous parle, mais le maire de Blangy, et quelque humbles que soient ces fonctions, elles me donnent le droit d'ordonner et de me faire obéir. Je vous somme donc de me dire pourquoi vous avez trompé le garde Guichard, il y a quelques jours, en lui présentant des papiers qui n'étaient pas à vous.

— Et s'il ne me plaisait pas de répondre à monsieur le maire?

— Vous refusez! reprit d'une voix radoucie le vieillard, qui, comme tous les fonctionnaires grands ou petits, aimait mieux attribuer à toute autre cause qu'au mépris une résistance à son autorité; vous refusez de répondre, parce que vous savez bien qu'il m'est impossible de sévir contre mon hôte, contre un homme qui s'est assis à ma table et qui a mangé mon pain. Mais maintenant c'est au nom de cette hospitalité même que je vous interroge, et cette fois c'est le père de famille qui vous demande, monsieur, au nom de l'honneur qui doit vous être cher, dans quelles intentions vous vous êtes introduit chez lui, en trompant sa bonne foi.

Cette interpellation chaleureuse ne pouvait rester sans effet sur celui à qui elle était adressée; aussi les regards du comte s'allumèrent, ses lèvres devinrent tremblantes, comme s'il allait exprimer avec énergie quelque pensée d'indignation et de colère; cependant il se contint; et, reprenant ce ton de politesse froide et hautaine qui depuis quelques instans avait remplacé sa politesse obséquieuse et insinuante d'autrefois, il répondit avec fermeté :

— Si ma présence dans cette maison déplaît à monsieur Rupert, j'ai à lui annoncer que j'allais la quitter à l'instant même et pour toujours; les motifs qui m'y ont fait séjourner sous un nom supposé n'existent plus, et je veux les oublier désormais. Que tout soit fini entre nous, monsieur, ne m'en demandez pas davantage.

Il fit un mouvement comme pour sortir; mais le vieillard reprit avec plus de force, en se plaçant au-devant de lui :

— Vous ne pouvez me quitter ainsi, monsieur le comte, voue ne pouvez dépasser le seuil de cette maison avant de m'avoir expliqué les motifs de votre séjour ici. Il faut que je sache pourquoi un homme que j'ai tant de sujets de considérer comme mon ennemi s'est fait mon commensal et mon hôte, pourquoi il s'est fait le compagnon de mon fils, pourquoi il a paru vouloir attirer l'attention de ma fille, enfant innocente et sans défiance...

— Et vous n'avez rien deviné, monsieur? Mon nom seul, quand on l'a prononcé devant vous, n'a pas suffi pour vous frapper de terreur! Vous avez mauvaise mémoire, monsieur le maire, pour qu'il faille que ce soit moi qui vous rappelle le passé. L'ange qui habite cette maison m'avait disposé à la clémence, à la pitié; j'allais m'éloigner sans récriminer contre personne; mais puisque l'on m'y force, écoutez-moi, monsieur, et sachez toute l'épouvantable vérité.

L'émigré se promena un instant dans la salle, comme pour réunir toutes ses forces avant de commencer son récit. Puis il s'arrêta tout à coup devant monsieur Rupert, qui avait conservé son air calme et vénérable, malgré les imprécations que le comte allait sans doute faire tomber sur lui.

— Il vous souvient peut-être que, il y a quinze ans environ, une querelle, de peu d'importance d'abord, s'était élevée entre deux propriétaires du voisinage. A la suite de cette querelle, l'un d'eux fut trouvé mort assassiné, une nuit, au coin d'un bois, sans que la justice ait pu sévir depuis contre l'auteur de ce crime.

— Vous voulez parler de la mort de monsieur de Blangy, de votre père? dit monsieur Rupert avec sang-froid ; j'ai des motifs pour me souvenir de ce triste événement ; mais je ne comprends pas...

— Et vous ne comprenez pas que l'assassin, c'est vous !...

Aucun signe de colère et d'impatience n'échappa à monsieur Rupert. Sa contenance resta calme et assurée ; ses yeux, fixés sur son interlocuteur, ne se baissèrent pas.

— Monsieur de Blangy, je repousse cette horrible accusation de toute la force de mon âme; je suis à couvert derrière un arrêt du parlement de Bordeaux qui a reconnu mon innocence, et surtout derrière une réputation de probité.

— Ne le niez pas, monsieur, ne le niez pas! interrompit impétueusement le jeune homme ; puisque je vous dis que j'ai renoncé à la vengeance, puisque je vous ai fait grâce à cause d'une belle et pure jeune fille qui méritait un autre père que vous...

— Monsieur.

— Vous avez tué le comte de Blangy, continua Armand du ton d'un homme profondément convaincu et contre qui les protestations seraient impuissantes ; vous seul avez pu le tuer, car vous seul étiez son ennemi dans le pays, car vous seul à cette époque pouviez vous croire en droit de venger une prétendue injure, vous l'avez tué lâchement et caché dans l'ombre.... Oh! j'étais bien jeune alors, mais jamais cette épouvantable nuit ne sortira de ma pensée! Je me souviens du moment où l'on apporta le cadavre au château, où l'on m'éveilla, moi pauvre enfant, qui dormais d'un sommeil si paisible, pour me montrer, inanimé, sanglant, mon père, qui m'avait embrassé quelques heures auparavant avec tant de tendresse. Je me jetai sur lui en poussant des cris déchirans, je le pressai dans mes petits bras, je l'arrosai de mes larmes... il fallut m'arracher par force du corps de mon père, et quand je me retrouvai seul, j'étais tout couvert de son sang... Oh! ce jour-là voulait pourtant une vengeance ! Le jeune comte se laissa tomber dans un fauteuil, et, se couvrant le visage avec ses deux mains, il ne put contenir ses sanglots. Monsieur Rupert l'examinait avec pitié, et en même temps avec cette réserve que tout homme prudent et froid éprouve pour un homme exalté jusqu'au délire. L'émigré reprit après un moment : — Cette vengeance, j'étais trop jeune encore pour la comprendre, mais on y pensa pour moi. Mon oncle le chevalier, qui allait être mon tuteur, mon second père, vint me chercher le matin dans ma chambre, où j'avais passé une longue nuit à pleurer, et il m'entraîna dans la pièce où était le corps du comte ; là, me faisant mettre la main sur le cœur du cadavre, il me dit d'une voix solennelle : « Armand, votre père est mort de la main d'un roturier ; les manans déclarent la guerre aux seigneurs, et jusqu'à ce qu'ils puissent attaquer en face ils assassinent par derrière. Sans doute, je le prévois, la justice légale relâchera le coupable, car les temps ne sont plus pour la noblesse, et le rang disparaît devant la terreur qu'inspire la bourgeoisie. Jurez sur ce cadavre de venger votre père aussitôt que vous serez en âge, et de poursuivre le meurtrier jusque dans sa famille, jusque dans ses enfans ! » Je fis le serment qu'on me prescrivait mon oncle, et je ne pensai plus qu'à l'exécuter. — Ici monsieur Rupert, malgré sa fermeté, ne put s'empêcher de pâlir. Le comte s'animait à mesure qu'il parlait, et le vieillard mesurait avec effroi quelle énergie surhumaine il avait fallu à ce jeune homme ardent et fougueux pour dissimuler si longtemps, en sa présence, sous des formes polies et affectueuses, une haine si profonde et si enracinée. Armand continua : Tout le monde sait comment la tourmente révolutionnaire est venue m'arracher à ce pays avant l'âge où l'on peut quelque chose par soi-même. Mon oncle ne m'amena hors de France qu'au moment où il était impossible d'y rester sans danger pour lui et peut-être pour moi. Quand nous quittâmes le château et les terres qui avaient appartenu à mes ancêtres, il me dit : « Vous reviendrez, Armand, pour venger votre père, » et je m'éloignai avec lui en répétant : « Je reviendrai. » Nous arrivâmes en Allemagne, où mon oncle est mort exilé ; ses dernières paroles ont été pour me rappeler mon serment. Enfin, il y a quelques mois, j'appris que cette heure tant désirée allait enfin sonner ; je pouvais rentrer en France, je pouvais accomplir mes projets. On m'apprit alors que mon château, quoique démantelé, n'avait pas été vendu, que presque toutes mes terres me seraient rendues, que je n'avais pas même été porté sur la liste des émigrés, à cause de mon extrême jeunesse...

— Grâce à moi qui commande ici, dit timidement monsieur Rupert, grâce à moi qui ai défendu toutes vos propriétés comme si elles eussent appartenu à l'un de mes enfans...

Armand de Blangy ne parut pas avoir remarqué cette interruption.

— Que m'importait à moi ce château que je devais désormais habiter seul ! En arrivant dans ce pays, la première question que j'adressai fut pour savoir si le meurtrier de mon père était encore vivant ; j'appris qu'il était riche, honoré, puissant, qu'il était heureux au sein d'une famille nombreuse dont il était adoré, tandis que moi, pauvre exilé, je revenais à pied, inconnu dans le pays de mes pères, seul de mon nom et de ma race ! De ce moment, je pensais que je frapperais l'assassin dans ses enfans qu'il aimait tant : ma haine me disait que ma vengeance serait plus sûre. — Le vieillard fit un geste d'horreur. — Je pensai d'abord à tuer son fils, l'espoir de sa famille, et le hasard me fournit une occasion que j'eusse vainement cherchée. Le jeune homme chassait, une nuit, près de cette sinistre croix de l'Affet élevée à l'endroit où mon père était tombé ; j'avais passé plusieurs heures à prier et à pleurer près de cette croix : c'était la main de Dieu qui le conduisait, à cette heure, en cet endroit, à quelques pas de moi, pour en faire une victime expiatrice... Pendant quelques secondes, je l'ajustai d'un de mes pistolets ; mon œil et ma main étaient sûrs... eh bien ! cette vengeance ne me parut pas assez complète, assez terrible.

— Malheureux ! Mais que vous fallait-il donc ?

— Il me fallait l'honneur de votre fille en même temps que la vie de votre fils ; si vous n'aviez perdu que l'un de vos enfans, l'autre vous eût consolé.

Ce dernier aveu porta au comble d'effroi du vieillard.

— Oh ! c'est horrible ! quelle âme atroce et implacable ! Mais, malheureux, vous n'avez donc jamais songé, en formant ces épouvantables projets, que l'homme que vous accusiez était peut-être innocent ?

— Jamais.

— On vous a trompé, je vous le jure par tout ce qu'il y a de plus sacré. Vous avez trop écouté la haine de votre tuteur, qui ne pouvait me pardonner d'être roturier et de tenir aussi énergiquement à mes droits que si j'eusse été noble comme lui. Il a dépravé votre cœur, égaré votre raison ; il vous a trompé vous dis-je, car je suis innocent du crime que vous m'imputez, j'en atteste même la mémoire de votre père, j'en atteste Dieu qui sait tout !

Le comte de Blangy hocha la tête avec opiniâtreté. Depuis qu'il se connaissait, on ne lui avait jamais laissé entrevoir même la possibilité de l'innocence de monsieur Rupert ; et cette conviction qu'il avait conservée si longtemps ne pouvait fléchir devant des protestations et des sermens.

— J'avais promis tout à l'heure à votre fille, en lui faisant mes derniers adieux, reprit-il d'un ton plus innocent, que je n'écraserais pas son vieux père du mépris qu'il a mérité, mais c'est vous qui m'avez forcé à rompre le silence. Vous avez voulu la vérité, je vous l'ai dite ; maintenant je pars ; c'est votre fille qui vous a sauvés tous. Au moment où je cherchais l'accomplissement de cette horrible vengeance que je rêvais, je me suis senti pris à mon propre piège ; j'ai aimé, j'aime encore cette noble enfant que je voulais profaner, et cet amour a changé tout mon être. J'étais cruel, impitoyable, et elle m'a rendu clément, elle m'a ôté le courage pour faire le mal.... Jugez, monsieur, combien j'aime votre fille, puisqu'elle m'a fait renoncer ainsi en quelques jours à ces projets d'extermination qui ont été la pensée de toute ma vie ! c'est qu'elle aussi peut-être...

— Monsieur...

— Je sais qu'il y a entre elle et moi le cadavre de mon père, dit le comte d'un ton sombre.

Cependant ce dialogue avait été si vif et si rempli d'émotion pour les deux interlocuteurs, qu'ils n'avaient pas entendu le bruit d'un cheval qui s'arrêta devant la porte, et, quelques secondes après, le capitaine entra dans le salon. Monsieur Rupert et le comte se turent tout à coup ; mais le jeune militaire ne s'aperçut pas d'abord de leur embarras ; il semblait préoccupé de quelque nouvelle importante.

— Mon père, s'écria-t-il en entrant sais voir l'émoi, je viens d'apprendre d'étranges choses à la ville ; d'abord j'y ai trouvé un ordre du ministre de la guerre qui m'enjoint de retourner dans mon régiment dans les vingt-quatre heures ; il paraît que le premier consul est pressé, cette fois...

— Que dis-tu, Octave ? mais ta mère et ta sœur vont être dans la désolation...

— Il le faut, mon père. Le général Bonaparte n'entend pas la plaisanterie, et après-demain matin je devrai prendre congé de vous tous ; la guerre va commencer sans doute. Mais j'ai appris encore autre chose à la ville ; on m'a assuré que le jeune comte Armand de Blangy, que nous avions tous cru mort, est dans le pays, et que d'un moment à l'autre on l'attend au château. Cette nouvelle me comble de joie...

— Et que vous importe, à vous, mon fils, dit le vieillard en jetant un regard de côté sur Armand, que vous importe le retour d'un jeune homme que chacun sait être l'ennemi de votre père et de votre famille ?

— Et c'est à cause de cela que mon désir le plus ardent est de le voir ; j'ai dit à ce cher Mérignac ce que je pensais à ce sujet...

— Le comte de Blangy vous remercie de l'estime que vous avez pour lui, capitaine Rupert, dit Armand d'une voix émue en se levant, et il peut vous assurer aussi qu'il a rarement trouvé d'homme aussi loyal que vous. Pourquoi faut-il que le passé doive nous rendre tous les deux ennemis l'un de l'autre et à toujours !

Le capitaine, en écoutant ces paroles, resta un moment stupéfait. Puis son front se rembrunit et, fixant son œil noir sur le comte, il reprit d'un ton froid :

— Que voulez-vous dire, monsieur le baron ? Armand alors lui apprit son véritable nom. — Vous ! s'écria le ca-

pitaine avec indignation en reculant d'un pas ; vous le comte de Blangy, l'héritier, le dernier rejeton d'une famille noble et généreuse qui n'a jamais forfait à l'honneur ! vous sous un faux nom, dans la maison de mon père, sans doute pour quelque basse et honteuse vengeance..! Oh ! vous en avez menti, monsieur !
— Capitaine !
— Octave, je t'en prie...
— J'ai dit que vous mentiez ! répéta le jeune Rupert en appuyant sur chaque mot.

Le comte devint pourpre de colère ; des passions diverses se heurtaient tumultueuses dans son âme. Ce désir de vengeance étouffé un moment se réveillait tout entier à l'insulte brutale qu'on lui lançait à la face. Le souvenir de Caroline fut impuissant pour arrêter la réaction de haine qui dominait en ce moment toutes ses facultés, et cette réaction fut terrible. Armand fit quelques pas vers la porte, puis, se retournant vers le jeune officier, il dit d'une voix étouffée :

— Je m'étais promis à moi-même de ne rien tenter contre la famille Rupert, et en particulier contre vous, capitaine ; mais je dois aussi défendre le nom que je porte, et qui m'a été transmis sans tache ; capitaine, vous désiriez me voir, j'espère que votre visite ne sera que remise, et que vous viendrez prendre aussi congé de moi avant votre départ.

— Malheureux enfans ! qu'allez-vous faire ? s'écria monsieur Rupert en se jetant entre les deux jeunes gens.
— Où vous trouverai-je, monsieur ? cria Octave.
— Au château, où je vais vous attendre.
Et le comte sortit rapidement de la maison.

— Et maintenant, mon père, dit le capitaine, vous savez tout, il faut tout me dire ! Que voulait-il ? Que faisait-il ici ?
— Je l'ignore, mon fils.
— Vous le savez. Il me faut la vérité !...

Guichard, tout pâle et hors d'haleine, se précipita dans le salon en demandant d'une voix altérée :
— Monsieur le comte de Blangy est-il encore ici ?
— Il est parti, dit monsieur Rupert ; mais que pouvez-vous vouloir, Guichard, à monsieur de Blangy ?

Sans répondre, le garde champêtre essuya son visage baigné de sueur et de larmes. Le capitaine l'entraîna à l'autre bout de la salle.
— Guichard, murmura-t-il, vous voulez voir le comte, moi j'ai à vous charger d'un message pour lui.
— Je le porterai, capitaine.
— C'est bien.

Quand le garde fut seul, il murmura douloureusement :
— Un duel ! j'arrive à temps !

V

Le lendemain matin, au lever du soleil, le comte de Blangy se promenait à grands pas dans une vaste chambre de ce vieux château qui s'élevait au fond de la vallée, et où nous savons que s'était passée sa première jeunesse. Son costume était en désordre, et il portait le même que la veille, ce qui faisait supposer qu'il n'avait pas pris de repos pendant la nuit qui venait de s'écouler ; deux bougies, qui achevaient de se consumer dans les chandeliers, quoiqu'il fît grand jour depuis longtemps, pouvaient confirmer cette opinion.

D'ailleurs la salle dans laquelle se trouvait le comte en ce moment avait un appareil lugubre qui, surtout pour le jeune maître du château, était de nature à écarter le sommeil. C'était la chambre de feu le comte Arsène, celle où avait été déposé le corps, la nuit même de la terrible catastrophe de la croix de l'Affût. Le chevalier de Blangy, dans l'intention de frapper vivement l'imagination de son pupille, avait fait tendre cette pièce entièrement en noir, et les draperies, toutes vieilles et usées qu'elles étaient, avaient conservé, après tant d'années, leur teinte primitive. Peu de meubles, et tous tendus en noir comme les murailles, décoraient cette chambre nue et délabrée. Un vieux cadre, privé de sa toile et placé au-dessus du lit, indiquait l'endroit où se trouvait autrefois le portrait du comte Arsène. Dans un coin était le lit de repos sur lequel avait été placé le cadavre en attendant l'inhumation, et un observateur attentif eût pu encore trouver sur l'étoffe dont ce lit était recouvert quelques traces de sang effacées par le temps. La haine impitoyable du tuteur n'avait rien épargné pour que le souvenir du meurtre restât toujours vivant et tenace dans le cœur du jeune Blangy.

C'était dans ce triste appartement qu'Armand avait passé toute une nuit, c'était là qu'il se promenait à pas lents et mesurés, les bras croisés sur la poitrine, un vieux appartement à cheveux blancs et sans livrée, qui était au château déjà du temps du feu comte, entra sur la pointe du pied avec ce respect que les gens pieux montrent en entrant dans un temple.

— Qu'y a-t-il donc, Mairet ? demanda Armand avec impatience.
— Monsieur le comte, un homme est en bas qui vient du Domaine, et...
— Enfin ! On s'est bien fait attendre. Faites entrer cet homme.
— Ici ? demanda le vieillard d'un ton craintif.
— Ici. — Et le comte dit à lui-même : — Ici je suis sûr du moins que ma vengeance ne fléchira pas devant ce fatal amour.

Quelques minutes après, le vieux domestique introduisit Guichard, et, lui désignant le comte, il se retira.

Resté seul avec Armand, le garde champêtre jeta autour de lui un regard étonné, et il frissonna en apercevant la décoration noire de cette chambre. Il resta un moment immobile et comme en proie à quelque douloureux sentiment.

Enfin, s'apercevant que Blangy, debout près d'une table, le regardait et semblait l'attendre, il fit un effort et s'avança vers lui, non pas la tête haute et avec la contenance fière et indépendante qui lui était ordinaire, mais timide et respectueux, comme un coupable qui paraît devant son juge.

Armand était trop préoccupé par les nouvelles qu'il allait apprendre pour faire attention à l'émotion du messager.
— Vous avez une lettre pour moi ? demanda-t-il brusquement.
— Oui, monsieur le comte.
— Du capitaine Rupert ?
— La voici.
Et Guichard tendit à Armand un billet soigneusement cacheté qui contenait ceci :

« Le garde champêtre Guichard a toute ma confiance ; convenez avec lui de l'heure ; seulement il faut de la promptitude et du secret ; je pense que monsieur de Blangy m'accordera l'une et l'autre. Du reste, j'accepte d'avance toutes les conditions qu'il voudra imposer,

» Le capitaine Rupert. »

Après avoir lu rapidement ce billet, le comte leva les yeux sur Guichard, qui n'avait pas eu le temps de se remettre encore, et lui dit d'une voix brève :

— Vous savez, je pense, de quoi il s'agit entre le capitaine et moi. S'il est pressé d'en finir, je le suis aussi. Il faut qu'il parte demain matin pour aller rejoindre son régiment ; moi j'ai des devoirs encore plus sacrés à remplir. Il m'annonce qu'il accepte d'avance toutes mes conditions ; je vais vous les dire, afin que vous puissiez les lui transmettre sans retard ; nous nous battrons ce soir, au coucher du soleil ; c'est, je pense, l'heure où le capitaine pourra s'échapper le plus facilement sans être aperçu. Je l'attendrai au pied même de la croix de l'Affût...

— A la croix de l'Affût ! dit le garde avec une espèce de gémissement.

— Chacun aura pour arme ses pistolets, continua le comte ; un pareil duel n'a pas besoin de témoins. Nous nous placerons à trois pas l'un de l'autre, et nous ferons feu en même temps...

— Mais vous périrez tous les deux ! ces conditions sont horribles...

— Êtes-vous chargé d'en proposer de plus douces ? demanda Armand avec dédain ; il ne s'agit pas ici d'un duel à propos de quelque niaiserie de point d'honneur : il faut que l'un de nous deux meure ce soir... dites-le au capitaine de ma part. Vous m'avez entendu, et maintenant partez... Ce soir, au coucher du soleil.

En même temps le comte fit un geste pour donner congé à son interlocuteur. Mais Guichard resta à la même place, debout, dans une attitude humble et pensive. Armand le regarda fixement.

— Eh bien ! avez-vous quelque objection à faire à mes propositions ? Avez-vous quelque chose à dire ?...

Guichard parut surmonter enfin son émotion.

— J'ai à vous dire, s'écria-t-il, que ce duel est impossible ; j'ai à vous dire, monsieur le comte, que vous ne pouvez vous battre avec un généreux jeune homme dont vous avez été l'ami et presque le frère, que vous ne pouvez risquer de plonger ainsi dans le deuil toute une paisible famille qui vous a accueilli avec tant de confiance et d'affection...

— Et qui êtes-vous, l'ami, dit le comte en toisant le garde d'un air de mépris, vous qui venez ainsi me donner des conseils sans en avoir été prié ? Je sais que le capitaine, qui est brave, ne peut vous avoir confié une pareille mission. Qui êtes-vous donc pour vous établir ainsi, de votre autorité privée, juge d'une querelle dont les deux champions ne sont pas et ne peuvent pas être vos égaux ?

Guichard reçut cette injure avec une résignation qui n'était pas dans son caractère.

— Vous avez raison, monsieur le comte, répondit-il, je suis bien peu de chose, et cependant, quelque misérable que soit ma condition dans ce pays, j'avais cru jusqu'ici que j'avais le droit d'y marcher la tête haute parce que j'étais un honnête homme et que j'avais une conscience sans reproche ; mais depuis bien peu de temps je sais que cela ne suffit pas pour avoir le droit d'être fier. Et cependant, monsieur Armand de Blangy, vous ne pouvez accorder trop de confiance à mes paroles quand je vous dis que votre duel avec le capitaine est impossible ; vous ne pouvez comprendre quelle autorité mystérieuse me donnent des révélations toutes récentes...

— Vous allez encore, comme toujours, me parler par énigmes, interrompit Armand ; écoutez, monsieur le garde champêtre, depuis que je vous ai vu pour la première fois, vous vous êtes attaché à moi, je ne sais dans quel but, laissant tomber sans cesse en ma présence des mots de révélation, de secret... il serait temps enfin de me dire ce qu'il y a de commun entre vous et moi. Si, comme vous le dites, vous avez fait depuis peu la découverte de quelque mystère qui me concerne, parlez sans crainte et sans détours ; que me voulez-vous ? que savez-vous ?...

— Je sais, murmura Guichard d'une voix faible et entrecoupée, je sais que celui que vous accusez d'avoir tué votre père est innocent de ce crime...

— Et quelles preuves en avez-vous ?

— Des preuves ! répéta le garde haletant comme si un grand secret allait s'échapper de ses lèvres ; des preuves !

— Mais la force lui manqua, ou peut-être la présence d'esprit lui revint à temps, et il ajouta avec angoisse : — Je n'en ai pas, mais je puis vous jurer...

— Des sermens ! toujours des sermens ! s'écria le comte avec amertume, ils ne savent tous opposer que cela à mes reproches et à mes menaces. Mais vous qui parlez de l'affirmer par serment que cet homme n'est point coupable, continua-t-il en saisissant convulsivement le bras du garde, savez-vous où vous êtes ici ? Savez-vous que cette chambre a été la chambre funéraire de mon malheureux père ? Savez-vous que c'est ici que j'ai pleuré pendant six ans, en attendant l'âge de la vengeance ? Savez-vous que dans la nuit qui vient de s'écouler j'ai pleuré et prié ici comme autrefois, seul, à genoux devant ce lit où il y a encore du sang ?

— Le sang du comte Arsène ! s'écria le garde en reculant de quelques pas. Oh ! mon Dieu ! pardonnez à l'assassin !

— L'assassin ! vous le connaissez donc ?

— Je ne le connais pas.

On eût dit que Guichard avait épuisé toutes ses forces pour prononcer ces dernières paroles, car il s'appuya contre la table pour ne pas tomber. Le comte scruta un moment avec la plus grande attention chaque pli de son visage.

— Allons, reprit-il enfin, tout est dit ; maintenant retournez au Domaine et annoncez au capitaine ce qui a été convenu entre nous ; je ne suppose pas que vous soyez assez hardi pour faire manquer ce rendez-vous. Vous savez bien qu'au point où en sont les choses, ce ne serait que partie remise, et vous auriez à rendre compte de votre faute et au capitaine et à moi.

A ce nouveau congé, Guichard ne bougea pas plus que la première fois, mais il porta une main à la poche de sa veste en disant avec timidité :

— Monsieur le comte, je n'ai pas encore achevé toutes les commissions dont j'étais chargé pour vous. J'ai encore une lettre à vous remettre...

— Une lettre ! Et de qui donc ?

— De mademoiselle Caroline Rupert.

— Caroline ! Elle m'écrit... elle sait donc ?...

— Le bruit s'est répandu depuis hier au soir dans la famille Rupert que le capitaine vous avait provoqué et que vous alliez vous battre aujourd'hui même. Monsieur Rupert surveille son fils avec le plus grand soin pour qu'il ne puisse s'échapper ; quant aux pauvres dames, elles sont mourantes de douleur et d'effroi. Monsieur Gustave est adoré de sa famille, la vieille aveugle dit qu'elle ne survivra pas à son fils, et mademoiselle Caroline, tout éperdue, m'a chargé de vous remettre en secret ce billet le plus tôt possible ; elle pleurait tant que je n'ai pu la refuser, et je me suis chargé des messages du frère et de la sœur à l'insu l'un de l'autre...

— Cette lettre ! oh ! par pitié, donnez-moi cette lettre !...

Guichard avait sans doute encore de motifs secrets pour ne pas dire toute la vérité en cette circonstance. C'était lui qui avait eu le courage d'annoncer à Caroline le danger que courait son frère ; c'était lui qui avait poussé la jeune fille désespérée à écrire le billet que tenait le comte en ce moment.

Sans doute les expressions de mademoiselle Rupert étaient bien touchantes, puisque la haine du comte, qui avait résisté à tant de raisons et de prières, sembla s'amollir tout à coup à mesure qu'il lisait cette simple missive. Ses yeux se remplirent de grosses larmes ; bientôt la lettre lui échappa des mains, et il murmura en sanglotant :

— Pauvres enfans ! lui, si franc, si courageux, si loyal ! elle, si bonne, si douce, si naïve ! Elle me rappelle ma promesse ; elle m'implore pour sa pauvre mère, pour elle-même, pour son frère... Oh ! mon père, pardonnez-moi les larmes que je répands sur la famille de votre meurtrier !...

Les sanglots lui coupèrent la parole. Guichard, qui l'observait, tomba à ses genoux en lui disant d'un ton suppliant :

— Monsieur le comte, par grâce, n'étouffez pas le sentiment de pitié que Dieu vient enfin de faire germer dans votre cœur. Croyez-en un pauvre homme du peuple tel que moi, qui n'a jamais su mentir ! Je vous le dis encore une fois, on vous a trompé, on vous a fait l'instrument d'une haine injuste et coupable. Monsieur Rupert, que vous chargez d'un crime si noir, a pu défendre ses droits contre votre famille lorsqu'elle était puissante et enviée ; depuis qu'elle est tombée, il a eu pour elle le respect qu'on porte au malheur. C'est lui, je l'ai vu, moi, c'est lui qui, plusieurs fois au péril de sa vie, a défendu ce château où nous sommes contre le fanatisme de quelques hommes égarés qui voulaient le brûler...

— Il avait des remords, et il croyait les apaiser en défendant mes biens.

— Mais sa famille que vous allez plonger dans le deuil, mais ses enfans, que vous ont-ils fait ? Que vous a fait cette pauvre vieille femme qui, dans les temps de famine, allait autrefois, seule et à pied, parcourir les chaumières du voisinage, afin de porter du pain et des secours aux indigens ? Que vous a fait ce jeune homme qui, dans sa franchise, croyait n'avoir besoin que de voir le comte Armand de Blangy une fois pour s'en faire un ami pour toujours ? Que vous a fait cette belle et charmante enfant qui vous implore pour son père ? Vous ne savez donc pas, monsieur le comte, qu'elle vous aime...

— Elle m'aime ! vous croyez qu'elle m'aime aussi ! s'écria Armand avec frénésie.

— Elle vous aime comme vous l'aimez vous-même ! Si vous aviez vu ses terreurs, ses supplications, quand elle a su les dangers que son frère et vous alliez courir ! Qui sait pour qui elle pleurait le plus, pour qui elle priait le plus ! Oh ! songez-y, monsieur le comte, c'est encore une frêle et pure existence que vous allez briser par cette affreuse vengeance ; et, si vous croyez à Dieu, pensez qu'il faudra rendre compte de tous les maux que vous aurez faits aux innocens...

Le garde s'arrêta ; en ce moment sa figure aux traits vulgaires et paisibles avait pris une expression sublime de fermeté et de noblesse. Le comte était en proie aux plus terribles angoisses ; son regard errait autour de lui avec égarement ; il hésitait... Tout à coup ses yeux s'arrêtèrent sur le lit de repos où avait été déposé le corps de son père ; cette vue lui rendit toute sa force.

— Allez-vous-en ! allez-vous-en ! s'écria-t-il en repoussant le garde.

— Monsieur le comte...

— Allez-vous-en, vous dis-je ; je ne veux plus vous entendre. — Guichard se leva et s'éloigna en chancelant. — Vous direz au capitaine que je l'attends ce soir ! s'écria Armand.

— Et que dirai-je à mademoiselle Caroline ?

— Démon ! fit le comte en frappant du pied ; vous lui direz... vous lui direz que je voudrais être mort et vengé !...

VI

La soirée était lourde et orageuse au moment où le comte sortit, seul et à pied, du château de Blangy pour aller au lieu qu'il avait désigné lui-même pour le rendez-vous. Un voile uniforme de vapeurs grises, légèrement teint de pourpre vers le point où le soleil allait se coucher, couvrait tout le ciel, et la nature entière était plongée dans une morne inertie. Pas un oiseau ne piaillait dans les vieux arbres de l'avenue, pas un insecte ne bourdonnait sur les fleurs, pas un pli ne ridait la surface lisse et de couleur plombée de l'étang. Seulement, les feuilles argentées des trembles et des peupliers s'agitaient parfois sans qu'on sentît le souffle qui les mettait en mouvement.

Cependant la campagne était belle encore, malgré sa tristesse ; mais le comte, dans ce moment solennel où son sort allait se décider, était insensible au calme et à la majesté du paysage qui se déroulait devant lui. Seulement, au moment où les vieilles tours du château de ses pères allaient disparaître tout à fait, il s'arrêta sur une légère élévation que formait le chemin, et, jetant en arrière un regard d'adieu, il poussa un profond soupir ; puis, comme s'il se fût reproché ce signe d'émotion, il se remit à marcher à grands pas.

Il allait atteindre l'endroit même où avait eu lieu la chasse nocturne peu de temps auparavant, quand tout à coup, au détour de l'avenue, il se trouva avec un homme qui, debout sur le bord du chemin, un léger paquet sous le bras, semblait attendre quelqu'un. Du premier coup d'œil le comte reconnut le vieux Rupert. Il fit un geste de dégoût, comme en présence de quelque reptile venimeux ; mais le vieillard, sans s'émouvoir, lui dit avec ce ton froid et méthodique qui lui était habituel :

— Je vous attendais, monsieur le comte...

— Vous, monsieur ! ce n'était pourtant pas vous que je comptais rencontrer ce soir.

— Je sais où vous alliez et qui vous cherchiez, jeune homme ; mais celui que vous attendiez à la croix de l'Affût ne s'y rendra pas, et c'est moi qui suis venu à sa place.

Armand haussa les épaules d'un air de pitié.

— Je comprends, reprit-il ; le valeureux capitaine a voulu se mettre ce soir à couvert derrière une impossibilité, et je sais qu'il doit partir demain matin...

— Ne l'accusez pas, monsieur, n'accusez pas mon fils ; car son désir le plus ardent, à lui, était de défendre l'honneur de son père injustement attaqué par vous. Au moment où je vous parle, il est enfermé dans sa chambre, où Guichard veille à ce qu'il ne puisse s'échapper ; ce n'est pas de lui que j'ai appris votre prochain rendez-vous de ce soir ; il eût trop craint que je ne lui permisse pas de prendre la responsabilité d'une affaire qui ne touche que moi.

— Enfin, que me voulez-vous ?

— Monsieur de Blangy, dit le vieillard d'un ton grave, n'est-il pas vrai que vous n'avez aucun motif de haine contre mon fils, et que toute cette querelle n'a d'autre cause que le crime commis, il y a quinze ans, sur la personne de votre frère le comte Arsène ? N'est-il pas vrai encore que c'est à moi, et à moi seul, que vous attribuez, malgré mes protestations et mes sermens, l'affreux malheur que vous avez voulu venger en provoquant mon fils ?

— C'est vrai. Sans vous, sans votre infâme trahison...

— Nous pouvons donc nous entendre, monsieur le comte ; c'est moi à mon tour qui vous demande raison, et à l'instant même, des soupçons outrageans que vous conservez sur moi et que vous avez voulu faire tomber sur ma famille ; c'est moi qui vous demande raison de vous être introduit dans ma maison, sous un nom supposé, et dans des desseins honteux et criminels. Je dois aussi conserver à mes enfans un nom sans tache, monsieur, et, quoique je ne sois pas noble, la révolution récente a égalisé les rangs. C'est donc avec moi que vous allez vous battre, avec moi seul ; aussi bien je pense qu'un duel avec celui que vous accusez d'un crime convient mieux à vos idées de vengeance qu'avec son fils, dont vous êtes au moins sûr de l'innocence...

Un grand étonnement mêlé de joie se montra sur le visage du comte.

— Vous ! s'écria-t-il, vous accepteriez le combat ? Vous oseriez tenter une lutte qui, songez-y, sera le jugement de Dieu ?

— Je fais plus que de l'accepter, dit le vieillard, je la propose moi-même. Vous voyez, ajouta-t-il en redressant sa taille robuste encore, que j'ai assez de force pour làcher la détente d'un pistolet, et mes yeux ne sont pas si affaiblis que je ne puisse voir encore un ennemi à trois pas de distance... Oh! je connais vos conditions, monsieur le comte!... Quoique ma vie ait été humble et obscure jusqu'ici, il ne m'a pas néanmoins manqué d'occasions où j'ai eu besoin de force d'âme et de volonté, ne fût-ce que le jour où j'allai, seul et sans autre arme que mon écharpe de maire, défendre le château de vos pères, qu'une bande de paysans allait détruire... Vous voyez donc que les chances sont égales, et que ce duel est possible : force, adresse, courage, colère, injure à venger, j'ai les mêmes moyens de défense, et les mêmes passions que vous. Si je vise mal, eh bien ! que Dieu me pardonne de me sacrifier pour mon fils! J'ai fait mon temps, moi, et lui a besoin de vivre pour être le soutien, le défenseur de ceux qui restent...

Le vieillard s'était attendri en prononçant ces dernières paroles, mais sans donner aucune marque de faiblesse. Il y avait dans ce duel avec un vieillard quelque chose qui répugnait à Armand ; mais, après quelques secondes de réflexion :

— Eh bien ! soit, dit-il enfin ; je suis jeune, je suis riche, j'ai tout ce qui fait le bonheur, et une longue vie s'étend devant moi ; en me battant contre vous, je risque encore plus que vous. Vous voulez accepter la responsabilité du sang que vous avez versé; soit, monsieur. Vous avez des armes sans doute?

— J'ai les pistolets de mon fils, dit monsieur Rupert en montrant le petit paquet qu'il avait sous le bras.

— Marchons donc ; vous savez que nous devions nous battre à la croix de l'Affût ; j'ai voulu l'endroit où mon père est tombé fût purifié par le sang d'un Rupert ou par le mien. — En même temps il continua d'avancer, et le vieillard le suivit en réglant son pas sur le sien. Tous les deux s'avançaient en silence, le comte pâle, agité, les yeux hagards, les poings serrés ; monsieur Rupert, calme, résigné, grave sans mélancolie. Quand ils passèrent près de l'endroit où le comte était caché lors de la chasse nocturne, prêt à faire feu sur le capitaine, il leva les yeux au ciel et il murmura : — Dieu me réservait, sans doute, une vengeance plus digne de moi.

Le vieillard remarqua ce mouvement sans en comprendre la cause, et, se rapprochant d'Armand, qui gardait toujours un farouche silence :

— Monsieur de Blangy, dit-il avec simplicité, qui sait lequel de nous deux de Dieu que vous invoquez jugera le plus sévèrement dans quelques instans, lorsque l'un de nous, et peut-être tous les deux nous paraîtrons devant lui, vous jeune homme, noble et courageux, vous qu'il avait doué des plus belles qualités, des dons les plus magnifiques, et qui avez sacrifié tous ces avantages à une aveugle et injuste vengeance ; moi vieillard paisible et sans colère, qui, après tant d'années d'expérience, consens à exposer le reste d'une vie toujours occupée aux chances de cette lutte absurde et insensée qu'on appelle le duel...

— Vous repentez-vous de votre proposition ? demanda le comte en s'arrêtant.

— Marchons, monsieur, Dieu est indulgent pour les pères...

Ils continuèrent à suivre les détours capricieux du chemin. Mais, à mesure qu'ils s'avançaient, le comte devenait plus distrait et plus rêveur ; le doute commençait enfin à entrer dans son âme. La contenance du vieillard lui imposait ; ce n'était pas la celle d'un coupable.

Comme nous l'avons déjà dit bien des fois, la partie de la vallée où se trouvaient en ce moment les deux adversaires était couverte de bois et de taillis qui ne permettaient pas d'apercevoir les objets à une grande distance ; d'ailleurs de hauts buissons encaissaient le chemin de chaque côté comme deux murailles. Aussi, quand ils arrivèrent à la petite clairière au milieu de laquelle s'élevait la croix de l'Affût, n'avaient-ils rien pu soupçonner de la scène qui les attendait en cet endroit.

Le soleil, à son coucher avait déchiré, comme cela arrive quelquefois, le voile uniforme de nuages qui l'avait enveloppé toute la journée, et un rayon ardent, traversant le rideau de feuillage qui couvrait les rives du lac, allait inonder de lumière le monument funèbre élevé à la mémoire du comte Arsène. Les arbres qui étaient à l'entour, et qui n'étaient pas soumis au même effet du soleil, formaient le fond sombre du tableau. Au pied même du monument était assise une femme âgée dont la tête était penchée tristement sur la poitrine, et à côté d'elle une jeune fille vêtue de blanc était à genoux, les yeux sur la croix avec une expression angélique de foi et d'espérance. C'étaient Caroline et sa mère.

A cette vue, les deux hommes s'arrêtèrent. Le comte regarda le vieillard d'un air irrité.

— Elle, elle, ici ! s'écria-t-il ; oh! vous le saviez !

— Ce n'est pas moi qui ai choisi ce lieu pour le combat, dit le vieillard avec simplicité.

— Il me semble, continua le comte avec rage, qu'un génie infernal se plaît depuis hier à combattre mes projets et à rendre mes sacrifices plus douloureux...

Pour échapper aux reproches qu'il craignait de la part de Caroline, il allait chercher à s'enfuir ; mais un cri poussé par la jeune fille le retint à la même place ; il s'appuya contre un arbre, et baissa la tête d'un air confus et humilié. Caroline l'avait aperçu, et elle courait de son côté, laissant la vieille aveugle seule et tremblante au pied de la croix. Elle se jeta d'abord dans les bras de monsieur Rupert.

— Mon père, mon père, que venez-vous faire ici ? — Le vieillard la serra dans ses bras ; puis, se dégageant doucement, il alla au-devant de sa femme qui l'appelait d'une voix suppliante. Caroline s'approcha du comte avec un air de reproche et de prière. — Monsieur de Blangy, dit-elle à voix basse quoique avec véhémence, sont-ce là vos promesses ? Est-ce ainsi que vous devez mériter cette estime et cette affection que vous me demandiez, et que je vous avais données lors même que vous ne me les demandiez pas ?

Le comte restait atterré et gardait le silence, quand la voix lente et grave de madame Rupert se fit entendre auprès de lui :

— Où est-il cet homme qui veut se battre avec mon fils ? Monsieur Rupert, vaincu par les instances, l'avait placée en face du comte, et alors la vieille aveugle, tendant vers Armand sa main ridée, lui dit avec un accent déchirant :

— Vous ne savez pas, jeune homme, combien est précieuse l'existence que Dieu donne à ses créatures, et vous parlez de la ravir aux autres ! Que vous a fait mon fils ? Que vous avons-nous fait tous, pour que vous attaquiez ainsi celui qui est notre joie, notre consolation, notre espérance ? Jeune homme, Dieu punit sévèrement les homicides...

— Je le sais, madame, dit le comte d'un ton sombre, et c'est pour cela peut-être que Dieu m'a fait venir ici... Ce n'est ni sur vous, ni sur vos enfans que j'eusse voulu faire retomber la punition...

— En face de ce tombeau, s'écria monsieur Rupert en montrant le monument, je l'affirme pour la centième fois que je suis innocent de ce crime... !

— Et si les paroles d'une pauvre femme qui va bientôt mourir peuvent quelque chose sur votre âme, dit la vieille aveugle, je jure que mon mari n'est pas coupable... !

— Il n'est pas coupable ! murmura Caroline.

L'irrésolution revint dans l'esprit du jeune comte ; il examina l'attitude calme et sans remords du vieillard, l'effroi et la douleur des deux femmes, il ne put retenir ses larmes. L'une d'elles coula toute brûlante sur la main de madame Rupert.

— Vous pleurez ! oh ! votre cœur est bon ! s'écria-t-elle dans un élan de joie ; mon Dieu, achevez d'éclairer son âme !

Caroline s'était jetée aux genoux d'Armand, et lui adressait les prières les plus touchantes. Le comte était profondément ému, et tout à coup, craignant sans doute que cette émotion même ne l'entraînât trop loin, il chercha à se dégager en disant d'une voix entrecoupée :

— Eh bien ! j'y consens ; le crime, s'il y a eu crime, restera impuni ; que mon père me pardonne ma clémence, il sait combien j'ai souffert !... Adieu, madame ; adieu, Caroline ; vos prières ont épuisé mes forces... Maintenant je pars, je quitte ce pays, sans doute pour toujours ; soyez heureuses...

Il voulut s'éloigner ; mais Caroline s'était emparée de la basque de son habit, et madame Rupert avait posé la main sur son bras.

— Vous ne pouvez nous quitter ainsi ! s'écria la jeune fille.

— Que voulez-vous encore de moi ? N'ai-je pas promis de ne rien entreprendre contre votre fils, contre votre père ?

— Il nous faut encore votre estime et votre affection pour eux...

— C'est impossible !...

Il allait s'échapper et disparaître derrière les arbres, quand un nouveau personnage parut tout à coup dans la clairière, en criant :

— Ne partez pas encore, monsieur le comte ; je suis un peu en retard, mais me voici enfin.

— Octave ! s'écrièrent les dames et monsieur Rupert.

C'était en effet le capitaine qui apparaissait si inopinément ; il était haletant, essoufflé, comme s'il venait de faire une course rapide, et son front était couvert de sueur. Il avait la tête nue, et ses vêtements offraient quelques désordre, par suite de ses efforts pour s'évader de sa prison.

Que venez-vous faire ici, monsieur ? dit le père avec sévérité. Je vous avais défendu...

— De sortir de ma chambre par la porte, dit le jeune homme en souriant, mais non pas de fabriquer une échelle avec mes draps et de m'enfuir par la fenêtre. C'est ce que j'ai fait, et j'espère que, si je suis en retard, monsieur le comte me donnera bien l'occasion de réparer ma faute involontaire.

— Mais j'avais chargé Guichard de vous garder à vue...

— Guichard, dit le capitaine avec insouciance, m'a quitté presque en même temps que vous ; mais ce n'est pas de cela qu'il s'agit. Mon père, je vois à mes propres pistolets, que vous cachez là sous mes habits, ce que vous veniez faire pendant que vous me teniez prisonnier ; vous me permettrez de reprendre ma place... Mais ma mère, Caroline, que font-elles ici ? Qui a eu la sottise et la cruauté de les prévenir ?...

— C'est Guichard, dit la vieille mère.

— C'est aussi Guichard qui m'a tout appris, dit monsieur Rupert, et je ne comprends pas...

— Guichard, dit le capitaine avec colère, a joué depuis hier je ne sais quel rôle mystérieux et sournois, et il a abusé de la confiance que je lui avais accordée... Mais n'importe ! ajouta-t-il en s'adressant à Armand à voix basse, vous voyez, monsieur, que ce duel, par l'indiscrétion d'un misérable imbécile, est devenu impossible aujourd'hui ; mais demain, je vous attends.

Le comte fixa sur lui un regard douloureux, et, hochant tristement la tête :

— Il n'y a plus de duel possible entre nous, capitaine ! j'ai pardonné.

— Merci, monsieur le comte, murmura Caroline.

— Pardonné ! dit le capitaine ; on ne pardonne qu'à des coupables, monsieur le comte ; je n'accepte de pardon ni pour mon père ni pour moi...

— Mon frère !

— Mon fils !

— A revoir, monsieur de Blangy ! dit le jeune militaire d'une manière significative, en cherchant à entraîner sa mère et sa sœur.

Armand leva les yeux au ciel, comme pour prendre le ciel à témoin qu'on ne voulait pas de son pardon.

— A revoir, répéta-t-il en soupirant.

Tout à coup un homme sembla sortir de terre au milieu des acteurs de cette scène qu'il avait sans doute entendue tout entière. C'était Guichard, plus défait et plus troublé encore que le matin, les habits et les mains souillés de verdure, comme s'il se fût glissé en rampant jusqu'à cet endroit. A sa vue, tout le monde s'arrêta, et trois voix interpellèrent à la fois le garde champêtre. Des reproches vifs et peu mesurés lui furent adressés à la fois par trois personnes qui avaient à se plaindre qu'il les eût trahies. Le garde les écouta avec une résignation muette ; puis il dit avec abattement en levant les yeux au ciel :

— Par pitié ! épargnez-moi dans un moment où je vais vous sauver tous par le plus grand et le plus douloureux des sacrifices !...

Tous les auditeurs se regardèrent avec étonnement.

— Mais enfin, demanda monsieur Rupert avec plus de douceur, où étiez-vous, que faisiez-vous, quand je vous avais chargé de veiller sur mon fils ?...

— Ce que je faisais, monsieur ? dit le garde en s'animant ; oh ! je savais bien que votre fils n'avait rien à craindre en ce moment ; que vous seul étiez en danger... Je vous avais vu prendre les pistolets du capitaine, et je savais bien ce que vous en vouliez faire... Alors je vous ai suivi pas à pas, caché derrière les buissons : je vous ai vu aborder monsieur de Blangy, le provoquer... J'ai entendu ses menaces, votre défi... J'étais à deux pas de vous, je ne vous ai pas perdu un instant de vue ; et si un coup eût été tiré par l'un de vous, c'est été ma poitrine que la balle eût percée.

— Votre poitrine ?

— Guichard, expliquez-vous enfin ?

— Oh ! Dieu m'est témoin, reprit Guichard avec désespoir, que j'ai fait tout les efforts humains pour empêcher cet horrible duel ! J'ai fait valoir auprès du fils de la victime les considérations les plus puissantes et les plus solennelles ; j'ai cherché à l'émouvoir par la raison, par la religion, par la pitié, par l'amour que j'avais deviné dans son cœur... puis voyant que toutes mes tentatives étaient vaines, je me suis jeté à ses pieds, moi qui ne me suis jamais prosterné devant personne. Vaincu par la constance de sa haine contre l'assassin de son père, je me suis tourné d'un autre côté : j'ai éveillé les terreurs de toute une famille tendre et craintive ; j'ai fait connaître le lieu et l'heure du rendez-vous, pour que la présence de tant de personnes chères empêchât le combat ; je croyais que si le duel eût manqué ce soir, il ne pourrait avoir lieu plus tard, à cause du départ du capitaine... mais un fatal hasard a déconcerté mes prévisions, toutes mes espérances... Tout à l'heure, en entendant le comte de Blangy renoncer à ses projets de vengeance, j'espérais encore... Capitaine Rupert, pourquoi êtes-vous venu quelques minutes trop tôt pour renouer cette querelle qui allait peut-être cesser pour toujours ?

— Mais enfin, quel intérêt avez-vous... ?

— Je vais vous le dire, monsieur Armand de Blangy ; vous n'avez pas voulu me croire hier matin quand j'ai soutenu que monsieur Rupert était innocent du crime dont vous l'avez accusé ; ce soir, puisqu'il le faut, je vous en apporte la preuve.

— Le coupable ? quel est le coupable ?... Ah ! dites vite, au nom de Dieu !...

— Le coupable était mon père ! dit le garde-chasse à voix basse en se couvrant les yeux avec la main.

— Son père !

Un profond silence accueillit ces paroles.

— Et cette preuve, monsieur, cette preuve, où est-elle ?

— Écoutez-moi. Vous savez que mon père occupait dans les propriétés de monsieur Rupert le poste de garde forestier, que j'ai hérité de lui. Mon père avait conçu une haine profonde contre le comte Arsène, qui une fois l'avait maltraité à la chasse ; il ne put obtenir justice, et il jura de se la faire lui-même. Ce fut lui qui, dans un accès de colère, au milieu de la nuit, frappa le comte, sans que monsieur Rupert, qui était à quelque distance, eût pu avoir la conviction de sa culpabilité, quoiqu'il l'ait soupçonnée peut-être...

Monsieur Rupert fit un signe d'assentiment.

— Je n'osais l'accuser et surtout manifester mes soupçons, dit-il en jetant sur le comte un regard de reproche, sans être sûr de son crime; c'eût été salir inutilement la réputation d'un honnête homme.

— Et votre conduite a été noble et généreuse, dit le garde avec enthousiasme; vous avez mieux aimé porter seul la responsabilité des soupçons que d'accuser un homme qui pouvait être innocent. Monsieur Rupert, Dieu vous récompensera de cette bonne action.

— Mais enfin comment avez-vous appris...?

— Mon père est mort pendant que le comte de Blangy était en émigration; le souvenir de son crime empoisonna ses derniers instans. Il eut la force néanmoins d'écrire un aveu circonstancié de ce funeste événement, et il l'enferma dans un paquet cacheté qu'il me remit secrètement, en m'ordonnant de ne l'ouvrir qu'au moment où j'apprendrais l'arrivée du jeune comte Armand de Blangy dans le pays. Hier au soir j'ai ouvert ce fatal papier... Jugez de ma douleur quand j'ai connu l'affreuse vérité! Je n'avais pour tout bien que le nom que je porte et que je croyais sans tache, et j'apprenais que ce nom était celui d'un assassin! Alors (que ceux qui en ont souffert me pardonnent mon égoïsme!) j'ai songé à ne montrer ce papier que dans un moment où une nécessité impérieuse me forcerait à ce déshonneur... Si ce duel affreux eût manqué, peut-être... oui, peut-être serais-je mort avec le secret de mon père et le mien...

— Et ce papier? montrez-moi ce papier? dit le comte avec une expression d'angoisse et de joie...

Guichard tira de sa poitrine une lettre toute froissée qu'il présenta à Armand en tremblant. Le jeune Blangy y jeta un coup d'œil rapide; puis tout à coup, tombant aux genoux de monsieur Rupert, il s'écria :

— Monsieur, à votre tour me pardonnerez-vous ?

— J'ai eu pitié de vous, dit le vieillard, même au moment où vous menaciez ma vie...

Et il le reçut dans ses bras. Le capitaine ne put résister à l'effet saisissant de cette scène; et bientôt tous ceux qui étaient présens confondirent leurs larmes et échangèrent leur pardon. Guichard seul restait abattu et tremblant, sans qu'on fît attention à lui.

— Et moi, et moi? murmura-t-il.

Le comte se détourna de lui et fit signe de la main comme pour lui dire : « Jamais. »

Le lendemain, le capitaine Rupert partit pour rejoindre son régiment; Guichard le suivit et s'engagea dans sa compagnie. Peu de temps après, il fut blessé à la bataille de Marengo en se jetant devant un coup de sabre qui était destiné au capitaine; et le comte, qui venait d'épouser Caroline, finit par accorder un entier pardon au sauveur de son frère.

FIN DE LA CROIX DE L'AFFUT.

www.ingramcontent.com/pod-product-compliance
Lightning Source LLC
LaVergne TN
LVHW050615090426
835512LV00008B/1505